Aux jeunes gens
et aux Directeurs de jeunes gens

L'Odyssée d'une vocation

JEAN DE GONDALLIER DE TUGNY

(1871-1898)

PAR

le R. P. J.-M. LAMBERT

MISSIONNAIRE APOSTOLIQUE

PARIS

TYPOGRAPHIE FIRMIN-DIDOT

56, RUE JACOB, 56

—

1900

L'Odyssée

d'une vocation

JEAN DE GONDALLIER DE TUGNY

A L'ÉCOLE SAINT-JOSEPH DE REIMS

1889

*Je le sens, ô mon Dieu, ma vocation est d'être
à Vous, de Vous servir, de Vous bénir tous les
jours de ma vie!*

(Notes de Retraite — ANNÉE 1889.)

L'Odyssée
d'une vocation

JEAN
DE GONDALLIER DE TUGNY

(1871-1898)

PAR

le R. P. J.-M. LAMBERT

MISSIONNAIRE APOSTOLIQUE

PARIS

TYPOGRAPHIE FIRMIN-DIDOT
56, RUE JACOB, 56

1900

ARCHEVÊCHÉ
DE REIMS

Reims, 12 janvier 1900.

Madame,

J'ai partagé votre douleur lorsque Dieu vous a repris le fils bien-aimé que vous pleurez encore. Aujourd'hui que les traits épars de cette vie si courte, mais pleine des plus nobles aspirations, ont été rassemblés par une main amie, vos larmes doivent être moins amères, car vous ne pouvez pas douter que le ciel se soit ouvert à l'âme généreuse formée par vous à l'amour de Dieu, et qui vous voit, vous aime et vous bénit

Que cette conviction soutienne votre courage et vous fasse redire souvent : Mon cher fils est heureux, plus heureux mille fois que s'il eût vécu, comblé de tous les biens de la terre.

Veuillez agréer, Madame, avec mes hommages, mes vœux dévoués d'ancien pasteur.

✝ *B. M. Card.* Langénieux
Archev. de Reims.

Madame,

Voilà donc réalisée la pensée que je vous exprimais, il y a quelques mois à peine, dans une lettre, en ces termes : « Il me semble qu'il y aurait dans la courte existence de votre Jean bien-aimé tout ce qu'il faut pour édifier et porter au bien la Jeunesse. En réunissant ses lettres, en recueillant tous les souvenirs qui se rattachent à lui, on pourrait composer une intéressante notice. Veuillez examiner s'il y a lieu de donner une suite pratique à cette idée. »

L'idée vous a paru digne de réalisation. Votre cœur de mère et de chrétienne s'est ému à la pensée de faire revivre votre cher « disparu » dans une biographie qui permettrait de proposer les beaux exemples de sa vie à l'imitation de la Jeunesse ; qui lui permettrait à lui-même d'exercer, après sa mort, un apostolat durable et fécond. Aussitôt, vous vous êtes mise à rechercher tous les souvenirs se rattachant à ce fils à jamais regretté ; vous avez réuni, classé, mis en ordre les nombreuses lettres écrites par lui et religieusement conservées par vous, depuis celles de sa petite enfance, jusqu'à la dernière vous annonçant son retour « en terre de France », où il ne revenait, victime du climat meurtrier de l'Extrême-Orient, que pour mourir entre vos bras, après trois mois d'une douloureuse et lente agonie...

Qui, mieux que vous, Madame, était désigné pour utiliser ces précieux documents et pour retracer les phases diverses d'une vie que vous connaissiez en ses moindres détails? Quelle plume eût été plus apte que la vôtre à écrire cette biographie ou plutôt l'odyssée de cette vocation, car toute la vie de Jean se résume en sa vocation?... Mais trop souvent, en ce consolant et douloureux labeur, vos yeux eussent été obscurcis par les larmes; trop souvent la plume eût tremblé dans votre main. Vous avez reculé devant une tâche à la fois si douce et si rude.

Et c'est à moi, Madame, que vous avez demandé de vous suppléer; à moi qui n'étais pour votre Jean qu'un confident de fraîche date; à moi, qui ne connaissais que très imparfaitement les secrets de cette admirable vie, aux apparences si ordinaires; à moi, qui n'avais fait qu'entrevoir ou plutôt deviner les vertus cachées de cette âme si noble et si grande!

Votre bienveillant et intelligent concours m'a heureusement simplifié l'entreprise. Grâce à vous, à vos indications, à vos explications, aux notes personnelles que vous m'avez fournies avec tant d'empressement et d'à-propos, j'ai pu reconstituer, dans son ensemble et ses détails, cette existence de vingt-six années, si courte et pourtant si pleine; en bien saisir toutes les phases; y découvrir l'action, invisible mais réelle et indéniable, de

Dieu en cette âme si absolument soumise à cette action toute bonne et toute bienfaisante.

Jean, vous écrivais-je alors, m'apparaît comme une âme idéale, planant bien au-dessus de « la vulgarité encombrante »; ayant eu, dès son entrée dans la vie, la perception, l'attrait, l'amour, la passion du grand, du beau, du bon, du parfait; orientée définitivement, invariablement vers les réalités surnaturelles, vers le bien infini, vers Dieu, en un mot; et cela, pour ainsi dire, sans transition, sans progression, tout de suite et tout à fait; et, sous l'influence de cet attrait exclusif, demeurant presque étrangère aux choses d'ici-bas, ou ne s'en occupant, ne les étudiant que pour les mettre en regard de ce bien suprême, objet absolu de toutes ses préférences d'esprit et de cœur. — Tel m'apparaît Jean à toutes les époques de sa trop courte existence terrestre, même à celles que l'on peut appeler des époques de crise et de défaillance apparentes. C'est son attrait vers Dieu, c'est son besoin de Dieu, de Dieu servi dans les conditions les plus parfaites, attrait et besoin devenus le tourment de sa vie, qui l'ont poussé, parfois d'une façon inquiète, à la recherche d'une vocation qui semblait fuir et se dérober à son regard, à mesure qu'il croyait l'avoir entrevue...

Ce qu'il eût fallu à cette âme, c'est une direction. Je dis : une direction, et non pas des conseils multiples, des décisions variées, souvent contradictoires. En obéissant à cette direction une et unique, cette âme eût trouvé son repos, car elle eût trouvé la voie qu'elle cherchait... Pourquoi ce cher enfant a-t-il été ainsi ballotté, durant neuf années consécutives, sans aborder au port, ou du moins, pour n'aborder finalement qu'à celui de l'Éternité? C'est le secret de Dieu.

Quoi qu'il en soit, le grand, le souverain intérêt de cette vie, de vingt-six ans, c'est ce mystère de souffrance d'une âme à la recherche de sa voie sans parvenir à s'y engager d'une façon définitive.

Voilà ce qu'il s'agissait de retracer, et surtout de faire comprendre, sans exposer celui dont on voulait faire connaître la vie à être taxé d'instabilité, d'inconstance. Et voilà ce que j'ai essayé de faire.

Aurai-je réussi dans cette entreprise? Je n'ose me prononcer, tant on est peu capable de se juger sainement soi-même.

Dans votre trop bienveillante appréciation, vous avez daigné m'écrire, après avoir lu les pages de cette biographie, que je vous envoyais au fur et à mesure qu'elles étaient écrites: « Oui, vous avez bien saisi cette vie si tourmentée à la surface, dans son invariable unité de fond. Oui, tout s'explique en mon fils par le besoin souverain, irrésistible de Dieu à servir dans les conditions de vie les plus parfaites. Il voyait trop grand, trop beau pour cette terre. Il s'est usé aux aspérités de la vie mortelle dont les larges ailes de son imagination et de sa foi ne l'ont pas préservé d'être meurtri dans son corps et dans son âme. Après bien des péripéties, le calme semblait en voie de s'établir, par des retours de vocation religieuse. Il s'en exprimait avec une confiance communicative, une prévoyance, une maturité de réflexion bien consolantes et nous donnant les meilleures espérances. Dieu, dans ses desseins mystérieux, n'en a pas permis la terrestre réalisation, et il me faudra trouver dans le fiat de ma foi mon unique consolation du plus cruel des sacrifices. »

Les lecteurs de cette histoire, ou mieux de cette étude intime d'une âme, partageront-ils, Madame, votre appréciation que l'amour maternel rend par trop indulgente? Je ne sais. Tout ce que je puis dire, c'est que, à mesure que j'écrivais ces pages, j'ai senti l'assistance de celui que vous vous plaisiez à appeler votre « bon chéri ». Je l'ai sentie palpable, sensible, indéniable, comme un encouragement positif à poursuivre l'œuvre commencée. Puissent-elles offrir à tous ceux qui les liront intérêt, édification, réel et durable profit. C'est votre plus cher désir, comme c'est le mien, et, sans doute aussi, celui de notre Jean à jamais regretté!

Cette lettre, déjà longue, n'intéressera peut-être qu'un petit nombre de lecteurs. Au surplus, je n'oublie pas, Madame, que c'est pour vous, avant tout autre, que ces pages ont été écrites. C'est au jour anniversaire de l'entrée dans le ciel du fils tant aimé et tant pleuré que j'en achève la dernière. En vous les dédiant comme il convient, j'éprouve le besoin de vous dire, pauvre et heureuse mère : Sursum corda! En haut, bien haut, votre esprit et votre cœur! En haut, où se dit, où se lit le dernier mot de toutes choses! En haut, où tout est grand, lumineux, durable et éternel! Regardez : votre Jean vous apparaîtra nimbé de l'auréole des élus, des vierges et des martyrs. Son Calvaire vous semblera un Thabor; ses passagères souffrances d'ici-bas disparaîtront dans les radieuses clartés de la béatitude éternelle au sein de laquelle il jouit, en attendant de la partager avec vous, avec tous ceux qu'il aima et dont il fut aimé. Voyez-le à travers vos larmes de joie plus encore que de regret; et, fière de cette glorification, heureuse de cette béatitude, vous direz de cet élu, de ce vierge, de ce martyr : « Il est mon fils! je suis sa mère! »... Heureux, bienheureux enfant de lumière! il nous voit, il nous bénit, il prie pour nous; il s'intéresse à nous. Puissions-nous le rejoindre un jour, ainsi que son père, ainsi que votre douce Micheline, ainsi que tous vos chers et regrettés disparus!... O suave espérance! O consolante perspective! Fiat!

Veuillez agréer, Madame, l'assurance de mon profond dévouement en Notre-Seigneur.

J. M. LAMBERT,

Miss. apost.

Paris, le 30 juillet 1899,
23, rue Oudinot.

PRÉFACE

Ce livre est l'histoire intime et détaillée d'une âme
à la recherche de sa voie. Il s'adresse spécialement
aux jeunes gens parvenus à cette période de la vie
où l'on sent le besoin de soulever le voile qui cache
l'avenir, et où se dresse devant l'esprit, réclamant une
solution nette et décisive, le grave problème de la vocation.

Heureux ceux à qui Dieu lui-même découvre ses desseins particuliers et montre la voie qu'ils doivent suivre, en leur mettant au cœur un invincible et invariable attrait vers cette voie! Heureux ceux à qui Dieu
parle, par l'organe de ses représentants ici-bas, et, par
eux, manifeste ses volontés adorables! Ceux-là n'ont
qu'à se montrer dociles à la voix divine et qu'à marcher, confiants et fidèles, vers le but qui leur est indiqué.

Mais, par contre, qu'ils sont à plaindre ceux qui,
consultant Dieu, l'interrogeant, n'en reçoivent pas toujours une réponse sensible; ou qui, ayant entendu,
d'une façon très distincte, dans l'intime de leur âme,
l'appel de Dieu qui les invitait à marcher à sa suite,
cherchent, sans la trouver, la voie particulière où ils
devront marcher!... Ceux-là sont nombreux, plus nom-

breux qu'on ne le pense... En tout cas, le jeune
homme dont nous avons essayé d'écrire la vie, fut de
ce nombre.

Ce qui frappe le plus, en étudiant et analysant cette
vie, c'est la précocité et la puissance de l'attrait qui,
dès l'enfance, s'empare de l'âme de Jean de Tugny,
la domine, la tourne irrésistiblement vers Dieu. Dieu
c'est le besoin, la passion de cet enfant, de cet adolescent, de ce jeune homme qui a tout pour lui : la
noblesse d'origine, l'illustration du nom, une haute et
rare intelligence, une distinction naturelle faite pour
lui concilier toutes les sympathies et lui assurer tous
les succès. Mais tout cela n'est rien à ses yeux, ou, du
moins, tout cela devra par lui être offert, livré et consacré à Dieu, qu'il entend servir, par le don total de
lui-même et en la façon la plus parfaite qu'il se peut.

L'état religieux, complété, rehaussé par le sacerdoce;
la vie monastique, avec ses dépouillements, ses renon-
cements; avec ses observances austères, ses engage-
ments irrévocables, lui apparaissent comme l'idéal qui
réalisera, autant que faire se peut ici-bas, en attendant
le ciel, cette perfection vers laquelle aspire tout son
être.

Quoi de plus précis? quoi de plus formel? Et pourtant, nous voyons cette âme, si foncièrement noble
et généreuse, flotter, hésiter, errer indécise, à la recherche de sa voie; consumer, du moins en apparence, les belles années de sa jeunesse en des tenta-
tives très louables, en des essais très honorables, sans
doute, mais qui ne parviennent pas à la pacifier, à lui
faire goûter le bonheur réservé à quiconque est en
possession du bien qu'il cherchait et qui lui convient.

Quelle est donc la clé de ce mystère étrange? Ce jeune homme aurait-il été une victime des illusions de son esprit? Aurait-il subi la juste et inévitable conséquence de sa témérité à vouloir s'engager de lui-même dans une voie qui n'était point celle où le Seigneur le voulait? Aurait-il négligé de recourir à ce moyen traditionnel, tout à la fois si simple et si sûr, consacré par l'expérience des siècles, qui consiste à remettre la direction de sa vie à la sagesse et à la prudence de ce guide attitré, officiel des âmes, qu'on nomme le prêtre? En d'autres termes, sont-ce les directeurs qui ont fait défaut à cette âme?

Non, bien au contraire, les directeurs ont abondé. Loin de faire défaut, ils ont été trop nombreux. Ce qui a manqué à Jean de Tugny, ç'a été l'*unité* de direction. Et c'est là, selon nous, l'explication de cette indécision douloureuse en laquelle il a vécu durant une dizaine d'années (1).

On connaît l'axiome : *Quot capita, tot sensus* (2). Dieu doit à ses prêtres de les assister de ses lumières dans les décisions et les directions qu'ils ont à donner aux âmes dont ils sont les guides. Mais Dieu n'entend, en aucune façon, se substituer à eux au point de suspendre le libre exercice de leur jugement et des appréciations qui en émanent. L'important est que le prêtre, lorsqu'il s'agit de montrer aux âmes les voies particulières dans lesquelles elles devront marcher, se

______

(1) « L'idéal de la perfection le hantait, au point de lui enlever la perception nette des choses, et ses plus nobles aspirations se trouvaient paralysées. Il consultait et reconsultait : où il n'aurait fallu qu'*un* directeur, il s'en donnait *plusieurs*; et, ne sachant plus auquel entendre, il entrait dans le chaos et la désolation. » (Mme de Tugny. *Mémoire pour servir à la vie de son fils.*)

(2) « Autant d'opinions que de têtes. »

souvienne qu'il est le ministre, le représentant et l'organe de Dieu (1); en conséquence, qu'il s'inspire toujours des pensées et des sentiments de Celui qu'il représente; qu'il se mette en sa totale dépendance; qu'il parle et agisse en son nom et dans son esprit. De plus, il importe au plus haut degré, que pour décider des vocations particulières, le prêtre s'inspire, non seulement des goûts et des attraits personnels de ceux qui le consultent, mais aussi de leur tempérament physique et moral, de leurs aptitudes réelles pour le genre de vocation qu'ils désirent embrasser, et qu'ils ne perdent pas de vue les qualités réclamées, les conditions imposées par tel ou tel milieu, tel ou tel genre de vie spécial.

Mais comment se dissimuler la difficulté de rencontrer partout et toujours des directeurs d'âmes animés de cet esprit et doués de ce discernement? Saint François de Sales et, avec lui, tous les auteurs de la vie spirituelle, n'ont-ils pas affirmé qu'un bon directeur est une chose rare et que le trouver est chose plus rare encore? « Choisissez-en un entre mille, dit Avila; et moi, Philothée, je dis : entre dix mille, car il s'en trouve moins que l'on ne saurait dire qui soient capables de cet office (2). »

Faut-il conclure de ceci que les vénérables prêtres, tant séculiers que réguliers, consultés par le jeune homme dont nous avons écrit l'histoire, n'aient pas été animés des qualités et de l'esprit qu'on doit attendre d'un vrai directeur? En aucune façon (3). Ce

(1) Pro Christo legatione fungimur (II Cor., v, 20). In omnibus exhibeamus nosmetipsos sicut Dei ministros (II Cor., vi, 1).

(2) *Introduction à la vie dévote*, Ire partie, chap. iv.

(3) Toutefois, le lecteur pourra voir, au cours de cette notice, qu'en plusieurs circonstances, les prêtres consultés par Jean de Tugny manquèrent de ce *sens pratique* qui est la qualité principale d'un di-

que nous voulons dire, c'est que, d'une part, malgré l'incontestable générosité de sa nature, ce jeune homme fut toujours timide et porté au scrupule, ce qui contribua à le faire paraître hésitant, irrésolu, et empêcha ses directeurs de le bien connaître. D'autre part, des circonstances aussi impérieuses qu'imprévues, la crainte aussi de s'engager témérairement dans une voie qui n'aurait pas été la sienne, lui firent souvent recourir aux moyens ordinaires de s'éclairer : consultations, retraites, ce qui l'exposa à recevoir des directions diverses, dont quelques-unes en sens contraires. Au milieu de cette confusion d'opinions, de conseils, de décisions, son âme, foncièrement souple et docile, le porta toujours à faire, sans résistance ni défiance, quoique se sachant incompris, ce qui était conseillé ou ordonné de la part de Dieu.

Voilà, à n'en pas douter, l'explication de cette vie si mouvementée et l'on peut dire si tourmentée qui, à première vue, semble n'avoir pas eu de but, et ferait volontiers taxer celui qui l'a menée de versatilité et d'inconstance.

En somme, parmi cette agitation continuelle, une grande unité règne dans la vie de cet angélique jeune homme. Un seul désir a toujours dominé dans son cœur, une seule préoccupation a constamment et invariablement rempli son esprit : *Être à Dieu, tout à Dieu*. Et, en fait, il a été à Dieu, tout à Dieu par la pureté, la piété, la vie de foi, les aspirations incessantes de son

recteur spirituel, et que, lorsqu'ils auraient dû se prononcer catégoriquement et montrer à Jean la voie à suivre, ils le laissèrent en proie aux douloureuses perplexités qui firent de son existence, durant neuf années, un continuel martyre.

âme vers la perfection, les efforts généreux de sa volonté pour y parvenir. Dieu a agréé le don que cet élu de son cœur lui avait fait de lui-même. Il s'est plu à le soumettre à l'une des plus rudes épreuves que l'homme, le chrétien puisse connaître ici-bas, épreuve analogue à celle dont parlait le grand docteur d'Hippone, saint Augustin, lorsqu'il disait : « Seigneur, vous nous avez faits pour vous, et notre cœur est dans l'agitation tant qu'il n'a pas trouvé son repos en vous. »

En supportant patiemment, nous dirons plus : en supportant héroïquement cette épreuve, ce jeune homme a trouvé grâce devant Dieu. Il a fourni noblement et pleinement sa carrière; il a atteint son but; en dépit des apparences et des jugements humains, il a justifié aux yeux de son Créateur toute sa raison d'être, durant son court passage terrestre.

Nous aimons à penser que ces pages, écrites pour la consolation d'une noble et chrétienne famille, pourront aussi offrir intérêt et profit à une double catégorie de lecteurs : — aux jeunes gens, d'abord; puissent-ils apprendre, par l'exemple de Jean de Tugny, à contracter de bonne heure le goût des choses sérieuses, l'amour de l'étude et, par-dessus tout, l'amour de Dieu; à ceux surtout qui regardent vers l'avenir et qui cherchent leur voie : puissent-ils apprendre aussi à la chercher par les moyens les plus capables de la leur faire découvrir; — aux prêtres ensuite, aux directeurs des âmes, surtout des âmes de jeunes gens : puissent-ils comprendre mieux encore la nécessité d'acquérir l'art, si délicat et si difficile, de discerner d'abord, puis de montrer à chacune d'elles la voie particulière où Dieu la veut voir marcher ; puissent-ils se rendre de plus en plus capables de soutenir ces jeunes gens, de les affermir, de les aider enfin, en marchant dans cette voie, à atteindre le but final auquel Dieu les appelle et qui n'est autre que leur salut et leur bonheur éternels !

Paris, 30 juillet 1899,
en l'anniversaire de la mort de Jean de Tugny.

JEAN
DE GONDALLIER DE TUGNY

CHAPITRE PREMIER

PREMIÈRES ANNÉES. — LA FAMILLE. — LES ANCÊTRES.
— ENFANCE DE JEAN.

(1871-1882)

L'aimable jeune homme dont nous entreprenons de retracer la vie eut pour père Jean-Baptiste Adrien de Gondallier de Tugny et pour mère Suzanne de l'Écuyer de la Papotière.

Les deux familles de Tugny et de l'Écuyer ont réuni des gloires assez pures et assez nombreuses pour qu'il ne soit pas sans intérêt et sans édification de les faire connaître au lecteur. L'une et l'autre sont très anciennes. La première, originaire de la Champagne, se compose de plusieurs branches qui se sont multipliées : branche de Tugny de Jouaignes, près Braisne; branche de Tugny d'Eguisy; branche de Tugny de Bourguignon, près Laon. De chacune de ces branches sortirent des personnages qui firent la gloire de la magistrature, du sacerdoce et surtout de l'armée. César de Tugny, l'un des ancêtres, prit part à toutes les guerres de Louis XIV. Il reçut, en 1673, pour prix de ses services, des lettres de noblesse (1). Un autre ancêtre, le

(1) Voir, à la fin du volume, les notes généalogiques sur la famille de Tugny.

général de Tugny, avait été ministre de la guerre du roi Murat (1).

En chacune des générations de la famille de Tugny, il y eut des mariages entre cousins et même entre cousins germains, notamment celui de Mlle Victorine de Belly de Bussy (2) avec son cousin germain, Michel de Gondallier de Tugny (3), grand-père du jeune homme dont nous allons écrire la vie.

Le père de ce dernier, Adrien de Tugny, naquit à Beaurieux, le 5 mars 1828. Il fit ses premières études, avec ses deux frères, à Pontavert, près de Beaurieux, dans une très modeste pension tenue par un ménage des plus recom-

(1) Lors de sa retraite, il avait reçu du roi une superbe tabatière enrichie de pierreries et bourrée de billets de banque. Son extrême raideur pour les permissions l'avait fait surnommer « il signor no » *monsieur non.*

(2) Au nom de Belly de Bussy se rattache l'anecdote suivante que le lecteur nous pardonnera de citer, après le *Journal de l'Aisne.*

« M. Belly de Bussy, né à Beaurieux le 19 mars 1758, avait été élève à l'École de Brienne en même temps que Bonaparte.

« Là, ils avaient eu une discussion.

» M. de Bussy avait l'habitude de sonner du cor de chasse à sa fenêtre, située juste au-dessous de celle de Bonaparte.

« Ce dernier, le rencontrant un jour, lui demanda :

— « Pourquoi sonnez-vous toujours du cor, et aussi faux? Vous m'empêchez de travailler!

— « Et vous, lui répondit Bussy, pourquoi videz-vous toujours votre pot de chambre par la fenêtre, au risque de m'attraper? »

• Immédiatement, échange de témoins; mais, à l'École de Brienne, il existait un tribunal d'honneur qui décida qu'il n'y avait pas lieu de se battre.

« Le 6 mars 1814, l'empereur étant à Berry-au-Bac, demanda à M. Poulain, maître de poste, où il pourrait trouver quelqu'un capable de lui donner des renseignements précis sur le plateau de Craonne.

« M. Poulain lui indiqua aussitôt M. de Bussy, maire de Beaurieux et ancien officier d'artillerie.

« Dans la nuit, l'empereur étant à Corbeny, envoya à Beaurieux un aide de camp, escorté d'un piquet de cavalerie, prier M. de Bussy de venir le trouver à Corbeny.

« Il partit. Aussitôt arrivé, il fut mis en présence de l'empereur, qui lui dit à brûle-pourpoint :

— « Eh bien! Bussy, sonnez-vous toujours du cor?

— « Oui, sire, répondit-il, et toujours aussi faux ».

(3) M. Michel de Gondallier de Tugny fut maire de Beaurieux et conseiller général de l'Aisne, jusqu'à sa mort, en 1864. D'après une relation de famille, il était « la loi et les prophètes » dans son pays, ce qui est rare, et, aujourd'hui encore, on ne prononce son nom à Beaurieux qu'avec vénération en souvenir de ses vertus, notamment de sa charité.

mandables. En outre, le curé de Pontavert, M. l'abbé Marcq, qui devait son éducation cléricale à la famille de Tugny, s'occupait d'eux, avec un rare dévouement (1).

Après avoir achevé ses études, avec de brillants succès, au collège de Versailles, M. de Tugny entra à Saint-Cyr, d'où il sortit sous-lieutenant, vers 1853. Il prit part aux campagnes de Crimée et d'Italie et fut décoré pour sa belle conduite à la prise de Malakoff.

Marié en 1856, avec Mlle Anna de Sapicourt, des environs de Reims, il eut la douleur de la perdre, après quelques années d'une heureuse union ; elle mourut en donnant le jour à son troisième enfant, qui ne vécut pas.

Resté seul avec deux petites filles à élever, Antoinette et Jeanne, M. de Tugny crut devoir leur sacrifier sa carrière et, malgré l'avis contraire des siens, il envoya sa démission de capitaine de chasseurs.

Plus tard, on lui offrit d'être colonel d'un régiment de territoriale ; mais il déclina cette responsabilité qui l'aurait tenu trop souvent éloigné de sa famille, et il accepta seulement le grade de commandant. Il ne devait pas conserver longtemps ce grade. Le régime républicain ou, du moins, les représentants de ce régime n'avaient pas les sympathies de ce gentilhomme et de ce chrétien. M. de Tugny ne se gênait pas de dire, à l'occasion, ce qu'il pensait de nos gouvernants et de protester, en particulier, contre l'insanité de la fête nationale du 14 juillet. A la suite de rapports malveillants, le général Farre, ministre de la guerre, destitua le commandant de Tugny. A la nouvelle de cette révocation, tous les capitaines et lieutenants sous les ordres de ce dernier envoyèrent leur démission au ministre. Cette façon de protester contre la mesure odieuse prise contre leur chef montre assez clairement quels étaient les sentiments des officiers à son égard.

---

(1) L'abbé Marcq vivait dans une telle intimité avec la famille de Tugny, qu'il y était généralement tutoyé. Il mourut en 1879, pendant le grand hiver, laissant à tous des souvenirs pleins de vénération pour ses vertus, son dévouement et sa parfaite aménité.

M. de Tugny avait un esprit fin et brillant, mordant aussi, à l'occasion, s'indignant contre le mal et ses agents avec une noble véhémence. Nature foncièrement droite, il ne pouvait souffrir les petites intrigues et les procédés cauteleux ou déloyaux. Il avait un cœur d'or et un dévouement à toute épreuve pour les siens et ses amis. Personne ne l'égalait en fidélité à ses affections. Son amitié était loin d'être banale; pour l'obtenir, il fallait y avoir des droits; mais dès lors qu'elle était accordée, c'était irrévocablement. Jamais il n'eût fait un compliment par politesse; aussi savait-on que son approbation, lorsqu'elle était donnée, avait une réelle valeur et qu'une recommandation venant de lui était toujours méritée, plutôt deux fois qu'une.

Aux qualités d'esprit qui le distinguaient, M. de Tugny joignait un talent musical tout à fait supérieur. Familiarisé avec les œuvres des grands maîtres, il avait acquis dans leur commerce une réelle facilité de conception qui lui inspira de nombreuses compositions musicales toutes marquées au coin d'un goût artistique et d'une compétence remarquables (1).

De plus, M. de Tugny était doué d'une voix de ténor, souple, agréable, expressive, qui lui permettait d'interpréter ses propres compositions, et qu'il aimait à mettre au service de l'Église. Grâce à ses bons rapports avec le clergé de la région, bien des fois cette voix religieuse rehaussa les solennités de Noël, de Pâques, de l'Adoration perpétuelle et du mois de Marie.

Après quelques années de veuvage, M. de Tugny avait épousé, à la date du 27 juillet 1868, en secondes noces,

---

(1) Citons, dans le genre profane, des sonates pour piano et violoncelle; *une berceuse* (paroles de Victor Hugo); *une sérénade* (paroles du même); *une petite dormirette* (paroles de L. Heine).

Dans le genre religieux, des *Ave Verum*, des *O Salutaris*, des *Ave, Maria*, des *Tamtum ergo*, des *Pie Jesu*, des *Noëls*, une *Hymne à Pie IX* (paroles de Mme la comtesse de L'Écuyer), etc.

Mlle Suzanne de l'Écuyer de la Papotière (1). Celle-ci appartenait à l'une des familles les plus anciennes de la Normandie et les plus richement pourvues d'illustrations militaires et autres. L'un de ses ancêtres, Raoul Lécuyer, surnommé le Flaman ou le Flameng, fut maréchal de France, en l'an 1302, chevalier des ordres du roi, et, suivant une vieille chronique, « fut aymé de son prince, Philippe le Bel, et de tout le peuple (2) » ; un autre ancêtre, Lancelot, fils de Nicolas l'Écuyer de la Papotière, IXe du nom, fut religieux bénédictin. Il posséda le prieuré de Saint-Pèlerin au Maine et fut prieur de l'abbaye de la Couture où il mourut empoisonné. Françoise, l'aînée des filles de René, X^e du nom, fut une des plus rares beautés de son temps : aussi fut-elle recherchée en mariage par les plus grands seigneurs. Elle refusa tous les partis, pour entrer à l'abbaye royale du Lys où elle se fit religieuse, malgré la défense de son père et de sa mère qui, en punition de sa désobéissance, allèrent même jusqu'à lui donner leur malédiction. Le roi, à cause de ses grands mérites, la nomma abbesse du monastère du Lys. Son père alors se décida à l'aller voir et reconnut sa faute. Françoise, en réparation de la malédiction injuste dont elle avait été l'objet, obligea son père à fonder le prieuré de Couville. Elle l'engagea aussi à y prendre sa sépulture, ce qu'il fit. Elle mourut dans son abbaye du Lys en odeur de sainteté.

Un autre ancêtre, René de l'Écuyer, XIIe du nom, servit, cinquante ans, tant dans les chevau-légers que dans l'artillerie où il fut lieutenant général sous Louis XIV, avec les départements de Dunkerque et de Flandre. Un autre, Denis Michel, XVe du nom, fut élève à l'École militaire, puis cornette au régiment de colonel-général

---

(1) La cérémonie de la bénédiction nuptiale eut lieu à Versailles, dans la chapelle des sœurs de l'Espérance, rue Satory, où il était de mode de se marier quand on épousait un veuf.

(2) Voir, à la fin du volume, la généalogie de la famille de L'Écuyer de la Papotière.

de la Cavalerie. Il émigra pendant la Révolution. En 1775, il épousa Victoire du Boucher, fille de très haut et très puissant seigneur Hubert du Boucher, comte de la Tour du Roc, et de très haute et très puissante dame Élisabeth Brunet de Neuilly. Le comte de la Tour du Roc, l'un des seigneurs de la Cour les plus aimés du roi, obtint pour son gendre le titre de comte, « en récompense des services rendus par la famille de l'Écuyer dont tous les membres avaient porté les armes depuis tant de siècles. »

Suzanne de Lécuyer eut pour père le comte Léon-Denis qui épousa, en 1835, Louise-Albertine, fille du baron des Acres de l'Aigle, ancien secrétaire général du ministère de la guerre, et de Marie-Antoinette Bultel de Saulty (1).

Rien ne manquait, on le voit, à l'illustration de cette famille. Si le comte Léon-Denis avait, comme ses ancêtres, embrassé la carrière des armes, il eût été, le dix-huitième du nom, Chevalier de Saint-Louis, sans interruption.

Mais à l'illustration du nom, des dignités et des mérites acquis par de brillants services s'ajouta toujours, sans aucune altération, d'une part comme de l'autre, celle de la fidélité aux croyances religieuses et du dévouement au service de l'Église. De toutes les gloires qui peuvent ennoblir une famille, n'est-ce pas la plus enviable?

Après leur mariage, M. et Mme de Tugny vinrent s'installer à Soissons, dans une très belle maison entre cour et jardin spacieux, appartenant à M. de Tugny. La fille aînée de ce dernier, Antoinette, était dans sa dixième année; Jeanne, la cadette, avait environ neuf ans.

L'année suivante, à la date du 5 septembre, le ciel bénissait cette seconde union, en accordant aux deux époux une fille à laquelle fut donné le nom de Micheline. Antoinette et Jeanne avaient été placées, en qualité de pensionnaires, au couvent de la Croix, maison d'éducation située aux portes de

____

(1) Voir la généalogie de la famille de l'Écuyer de la Papotière, à la fin du volume.

Soissons. Elles y restèrent jusqu'à l'année de la guerre. A cette époque, pressé par sa conscience de soldat de prêter ses services à la patrie en danger, désireux de mettre en sécurité sa chère famille, M. de Tugny fit partir sa femme et ses trois filles pour Chateaubriand, chez son frère cadet, resté veuf avec cinq enfants. C'est dans sa terre des Briotais que Mme de Tugny, sa mère, vint les rejoindre, en compagnie des deux filles de son fils aîné, président à Montdidier, resté à son poste avec sa femme et ses plus jeunes enfants (1).

Pendant ce temps, M. de Tugny, que sa femme, alors enceinte, supposait simplement attaché à la garde nationale de Soissons, avait repris du service, avec son grade de capitaine, au 15e de ligne, en garnison dans cette ville, et faisait des sorties continuelles très périlleuses. Au risque de perdre la vie, il sauva celle des religieuses de la Croix, en les prévenant que leur maison allait être bombardée par les Prussiens et qu'il fallait aviser au plus vite à leur sécurité personnelle. Après la capitulation de Soissons, il vint, muni d'un sauf-conduit, rejoindre sa famille en Bretagne, afin de

---

(1) Après trente et un ans de service, dont quinze comme président, M. Henri de Gondallier de Tugny fut l'une des nobles victimes qui composent ce que l'on a nommé la « Magistrature épurée ». Esprit bien français, plein de verve, de bon sens et de sagacité, mûri par une longue expérience des affaires, il occupait depuis onze ans le siège de président dans son pays, sans autre préoccupation que de bien juger. Sa parfaite aménité, la sûreté de son commerce, le charme de sa conversation aussi munie de souvenirs que pleine de confiance et d'abandon, lui avaient conquis les sympathies de tout le monde. Il n'avait jamais eu de difficulté avec personne, se tenait étranger à la politique, n'avait même jamais eu à juger aucun procès qui y touchât. Aussi fut-il le premier surpris lorsque la nouvelle de sa révocation lui arriva, à l'audience même qu'il présidait. Au milieu de l'émotion qui s'empara de ses collègues, des officiers ministériels et de toute l'assistance, il garda son calme et ne voulut pas même interrompre l'affaire commencée. Le jugement rendu, il se leva et rentra dans la Chambre du conseil en murmurant philosophiquement :

« Le bruit est pour le fat, la plainte est pour le sot.
L'honnête homme chassé s'éloigne et ne dit mot. »

Que dire, en effet, de gens qui vous chassent après trente et un ans de service, sans autre raison, sinon qu'ils ont besoin de votre place pour la donner à qui a leur faveur? Leur acte seul ne suffit-il pas à les juger? (D'après les notes fournies par la famille de Tugny.)

la ramener à Soissons où la présence des propriétaires devenait urgente, les Prussiens saccageant tout en leur absence.

Cinq ou six semaines après ce retour à Soissons, la naissance d'un fils vint consoler des émotions et des tristesses des mois précédents. Il vint au monde le 2 janvier 1871, et reçut le nom de Jacques. L'enfant fut ondoyé par M. Dupuy, lazariste, supérieur du Petit Séminaire de Soissons, divers empêchements ne permettant pas de faire la cérémonie du baptême, laquelle n'eut lieu qu'à la fin du mois de septembre de la même année, à Beaurieux (1).

Le bruit courait alors que Soissons allait être fortifiée et devenir une ville de guerre impliquant un personnel militaire considérable. M. et Mme de Tugny, préoccupés pour leurs trois filles de ce nouvel état de choses qui allait ôter à Soissons sa physionomie de paisible ville de province, songèrent, trop hâtivement, à transporter leur résidence ailleurs. Ils se décidèrent donc à vendre leur hôtel de Soissons et à venir se fixer à Beaurieux, afin de s'y consacrer entièrement à l'éducation de leurs enfants. Ils s'installèrent dans une maison provenant des arrière-parents de M. de Tugny, à côté du château habité par la mère de ce dernier, demeurée veuve depuis 1866 (2).

C'est dans cette maison que vint au monde, quelques mois après, un nouvel enfant qui devait être le dernier et dont ces pages ont pour but de retracer la trop courte existence.

Il naquit le 28 décembre 1871, en la fête des saints Innocents, un peu avant minuit, et fut baptisé le lendemain,

(1) Petite commune du canton de Craonne, sur les bords de l'Aisne. Le nom de ce pays (en vieux latin *bellus-rivus*, belle rive) lui vient, croit-on, du voisinage de cette rivière. La construction de l'église paroissiale, érigée sous le vocable de saint Remy, remonte au douzième siècle. Elle fut primitivement administrée par des religieux prémontrés de l'abbaye de Cuissy, fondée par saint Norbert. Beaurieux fut longtemps une forteresse entourée de murailles dont les portes accédaient à des monastères d'hommes et de femmes.

(2) Ce château fut légué, hors part, au fils ainé de Mme de Tugny mère, par son grand-père de Belly de Bussy.

dans l'église de Beaurieux, par le curé de la paroisse (1).
Le nom de Jean lui fut donné au baptême, par dévotion
pour « le disciple que Jésus aima », dont on venait de
célébrer la fête. Comme ses deux aînés, Micheline et Jacques,
l'enfant fut nourri par sa mère (2) et entouré de soins d'autant plus assidus, qu'il fut plus délicat et plus frêle, durant
les premiers mois qui suivirent sa naissance.

Une bronchite contractée par lui, tandis qu'il était encore
au berceau, vint alarmer les siens et faire craindre pour ses
jours. Le danger put être heureusement conjuré. Toutefois,
il resta à l'enfant une extrême délicatesse de la gorge, dont
il devait, dans la suite, ainsi qu'il sera dit, se ressentir très
douloureusement.

Un fait d'un caractère étrange vint marquer cette existence à son début. « Jean, rapporte Mme de Tugny, a marché
à un an ; ses premiers pas ont été faits *en courant*, tout d'un
coup, sans hésitation, à notre grande surprise. Nous avons
toujours pensé qu'il avait appris à marcher surtout par les
yeux, car il suivait sans cesse, d'un regard persistant, les
mouvements de ses aînés, âgés de deux et trois ans, et il
s'est mis à marcher comme par imitation. »

Jean fit paraître, de très bonne heure, les côtés saillants
de sa riche nature. Une droiture parfaite, ennemie de toute
dissimulation et de tout mensonge ; une grande bonté de
cœur ; une tendre affection pour tous les siens ; une inclination très marquée à rendre service : telles furent les premières manifestations de ce fond sensible et délicat, noble
et généreux, qui devait caractériser l'aimable jeune homme
que nous avons entrepris de faire connaître.

A ces belles qualités s'ajoutait une particulière vivacité,
un caractère hardi, entreprenant, qui se traduisait par des
espiègleries, parfois même par des imprudences dont les

(1) M. l'abbé Champion, mort en 1882.
(2) Celle-ci, dans son chagrin de ne pouvoir allaiter elle-même ses enfants,
s'en dédommagea en les élevant au biberon. Les soins n'en furent que plus
minutieux.

conséquences auraient pu être désastreuses. « J'ai passé le temps de sa petite enfance à trembler, écrit sa mère. Un jour, je le trouvai grimpant sur une échelle qu'un ouvrier avait laissée sur un balcon et dont le sommet était appuyé sur la toiture de la maison. Jean avait vu un tout jeune oiseau voletant contre la gouttière, et il voulait le prendre... Saisie d'effroi, j'eus cependant le courage de me taire et de paraître calme, dans la crainte que l'enfant, effrayé de ma peur, ne se laissât tomber. »

Une autre fois (il n'avait pas deux ans), ayant pénétré dans le cabinet de toilette de son père, il s'était emparé d'un rasoir. En maniant ce dangereux objet, le petit imprudent se fit à la main une terrible entaille, dont la cicatrice ne devait jamais s'effacer entièrement.

Les trois derniers enfants de M. de Tugny, Micheline, Jacques et Jean, étaient à une trop grande distance d'âge de leurs sœurs aînées pour se mêler beaucoup à elles, bien que celles-ci fussent très complaisantes pour eux et se prêtassent à leurs jeux avec une charmante bonne grâce. Aussi grandirent-ils tous trois dans une intimité, sinon plus fraternelle, du moins plus conforme à leur âge et à leurs goûts. La plus cordiale union régnait entre ces enfants ; malgré leur vivacité, leur entrain quelque peu tapageur et destructeur, « Jacques et Jean eurent toujours le plus grand respect pour les poupées de leur sœur Micheline, sachant combien elle soignait *ses filles* et tenait à tous ses jouets. Jamais ils ne lui touchèrent ni brisèrent rien, par l'unique crainte de lui faire de la peine (1) ». Au demeurant, ils ne se faisaient pas faute de détériorer les leurs, sans doute pour se conformer aux mœurs de leur âge.

Tout absorbée par le soin de ses enfants, Mme de Tugny s'appliquait, en mère intelligente et dévouée, à cultiver et à développer en eux les heureux germes que découvrait son regard attentif et clairvoyant. Par-dessus tout, elle s'efforçait

____

(1 Relation de Mme de Tugny.

de faire pénétrer dans leurs jeunes et vives intelligences des notions précises sur les vérités essentielles de la religion, les devoirs du chrétien, et dans leurs cœurs l'amour de Dieu et le goût de la piété.

Dès que Jean fut en état de marcher, elle conduisit ses trois enfants en pèlerinage au vénéré sanctuaire de Notre-Dame de Liesse, afin de les placer d'une façon spéciale sous la protection de la très sainte Vierge. Elle obtint même du R. P. Recteur de ce sanctuaire qu'il les admît à prendre les scapulaires du Mont-Carmel et de l'Immaculée Conception. Bien qu'il soit d'usage de ne les donner qu'après la première communion, le bon Père accorda cette faveur, sachant avec quel respect Mme de Tugny ferait porter les livrées de Marie à ses enfants. Ceux-ci furent vivement impressionnés de la cérémonie et des bonnes paroles que leur adressa, à cette occasion, le Révérend Père.

Parmi les souvenirs relatifs à l'enfance de ses fils et au sanctuaire de N.-D. de Liesse, mentionnons encore le suivant, relaté par Mme de Tugny en ces termes : « Étant à Liesse, j'allais à la sainte Table, et mes enfants étaient restés à leur place sous la garde d'une cousine, lorsque Jean lui échappe et vient s'agenouiller près de moi, à la table de communion... Je dus lui faire comprendre que ce bonheur lui était réservé pour plus tard. Je le ramenai, presque malgré lui, à notre parente, tout ahurie et prête à pleurer, comme moi, d'un doux attendrissement. L'une et l'autre nous regardâmes cet élan spontané, inconscient, comme un appel divin plein de promesses... »

De fait, à mesure que l'enfant grandissait, on pouvait constater en lui une inclination de plus en plus sensible vers les pratiques de la piété chrétienne. La ferveur de ses prières, son attitude recueillie à l'église, sa docilité à écouter les récits édifiants, à s'instruire des choses de la foi, révélaient surabondamment l'efficacité de la grâce en cette âme virginale et faisaient concevoir de douces espérances pour l'avenir.

Parmi les qualités que Jean fit paraitre dès sa plus tendre
enfance, nous avons déjà signalé la bonté naturelle de son
cœur. Cette disposition l'inclinait à compatir au sort des
pauvres, des malheureux, et à plaider éloquemment leur
cause pour procurer un soulagement à leurs besoins. M. et
Mme de Tugny n'avaient garde de contrarier un si noble
penchant; ils l'encourageaient de leur mieux en faisant
passer par les mains de leurs enfants, surtout par celles
de leur petit *Jean l'aumônier*, les secours destinés aux
pauvres.

Préoccupés à bon droit de l'avenir de leurs enfants et désireux de leur procurer, avec le bienfait d'une parfaite éducation, celui d'une instruction aussi solide et complète que possible, M. et Mme de Tugny avaient pris auprès d'eux une institutrice d'âge respectable, Mlle Brouwer, personne instruite et
distinguée, d'un rare bon sens et d'un dévouement à toute
épreuve, à laquelle ils avaient confié la formation intellectuelle de leurs filles aînées, Antoinette et Jeanne. Elle resta
quatre ou cinq ans dans l'exercice de ces délicates fonctions,
et ne se sépara de ses élèves que lorsque celles-ci eurent
achevé leurs études.

Quant aux trois autres enfants, Mme de Tugny prit d'abord
sur elle de les initier aux premières connaissances classiques. Mais elle sentit bientôt le besoin d'être secondée dans
ces fonctions. Elle trouva un précieux auxiliaire en la personne de M. Delaidde, ancien maître d'école de Beaurieux.
Quoique vivant agréablement de ses rentes, ce digne instituteur consentit, par égard pour la famille de Tugny, à sacrifier en partie les loisirs de sa retraite et à venir, tous les
jours, donner des leçons à Jacques et à Jean, pendant deux
heures coupées par une courte récréation (1). Grâce aux

(1) Les sœurs du Bon-Secours de Charly (Aisne) qui tiennent brillamment l'a-
sile et l'école des filles de Beaurieux, furent aussi de précieuses auxiliaires
pour Mme de Tugny près de Micheline, surtout l'année de sa 1re communion,
qu'elle fit à Beaurieux, le 22 mai 1881.

soins dévoués et à l'expérience pédagogique de leur vénéré maître, nos jeunes écoliers trouvèrent un réel profit à ces leçons domestiques, en ce qui concerne l'enseignement primaire.

Vint le moment d'appliquer Jacques et Jean à la connaissance du latin. Leur père, dont les études avaient, nous l'avons dit, été des plus brillantes, aurait pu se constituer, à son tour, leur professeur; mais sa grande vivacité était peu compatible avec des fonctions qui exigent tant de maîtrise de soi-même. Il fallut donc songer à les confier à un autre maître. Antoinette et Jeanne achevaient, à ce moment-là, leurs études classiques. Leur digne institutrice fut remplacée par un précepteur ecclésiastique qui fut chargé de leurs frères. Ce dernier ne passa qu'une année dans la famille de Tugny : des raisons particulières motivèrent son départ au bout de ce temps. La Providence ménagea fort opportunément aux fils de M. de Tugny le précieux concours d'un autre ecclésiastique qui allait devenir pour eux un maître, un guide et un ami dévoué, auquel, dans la suite, ils témoignèrent sans cesse la plus affectueuse reconnaissance.

La petite paroisse de Pargnan, distante d'une lieue environ de Beaurieux, avait alors et a toujours pour curé un prêtre intelligent et actif, au caractère plein d'entrain, au cœur ardent et apostolique : M. l'abbé Denglehem.

M. de Tugny l'avait connu autrefois, comme élève, au Petit Séminaire de Soissons. Vu le peu d'importance de la paroisse et du ministère qu'avait à y remplir le curé de Pargnan, il fut aisé d'obtenir de l'autorité diocésaine la permission de l'avoir chaque jour, sauf empêchement, à Beaurieux pour faire la classe à Jacques et à Jean.

L'excellent curé vint ainsi, pendant deux années et par n'importe quel temps, remplir auprès d'eux les fonctions de précepteur. Avec un dévouement qui ne connut jamais aucune défaillance, il écoutait la récitation de leurs leçons,

corrigeait leurs devoirs, donnait les explications nécessaires, entretenait l'émulation entre les deux frères, présidait leurs récréations, les animant de son joyeux entrain,
et ne quittait ses chers écoliers que vers cinq heures du soir
pour regagner son presbytère.

En véritable éducateur, le digne curé de Pargnan s'appliquait à former ses élèves aux habitudes de régularité,
d'ordre et de travail qui font les hommes, en même temps
qu'aux vertus qui font les chrétiens. Il savait découvrir à
chacun ses travers et ses défauts, et surtout exciter leur zèle
à les combattre.

Plus d'une fois, Jean dut essuyer des reproches et des
réprimandes, accomplir même des pénitences pour son
excessive mobilité qui lui faisait préférer le mouvement
bruyant de la récréation au calme et à la réflexion de l'étude.
D'une intelligence vive et prompte à saisir toute chose, il
aurait eu, comme on dit, les défauts de ses qualités, et se
fût volontiers contenté d'un aperçu sommaire et superficiel
là où l'application était nécessaire, si la sage et ferme direction de l'abbé Denglehem n'était venue fixer son attention
et réprimer sa mobilité.

De plus, comme il arrive assez souvent aux enfants de
cet âge, il y avait chez Jean une certaine disposition à la ta-
quinerie. Tout en ayant pour son frère et sa sœur une affection tendre, il s'oubliait parfois à les contrarier soit dans
leurs jeux, soit dans leurs occupations. En cela encore l'intervention opportune de l'abbé Denglehem fut des plus
salutaires. Le petit taquin était par lui très spirituellement
mis à sa place. La leçon, inspirée par une affection que le
délinquant savait être sincère, portait ordinairement ses
fruits. D'ailleurs, l'autorité paternelle et maternelle, comme
une sanction nécessaire, secondait admirablement les efforts
du zélé précepteur.

Ainsi s'écoulèrent dans la paix et la douce intimité du
foyer domestique, sous la vigilante direction de parents

chrétiens, sous l'influence vivifiante de la religion et de ses ministres, les premières années de Jean de Tugny.

Nous allons maintenant le suivre dans les différents milieux où la Providence le conduisit et étudier les éminentes vertus qu'il sut déployer dans les phases douloureuses et agitées de sa trop courte existence.

CHAPITRE II

(1882-1888)

C'est toujours un moment de poignante anxiété pour un père et une mère que celui où la formation intellectuelle et morale de leurs enfants, commencée par eux, réclame, pour être complétée, le concours des éducateurs. Si dur qu'en soit le sacrifice, il leur faut éloigner pour un temps du foyer domestique ces enfants dont les intérêts doivent passer avant les exigences de la plus légitime affection.

M. et Mme de Tugny connurent cette épreuve douloureuse de l'éloignement, commune à la plupart des familles. Jacques et Jean commençaient à aborder les difficultés des langues latine et grecque ; ils faisaient honneur, l'un et l'autre, aux leçons de leur précepteur. Mais qui ne sait quels avantages procure, au point de vue de l'étude, cette puissance d'application et de progrès qu'on nomme l'émulation ? Qui peut douter de l'influence exercée sur la volonté, le caractère, l'orientation de la vie, par le contact journalier avec les camarades, l'autorité des maîtres, les exigences de la règle : toutes choses que le collège offre à l'enfant, en le soustrayant au danger de l'égoïsme et de l'action souvent amollissante de la famille ?

De son côté, Micheline s'appliquait à l'étude des connaissances nécessaires à une jeune fille ; elle montrait de remarquables aptitudes pour l'art musical et promettait d'égaler, sinon de surpasser, son père sous ce rapport. On l'avait mise sous la direction d'une institutrice. Mais chez celle-ci le talent n'était pas suffisamment complété par les qualités requises pour un ministère aussi délicat et aussi important que celui de l'éducation ; et son élève ne trouvait pas auprès d'elle tout le profit désirable.

C'était assez pour que M. et Mme de Tugny se préoccupassent d'assurer à leurs enfants une formation aussi parfaite que possible de l'esprit et du cœur.

L'éloignement de ces enfants allait produire un vide immense dans cette maison si animée par leur présence. Mais ne fallait-il pas, avant tout, assurer leur avenir? D'ailleurs, cet éloignement ne serait que temporaire : les vacances, les congés réuniraient parents et enfants, à diverses époques de l'année. Et puis, tout en se séparant de ces enfants si tendrement aimés, il y avait encore moyen de ne pas établir entre eux et le foyer familial une trop grande distance. Ne pourrait-on pas les mettre en pension dans une localité assez rapprochée de Beaurieux pour permettre des visites fréquentes et donner satisfaction aux justes exigences du cœur?

Reims fut la ville à laquelle M. et Mme de Tugny songèrent tout naturellement. Les Pères Jésuites y dirigent un collège de jeunes gens, et les dames de l'Assomption un pensionnat de jeunes filles. Placer leurs enfants dans la même ville, à proximité de Beaurieux, offrait d'incontestables avantages. Aussi M. et Mme de Tugny arrêtèrent-ils leur choix sur Reims.

Jacques et Jean entrèrent donc, à la fin des vacances de 1882, à l'école Saint-Joseph des pères Jésuites, et Micheline, l'année suivante, au pensionnat de l'Assomption. Les deux frères furent classés, Jacques en cinquième et Jean en sixième latines.

Leurs débuts dans la vie de pension ne fut pas des plus joyeux, à en juger par une lettre adressée par Jean à sa grand'mère, Mme la comtesse de l'Écuyer. « Nous sommes placés au collège, écrivait-il ; on n'y est pas si bien que chez soi ; mais nous commençons à nous y habituer... J'ai déjà fait connaissance avec l'infirmerie; j'y ai été parce que j'avais mal à la tête et mal au cœur... Mon professeur est très bon; mais Jacques a un professeur très sévère; il m'a condamné à une demi-heure d'arrêts, parce que j'avais ri dans le dortoir. »

Malgré les difficultés des premiers jours, nos deux écoliers se mirent résolument à l'œuvre, sachant combien leurs parents avaient à cœur leurs progrès et leurs succès. « Je travaille bien, écrivait encore Jean. Nous avons déjà pris des leçons de gymnastique et de musique. Tous nos moments sont pris par quelque exercice. Il n'y a pas moyen de perdre son temps. » — « Je voudrais pouvoir t'en écrire plus long, disait-il à la fin d'une lettre à sa sœur Micheline; mais mon devoir me tient enchaîné. »

Ces derniers mots : *Mon devoir me tient enchaîné*, écrits par un enfant encore si jeune, dénotent chez lui une perception nette et précise de ses obligations d'écolier, en même temps qu'un véritable respect pour cette grande loi du devoir auquel toute vie sérieusement comprise doit s'assujettir.

Le collège avait, en effet, révélé à Jean l'importance de l'étude et la nécessité d'y mettre tout son cœur. Toutefois, la légèreté et l'amour du jeu semblaient parfois l'emporter sur les bonnes dispositions de l'écolier et lui faire oublier ses résolutions et ses promesses. « Vous êtes déjà moins léger et un peu plus studieux, lui écrivait le dévoué curé de Pargnan; je vous en félicite. Mais vous avez encore bien à faire pour donner tout ce qu'il vous est possible de donner en fait d'application et de diligence. Courage, mon bon et cher enfant! » Et l'écolier, encouragé par les exhortations de son ancien maître, ne laissait pas d'apporter à l'étude une application croissante que les succès ne devaient pas tarder à venir couronner.

L'année 1883 fut pour Jean particulièrement mémorable, car ce fut celle de sa première communion. Il est rare que

cet événement, lorsqu'il est précédé d'une préparation sérieuse, n'exerce pas sur l'enfant une influence décisive dont
l'impression durera autant que la vie. Ce devait être le
cas de Jean de Tugny. Le 13 mai, en compagnie de son
frère Jacques, il reçut pour la première fois dans son cœur
ce Jésus vers lequel, tout enfant, il s'était senti attiré, d'une
façon si particulière, dans le sanctuaire de N.-D. de Liesse.
Longtemps on conservera dans la famille de Tugny le souvenir de sa tenue profondément recueillie et édifiante,
de l'expression d'angélique piété et de religieuse émotion
qui se reflétait sur sa physionomie, à ce moment solennel
entre tous (1).

La première communion ne fit que développer en lui les
dispositions par lesquelles il s'y était préparé. La lettre
suivante, adressée à M. Denglehem, peu de temps avant la
fin de l'année scolaire, en est un éloquent témoignage.

« Monsieur l'abbé, je veux vous écrire encore une fois
avant de quitter le collège pour aller jouir des vacances, au
milieu de ma famille... Il m'est bien doux de me rappeler
les beaux jours que j'ai passés à la maison paternelle, tra-
vaillant sous votre direction, *mangeant mon pain blanc*,
comme vous me l'avez souvent dit. Mais si ce bon temps
est passé, le souvenir m'en est resté, et toute ma vie, je
garderai une éternelle reconnaissance au prêtre dévoué
qui a bien voulu jeter en moi les premiers germes de la
science et du travail. Si jamais il est dans le besoin, qu'il
se souvienne que son ancien élève n'est pas loin : il volera
à son secours.

« Je ne me lasse pas de me rappeler l'heureux temps où
notre règlement était si doux, notre vie si heureuse. Pardonnez-moi les moments de paresse que j'ai pu avoir; je
m'en repens maintenant. Si j'avais mieux écouté vos ins-

____

(1) Dans une lettre de Micheline à sa grand'mère, la comtesse de l'Écuyer,
nous relevons les lignes suivantes : « C'était une bien belle et touchante cérémonie. Nous avons remarqué que mes frères étaient des plus recueil-
lis... Jean surtout avait l'air d'un petit saint. »

tructions, je serais plus fort dans ma classe. C'est à partir de mon âge qu'on commence à apprendre le prix infini et les douceurs du travail. Je vais me remettre avec joie, pendant ces vacances, sous votre bonne direction pour travailler mon arithmétique... J'ai été paresseux pendant mon enfance, il faut que je travaille avec vous pour réparer le temps perdu. »

A partir de cette époque, il est aisé de constater que cette promesse n'avait pas été sous sa plume une parole vaine. Malgré le voisinage de leur famille et la facilité qu'ils avaient de la voir fréquemment, Jacques et Jean, ce dernier surtout, entretenaient avec leurs parents une correspondance des plus régulières. Cette correspondance, conservée presque intégralement, permet de suivre, pour ainsi dire, jour pour jour et pas à pas, les progrès intellectuels et moraux des deux frères, d'assister aux mille petits détails de leur vie écolière et de la reconstituer en toutes ses parties. Une double préoccupation domine en ces lettres et en fournit la matière ordinaire : l'étude et la piété. Quel bonheur pour Jean de pouvoir annoncer à ses parents une bonne place en composition, une note satisfaisante, à la fin de la semaine ! Quelle allégresse surtout de pouvoir joindre à sa lettre la *prime* ou décoration, méritée en obtenant le *maximum* de bonnes notes pour toutes les matières d'étude !... Ce n'est pas sans effort, de sa part ; il a souvent à lutter contre de redoutables adversaires. Mais il sait qu' « à vaincre sans péril on triomphe sans gloire » ; et, tenant à la gloire, c'est-à-dire au succès, moins pour satisfaire la vanité que pour contenter ceux qu'il aime, il accepte le péril, c'est-à-dire la peine.

Toutefois il ne veut pas être seulement un laborieux écolier ; il veut être encore et surtout un écolier chrétien. La touchante lettre qui suit, adressée à ses grands-parents, le comte et la comtesse de l'Écuyer de la Papotière, contient des détails par lesquels son âme se révèle et qui permettent d'entrevoir ses premières aspirations religieuses :

« Mon cher grand-père. Voici votre petit-fils Jean qui vient joindre ses souhaits de bonne année à ceux que vous envoient de nombreux parents. Qu'elle soit donc heureuse, cette nouvelle année ! Heureuse en santé, en bonheur ! Grand-père, vous savez que je vous aime, je vous le prouverai une fois de plus en vous contentant par mon travail. — Je dis adieu à cette vieille année (on était au 26 décembre 1885), sans tristesse comme sans joie. Sans tristesse, car j'ai goûté bien des plaisirs, durant son cours ; sans joie ; elle me laisse aussi des regrets, occasionnés par la mort de mon pauvre oncle et parrain...

« Nous sommes, en ce moment, dans la joie : Noël est venu nous inspirer de bons sentiments, une tendr e affection pour le petit Jésus, qui a tant souffert pour nous ! A la messe de minuit, j'ai eu le bonheur de recevoir la sainte Communion. Fasse la sainte Vierge qu'elle produise ses fruits !

« Nous étions tous réunis de cœur ; je pensais à mes parents bien-aimés, au bon grand-père qui mène une vie si douce et si tendrement unie avec mon excellente grand'-mère ! C'est certainement là une des plus douces joies que l'on puisse goûter. — Cette nuit, j'étais pur de toute faute. Plaise à Dieu de me conserver toujours ainsi ! J'ai besoin de vos prières pour devenir un élève travailleur et discipliné. Je suis toujours le *capricieux* que vous connaissez ; il faut me corriger ; mais, pour cela, il faut prier !...

« A vous aussi, mon excellente grand'mère, à vous aussi mes meilleurs souhaits ! Je ferai tous mes efforts pour vous être agréable... Je me corrige bien peu de ma légèreté ; ce n'est pas faute de conseils cependant !... Je réclame vos prières ; *j'en ai tant besoin* en ce moment ! J'ai commencé, depuis trois mois, à réciter tous les jours, à la messe, le petit office de l'Immaculée Conception pour obtenir une grâce *d'où dépend* le bonheur de ma vie. Je ne cesserai pas avant de l'avoir obtenue. Je vous demande de vouloir bien

réciter pour moi un *memorare* à Notre-Dame des Victoires ;
il me faut obtenir cette faveur ! » Et la lettre se termine par
le post-scriptum suivant : « Le 27, ma fête ; le 28 a mis au
monde un mauvais garnement, qui atteint sa quatorzième
année ! »

Tout porte à croire que cette « grâce dont devait dépendre
le bonheur de sa vie » et en vue de laquelle il priait avec
tant de ferveur et sollicitait instamment des prières, n'était
autre que celle de sa vocation. La suite de ce récit ne fera
que nous confirmer dans cette idée.

Quoi qu'il en soit, il semble que, dès cette époque, le Seigneur ait exercé d'une manière plus sensible sur l'âme de ce
pur adolescent cette secrète attraction qui allait, d'une année
à l'autre, devenir plus puissante et allumer, pour ainsi dire,
en cette âme une soif insatiable de perfection.

A l'école Saint-Joseph, il ne fallut pas longtemps aux
jeunes camarades de Jean pour comprendre et apprécier
les ressources de sa riche nature. Aussi n'eut-il pas de peine
à se concilier leur estime et leur sympathie. En sa compagnie les jeux ne languissaient pas ; il y apportait une ardeur,
un entrain qu'il avait le don de communiquer aux autres. Les
exercices de corps, la gymnastique, la natation, le patinage
et, un peu plus tard, l'escrime, faisaient ses délices : aussi y
déployait-il une agilité et une adresse rares. Quel bonheur
pour lui de pouvoir, dans une de ses lettres, raconter une
partie de ses jeux favoris ! « Nous avons été au bain hier ;
aujourd'hui, c'est le bain des *charges* (1), dont je fais partie,
et lundi prochain, ce sera le bain des *nageurs*, dont je fais
également partie. Je sais maintenant piquer des têtes avec
ou sans élan. » Par contre, quelle déception, quelle tristesse,
quels regrets lorsque le temps ou une circonstance imprévue
vient compromettre une partie projetée ! « Mes engelures
aux pieds ne s'en vont pas, écrit-il ; je suis obligé de garder
mes pantoufles et de passer mes récréations à l'infirmerie,

(1) C'est-à-dire des élèves chargés de quelque fonction ou office, tels que ceux
de réglementaire, de questeurs, de chefs de table, lecteurs au réfectoire, etc.

ce dont je ne me plains guère, car on s'ennuie tant en récréation, que je soupire après le moment où la cloche nous
appellera à l'étude. La raison en est bonne : nous n'avons pas
de jeu organisé ; la cour est en plein dégel. »

Malgré la légèreté et la mobilité dont il a été parlé plus
haut, il y avait chez Jean un fond et même un air de sérieux
qui ne laissait pas que de contraster avec les saillies de sa vivacité enfantine et les accès de sa franche et bruyante gaieté.
« Le fond habituel de son caractère, lisons-nous dans une
relation de famille, était le sérieux, et nous l'appelions entre
nous *le philosophe*. » Volontiers il prenait part aux conversations que l'on pouvait tenir autour de lui sur des sujets
graves et des questions d'un ordre élevé ; du moins, le
voyait-on écouter avec une attention réfléchie qui dénotait
suffisamment la tournure naturelle de son esprit vers les
choses sérieuses.

La disposition bienfaisante de son cœur ne fit que se développer durant les années qui suivirent sa première communion. Donner aux pauvres était pour Jean un bonheur
en même temps qu'un besoin. Citons un trait entre plusieurs.
« Un jour de sortie, étant venue à Reims, rapporte Mme de
Tugny, je menai mes enfants chez un pâtissier. Tout d'un
coup, Jean s'élance au dehors avec un assez gros pâté à la
main, qu'il met dans celle d'un mendiant qui gémissait à
la porte. Revenu à moi, il m'annonce qu'il lui aurait été impossible de manger des friandises sans donner aussi quelque
chose de bon à ce malheureux privé de tout. »

L'année scolaire 1886-1887 fut pour Jean une année de
transition, des études de grammaire à celles d'humanités.
Malgré son jeune âge, il fut classé dans la première division. Durant cette année, son intelligence, naturellement
vive et active, se développa d'une façon remarquable :
ses lettres d'alors en font foi. Outre le ton spirituel qui y
règne, elles portent l'irrécusable témoignage des efforts soutenus de son esprit pour progresser dans les diverses con-

naissances qui constituent le vrai savoir. « La première
division, écrivait-il à la date du 6 octobre 1886, est une
nouvelle sphère pour moi ; on y est bien plus libre et plus
disposé à *chanter*, selon le terme propre. Lundi, à l'étude
du soir, le nouveau Père Préfet (1) a fait une courte appa-
rition pour nous lire les points principaux du règlement.
Il a l'air très posé, très bienveillant, mais très disposé à
maintenir son autorité. On dit qu'il a été capitaine ; c'est
décidément un homme de valeur. Il paraît tenir essentiellement à la discipline plus encore qu'aux études.

« J'ai été quatrième en version latine et septième en nar-
ration. Ce sont des compositions d'épreuve. — M. J..., mon
professeur, est un homme très instruit et qui, jusqu'ici, a eu
l'air fort doux. Il a une pointe accentuée d'originalité ; du
reste, il est flamand : c'est tout dire. Notre premier surveillant
est aussi un flamand qui se trouve être un excellent homme.
Allons, les Flamands sont de braves gens ! »

A quelques jours de là, s'ouvrait la retraite annuelle de
rentrée, d'une importance si grande et d'une influence si
décisive sur l'année scolaire, souvent même sur toute la
vie de collège et au delà. Avant d'en entreprendre les exercices, Jean se recommandait aux prières de sa famille,
« afin, disait-il, de se raffermir par la retraite dans la
bonne voie ».

Cette retraite terminée, il en parlait en ces termes dans
une lettre à ses parents : « J'ai grand regret de la fin de la
retraite ! Le P. Prédicateur était moins bon orateur que les
précédents ; mais *il m'a persuadé* davantage. »

Ainsi muni et fortifié par ces salutaires exercices, notre
écolier se mettait généreusement à l'œuvre et, quelques semaines après, il avait la joie d'annoncer à ses parents de brillants succès classiques. « Je vous envoie, disait-il dans une
lettre, *prime* rose avec quatre *a*. » Et dans une autre : « La
couleur rose est le signe de la joie. Je vous envoie ma *prime*

____

(1) Le R. P. Poisat.

rose, et je suis premier en version allemande. Ce qui vous plaira davantage encore, c'est que jusqu'ici je suis deuxième en diligence de *mathématiques!!* (1)... Je tâcherai de continuer. » — « Je puis vous annoncer, écrivait-il un peu plus tard, que maintenant je ne suis plus second en diligence de mathématiques, mais premier, ce qui vaut mieux encore. »

Ces succès, loin de l'enorgueillir, ne faisaient qu'exciter sa pieuse reconnaissance envers Dieu et son auguste Mère. A eux ses actions de grâces après le triomphe, comme à eux ses prières les plus ferventes pour l'obtenir. « Je suis préoccupé de la composition d'histoire qui aura lieu cette semaine, écrivait-il; si je pouvais avoir une décoration ! Priez bien pour moi!... — Je reviens à ma composition. Je vous demande de vouloir bien dire, chaque jour, une dizaine de chapelet, pour que je réussisse. J'en ferai autant de mon côté. Persévérons ! » Et, après un brillant succès : « Nous n'avons, écrivait-il encore, qu'à remercier le bon Dieu et la sainte Vierge qui m'ont accordé ces succès. » Et dans une autre circonstance, il disait également : « Je suis premier en diligence de mathématiques et cinquième en histoire. Je dois tout cela à la sainte Vierge et aux dizaines de chapelet que vous avez bien voulu dire en union avec moi... De même que *labor improbus omnia vincit* (2), je puis dire aussi : *preces improbæ vincunt atque facilia reddunt omnia* (3). »

En même temps que l'étude occupait, à bon droit, l'activité de notre généreux écolier, la formation de son caractère, la pratique des vertus à l'aide desquelles s'opère cette formation, la correction des défauts qui y mettent obstacle, ne laissaient pas de le préoccuper et d'être, de sa part, l'objet d'efforts sérieux et continus. « Comme vous le dites, écrivait-il à ses parents, les taquineries ont disparu de mon pro-

(1) C'était une des matières classiques dans lesquelles Jean était le plus faible, au début de ses études.

(2) « Un travail opiniâtre vient à bout de tout. »

(3) « Des prières persévérantes triomphent de toute difficulté et rendent tout facile. »

gramme... Néanmoins, ajoutait-il, je suis très colère; mais mes colères ne durent qu'un moment, ce qui prouve, comme me disait le P. Munier, que le défaut n'est pas très grave. A part cela, je suis de fort joyeuse humeur. A quoi l'attribuer? sinon à la sagesse et à la prière. »

Une autre fois, parlant de la division dans laquelle il se trouve, il écrit : « L'esprit de la première division, quoique médiocre et assez mal composé, ne laisse pas d'avoir de bons moments. S'il n'y avait que la seconde et la rhétorique, tout irait pour le mieux. Mais les philosophes sont la tache du miroir que cette division devrait être. A tout prendre, cependant, je préfère être en première division. »

Et dans son désir d'y faire honneur, dans son zèle pour le bien moral et spirituel de ses camarades, Jean s'appliquait, par sa régularité, son bon esprit, sa piété, à imprimer à cette division un caractère sérieux et édifiant.

Du reste, il avait trouvé, pour encourager ses efforts, un sage et dévoué conseiller en la personne du R. P. Munier, directeur de la Congrégation de la très sainte Vierge et père spirituel (1) de l'école Saint-Joseph.

Ce Père fut, tout d'abord, peu sympathique à Jean qui, dans une lettre à sa famille, en parlait en ces termes : « La froideur du P. Munier ne vaut certes pas l'amabilité empressée du Père R... Celui-ci, c'était un homme enthousiaste, sachant vous encourager. Le P. Munier est tout l'opposé, du moins, c'est mon avis. »

Mais chez le directeur de la Congrégation cette froideur n'était qu'apparente. En homme habitué à traiter avec la jeunesse, le P. Munier découvrit sans peine les précieuses ressources de son disciple; il sut en peu de temps conquérir toute sa confiance, et, grâce à sa douce et pénétrante affection, exercer sur lui une influence considérable. « Le P. Munier que j'avais d'abord trouvé froid, écrivait Jean, me plaît

____

(1) C'est le nom qu'on donne dans les collèges tenus par les Jésuites au Père spécialement chargé de tout ce qui concerne les exercices religieux et la direction des consciences.

beaucoup. Je vais souvent le voir, presque tous les jours. Il trouve toujours des paroles aimables et encourageantes à dire, et je ne crains pas d'avouer qu'il est mon appui spirituel presque journalier. Je vois combien vous aviez raison de dire qu'on marche toujours droit en suivant les conseils de son directeur. »

Cette direction toute paternelle, en encourageant la bonne volonté de Jean, développait graduellement en son âme la piété, le zèle pour la vertu, une particulière dévotion envers la très sainte Vierge. Aussi l'un de ses plus ardents désirs fut-il bientôt de faire partie de la Congrégation placée sous les auspices de la Mère de Dieu et des hommes. « Hier, écrivait-il, j'ai parlé au P. Munier... et je lui ai demandé de faire partie de la Congrégation. Je suis *aspirant*. — Le P. Munier m'a dit que je commencerais à assister aux réunions à partir de la fête de l'Immaculée Conception, si je continuais à avoir de bonnes notes. » Une autre fois, il écrivait : « Je suis heureux de vous dire que, s'il n'y a pas d'inconvénient à admettre un mauvais sujet comme moi, je serai nommé *approbaniste* (1) dans huit jours. Ainsi votre plus grand désir sera réalisé et ma vive impatience comblée... Je sers la messe, cette semaine, ce dont je suis fort content. Tous les honneurs m'arrivent. J'ai deux charges : celle de *portier* et celle de *demi-chef de table*. Je suis ravi de tout cela; mais ce qui doit me transporter davantage, c'est ma prochaine entrée dans la Congrégation de la sainte Vierge. »

« J'ai assisté hier, disait-il dans une autre lettre, à la fête de la Congrégation pour la première fois. J'en ai retiré des fruits d'encouragement et d'ardeur nouvelle : puissent-ils durer! » Et dans une autre : « J'ai été voir le P. Munier; il m'a dit qu'il y aurait un conseil vendredi, et qu'il examine-

(1) C'est le nom qu'on donne aux élèves proposés pour faire partie de la Congrégation. Avant d'être admis, ils doivent être soumis à une épreuve de plusieurs mois, au cours de laquelle l'approbaniste doit se signaler par une conduite exemplaire. Ceci montre assez les inappréciables avantages des Congrégations dans les collèges.

rait mon admission comme approbaniste de la Congrégation... J'ai vu chez lui une image de la très sainte Vierge,
qui est vraiment ravissante. C'est au moment de la Nativité
de son fils. L'artiste a su lui donner toutes sortes d'expressions que m'a fait remarquer le P. Munier. En me la mon-
trant, il m'a répété trois fois, avec gradation ascendante :
« Priez-la, elle est si bonne! elle est si bonne! elle est si
« bonne! »

Malgré l'ardeur de son désir de se ranger sous la ban-
nière de Marie, Jean dut subir les retards nécessaires
pour mettre sa conduite à une épreuve de durée suffisante.
En attendant ce beau jour, il redoublait d'efforts pour satisfaire les légitimes exigences du P. Munier. Ce dernier
continuait à soutenir de ses encourageantes exhortations
cette âme droite et généreuse. « Le P. Munier, écrivait
Jean, à la date du 20 décembre 1886, m'a demandé quel
était mon patron de prédilection. J'ai dit, comme vous
savez, que j'en ai deux : le précurseur et l'évangéliste,
quoique ce dernier ait un peu plus ma préférence, ce dont
le Père m'a félicité, car ces deux saints sont les plus
grands hommes que la terre ait portés, au témoignage de
Notre-Seigneur lui-même. Voilà donc, à la fois, ma fête et
mon jour de naissance qui arrivent. Le 28, *j'aurai quinze
ans sur les épaules!*... Et le joyeux Noël!... Ce devrait être la
plus grande fête de l'année, à mon avis, car sans celle-là
les autres n'existeraient pas. Nous prierons les uns pour
les autres, sans oublier ni les défunts ni les égarés. Je
demanderai à l'Enfant Jésus la grâce de commencer une
vie nouvelle avec mes quinze ans. »

On le voit, à mesure que Jean avançait dans la vie, il
l'envisageait non sous ses aspects frivoles, illusoires et
trompeurs, mais sous ses aspects sérieux et réels. L'a-
mour du devoir, son accomplissement intégral, consciencieux, la culture progressive de l'esprit, la pratique diligente des actes de vertus qui constituent le tempérament

chrétien en même temps qu'ils en émanent : tout cela se
dessinait, s'accentuait chaque jour davantage et formait,
dans son harmonieux ensemble, comme la caractéristique
de cet aimable adolescent.

Avec quelle joie émue sa digne mère ne devait-elle pas
lire dans ses lettres, concises, mais fréquentes, des lignes telles que celles-ci, écrites en *post-scriptum :* « Je prie
bien, soyez tranquille. Je voudrais avoir le temps de méditer chaque jour un passage de l'Imitation. C'est si consolant et si admirable ! » Et de quel profit ne devaient pas
être des observations telles que la suivante, adressée à sa
sœur Micheline, à cette sœur pour laquelle il professait une
tendresse sans bornes mêlée d'une admiration que justi-
fiaient, d'ailleurs, ses talents artistiques remarquables et
ses qualités exceptionnelles d'esprit et de cœur : « *Miche*
(c'était le nom familier que l'on s'était accoutumé à donner
à Micheline), *Miche* est-elle toujours pleine du feu musical qui l'animait dernièrement? C'est dommage qu'elle soit
si capricieuse; cela compromet son talent. Elle devrait y
faire attention, car les *girouettes* ne produisent jamais rien
de bon, j'en ai fait la triste expérience. »

Son esprit judicieux et observateur savait naturellement dégager des moindres faits, des incidents journaliers,
à plus forte raison des événements plus importants qui venaient couper la régulière monotonie de la vie de collège,
des réflexions pleines de sagesse dans lesquelles se mani-
festaient les heureuses dispositions de son âme. Écrivant
à ses parents à l'occasion de la mort inopinée d'un de ses
condisciples, il leur disait : « Ce malheureux élève, mon
voisin de classe, a été enlevé par une phtisie galopante.
Il est mort chez un curé, son ancien précepteur, après quelques jours de maladie. Cela me donne à penser à la parole
de Notre-Seigneur : « *Estote parati!* » C'est-à-dire : ayez
une conscience pure et prête au jugement éternel. »

Mme de Tugny trouvait dans ces admirables dispositions
la récompense de sa sollicitude à entretenir dans l'âme

de ses fils l'amour de Dieu et le goût de la piété. Les lettres qu'elle leur écrivait à cette époque, comme, d'ailleurs, toutes celles qu'elle leur écrivit dans la suite, abondent en exhortations à la vertu (1). Pour joindre l'exemple au précepte et faire mieux pénétrer ces exhortations dans leur esprit, elle transcrivait assez souvent dans ces lettres de beaux passages des meilleurs auteurs, des traits édifiants glanés dans ses lectures. Bénies soient les mères qui, comme elle, préoccupées avant tout des intérêts spirituels et éternels de leurs enfants, s'appliquent à leur inculquer tout ce qui peut les affermir dans la pratique du bien et faire d'eux des chrétiens en même temps que des hommes!

Aux lettres maternelles, toutes remplies de conseils dictés par l'affection la mieux comprise, venaient s'ajouter, de loin en loin, d'admirables lettres écrites par la comtesse de l'Écuyer, mère de Mme de Tugny. Femme éminemment chrétienne, d'une haute culture intellectuelle, à la fois poète et écrivain, réunissant en elle tous les avantages de l'esprit et du cœur, douée de cette distinction de manières dont la génération actuelle semble avoir perdu le secret, Mme de l'Écuyer de la Papotière, née des Acres de l'Aigle, avait conservé sous les frimas d'une verte vieillesse toute la fraîcheur des sentiments, toute l'élévation des pensées de sa brillante jeunesse. Séparée de sa fille aînée, Mme de Tugny, et vivant retirée à Paris avec son digne époux, le comte de l'Écuyer, l'une de ses plus douces joies était de s'entretenir par lettres avec ses chers absents, enfants et petits-enfants. Le recueil de ces lettres formerait un intéressant volume. Celles adressées à Jean offrent un intérêt tout spécial. Devinant sans doute, pressentant tout au moins, les desseins de Dieu sur cet enfant qui devait tant lui ressembler par les qualités de l'esprit, elle se complaisait à encourager ses études, à applaudir à ses succès, et plus encore, à stimuler

____

(1) Nous aurons bientôt l'occasion de mettre sous les yeux de nos lecteurs quelques-unes de ces lettres où apparaît le cœur de la vraie mère, avec ses saintes tendresses et sa surnaturelle sollicitude.

son zèle pour la vertu. « Mon cher petit-fils, lui avait-elle écrit à la veille de sa première communion, quand tu liras cette lettre, tu auras reçu le divin sacrement qui résume en lui tous les grands mystères de notre foi : Trinité, rédemption, éternité !... Nous nous associons de loin à ton bonheur... Je t'envoie, en souvenir de ce beau jour, une *Imitation* de poche dont tu pourras faire ton *vade mecum*... Plus tu avanceras dans la vie, plus tu en comprendras les beautés et l'utilité... »

Écrivant à ses deux petits-fils, aux approches du *grand jour*, elle leur disait : « Mes chers petits-enfants, vous avancez d'un pas, je ne dirai pas égal, mais proportionné à votre âge, dans vos études. Il est un point sur lequel, j'en suis sûre, votre égalité est parfaite, c'est celui de votre bonne préparation à votre première communion, et cette douce certitude vous assure une place égale dans ma tendresse.

« O mes chers petits-enfants, quel beau jour s'approche pour vous! Vous vous le rappellerez avec joie jusque dans votre vieillesse, et vos cœurs seront alors émus comme le sont les nôtres à la pensée de votre première approche du saint autel. Puissiez-vous être animés d'une foi vive et d'un ardent amour envers le Dieu qui se donne à nous pour notre salut éternel; car, sans cette foi et sans cet amour, nul n'entrera dans le royaume des cieux.

« Je m'arrête, car vous allez bientôt entendre les sermons de la retraite. Déjà vous vous y préparez par une attention plus grande à tous vos devoirs, par des efforts constants sur vous-mêmes pour vaincre vos défauts. Courage, mes chers enfants... Comptez sur notre pensée plus assidue en ces jours si précieux... Croyez bien que je vous verrai des yeux de l'âme et que je vous bénirai, ainsi que votre grand-père, au retour de cette bienheureuse absolution qui vous rendra purs comme des anges pour approcher du divin Sacrement. »

« Continue à marcher dans la bonne voie, mon cher Jean,

lui écrivait-elle encore ; c'est la seule où tu seras heureux, car tu as une bonne nature, et tu ne saurais te plaire dans le mal. Ne laisse pas trop vagabonder ton imagination. Sache te limiter au temps actuel ; fais ta tâche de chaque jour sans trop rêver à l'avenir. Je ne sais plus quel sage a dit : « Prenons soin des jours, les années prendront soin « d'elles-mêmes. » J'ai su par ta mère que tu étais dans les sentiments de piété les plus louables. Je ne puis que te souhaiter d'y persévérer toute ta vie. »

Le 25 mars 1887, Jean annonçait en ces termes à ses parents son admission définitive comme congréganiste : « Mes chers parents, j'ai une bonne nouvelle à vous annoncer, une nouvelle qui vous comblera de joie : c'est ma nomination de congréganiste, vendredi, fête de l'Annonciation. Me voilà l'enfant de la Sainte Vierge et, par conséquent, son protégé. Que de grâces j'aurai à lui demander ! Sa générosité est inépuisable ! Je prierai en espérant et j'espérerai en priant. C'est une nécessité première que la confiance filiale... J'inaugurerai cette belle fête par une fervente communion ; nous serons unis par la prière... Je vais communiquer cette heureuse nouvelle à nos deux bonnes sœurs ; elles en seront bien satisfaites, autant que vous, par l'affection qu'elles me portent, et je ne craindrai pas de dire : plus que vous, par le sentiment religieux que leur donne leur sainte vie. »

Ainsi qu'on a pu le comprendre par ces dernières lignes, depuis l'entrée de Jacques et de Jean à l'école Saint-Joseph, leurs deux sœurs aînées, répondant à l'appel divin, avaient quitté leur bien-aimée famille pour embrasser la vie religieuse. L'une et l'autre étaient entrées, à des époques distinctes, d'abord à la Maison de Charité de Soissons, où elles avaient fait leur postulat, puis au *Séminaire* de la rue du Bac, à Paris, où elles avaient pris l'habit et la cornette des Filles de la Charité, pour se consacrer tout entières et pour toujours au service des pauvres (1). En parents chrétiens

(1) L'aînée, Antoinette, commença son postulat le 5 octobre 1879, et prononça

qui savent voir en leurs enfants des dépôts confiés par le Seigneur à leur garde, M. et Mme de Tugny n'avaient opposé aucune résistance à la généreuse résolution de leurs filles. Leur foi sut triompher de toutes les protestations et répugnances de la nature et faire à Dieu ce double don, d'autant plus méritoire, qu'il était fait au prix d'un plus grand sacrifice.

L'entrée de Jean dans la Congrégation fut comme le point de départ d'une vie encore plus fervente et plus édifiante. Aux approches des vacances de Pâques, il avait écrit à ses parents : « Je me promets de faire mon possible pour vous prouver, pendant ces dix jours, que mon entrée dans la Congrégation a produit en moi tous les changements désirables sous le rapport de l'amabilité et du bon caractère. Si je m'oubliais quelque peu, vous me rappelleriez mes promesses. »

Il ne fut point nécessaire de les rappeler ; le témoignage de Mme de Tugny en fait foi. « Un de ses actes les plus méritoires, écrit-elle, fut sa persévérance à s'améliorer en tout, pour obtenir son admission dans la Congrégation de la très sainte Vierge, et plus encore sa persévérance à faire honneur à son titre d'enfant de Marie dont il était justement fier. »

Parmi les attributions des congréganistes, celle de la visite des pauvres à domicile est une des plus enviées. On connaît la bonté de cœur de Jean. Sa meilleure récompense, au collège, était d'être désigné pour accomplir, avec quelques autres condisciples, ce ministère de charité. « Aujourd'hui, écrivait-il à ses parents, j'ai été avec le P. Munier et un

ses vœux à Paris, le 2 février 1885 ; elle reçut en religion le nom de sœur Claire et fut attachée d'abord à l'hospice Leprince, 105, rue St-Dominique, à Paris, lequel porte aussi le nom d'école professionnelle du Gros-Caillou ; puis elle fut appelée à la communauté de Soissons, où elle est encore présentement. La cadette, Jeanne, fit son postulat en 1881-1882 et prononça ses vœux, à Troyes, le 8 décembre 1888. Elle conserva en religion son nom primitif de baptême. Aussitôt son noviciat terminé à Paris, elle retourna à Troyes, qu'elle n'a jamais quitté, remplissant divers offices dans la maison de charité Saint-Jean, rue Louis-Ulbach.

autre congréganiste chez les pauvres, pendant la récréation de midi, avec des provisions.

« Nous avons visité deux familles seulement : d'abord une famille dont le père et la mère sont bien malades, surtout la mère, qui est fort décharnée; puis une famille charmante, dont les parents étaient absents ; nous avons été accueillis par une petite fille très propre, à l'air aussi intelligent que ses deux frères l'avaient bête. Nous avons mis la joie dans ces familles intéressantes par des distributions aux enfants. J'en suis revenu enchanté moi-même d'avoir pu faire un peu de bien. »

Une des grandes joies de Jean était aussi d'accompagner, avec quelques camarades, le Père spirituel, pour porter des paniers de provisions aux vieillards des Petites Sœurs des pauvres, et de les servir à table. Sa charité pour les humbles et les déshérités des biens de ce monde trouvait là d'excellentes occasions de s'exercer. « Une année, raconte Mme de Tugny, l'âne des Petites Sœurs, qui traînait le chariot par la ville, pendant qu'elles quêtaient pour leurs pauvres, vint à périr. Aussitôt les élèves de Saint-Joseph se cotisèrent pour racheter un âne aux bonnes sœurs. Mes enfants donnèrent *le plus qu'ils purent,* avec un entrain dont je fus ravie. On fit caracoler l'animal dans les cours du collège avant de le conduire à destination, à la grande joie de tous, mais particulièrement de Jean qui ne pouvait rappeler cet épisode sans rire de tout son cœur. »

Un autre jour, qu'on avait prêché au collège sur l'esclavage, au moment où le cardinal Lavigerie organisait en France l'OEuvre anti-esclavagiste, Jean, à la récréation suivante, monte sur une borne et adresse à ses camarades une petite allocution sur ce sujet et termine en disant que tous, pour cette cause, doivent vider leur bourse. Et il prêcha d'exemple.

Citons encore l'aventure tragique arrivée à Jean pendant un de ses séjours à Beaurieux. Elle projettera une lumière plus vive sur les sentiments de charité qui faisaient battre son noble cœur. Une matinée d'automne, il s'était rendu

au bois pour chasser; les arbres avaient encore leurs
feuilles. Jean aperçoit vaguement une forme s'agiter dans
les branches d'un arbre élevé et touffu. Croyant que c'est
un chat sauvage, il tire... et un homme dégringole en hur-
lant. Qu'on juge de la stupéfaction et de l'émotion du
jeune chasseur qui ne pouvait certes pas s'attendre à ce
qu'un humain fût perché si haut. L'homme était en contra-
vention, coupant des jeunes branches par fraude, au risque
d'un procès. Mais Jean ne s'arrête pas une seconde à cette
pensée. Il se précipite au secours du blessé, le prend dans
ses bras et s'assure qu'il n'est pas dangereusement atteint;
il calme la famille éplorée du braconnier, car, aux cris de
ce dernier, femme, enfants, avaient surgi affolés d'un
fourré où ils s'étaient cachés. Jean appuye le blessé contre
un arbre, étanche un peu le sang avec son mouchoir, puis,
au pas de course, il vient à la maison, chercher du linge
et des cordiaux, dont le meilleur fut un petit magot de
soixante francs, que Jean prit dans sa bourse d'économies,
destinées à l'achat de livres, objet de ses prédilections (1).
Après avoir conté à ses parents l'accident dont il était l'auteur involontaire, il reprit sa course vers le pauvre homme,
qui bien soigné, soulagé, confus de tant de générosité, re-
mercia son « bon samaritain » et regagna avec sa famille
nomade sa roulotte de vannier ambulant. Chaque année, à
l'automne, cette famille reparut à Beaurieux, venant solliciter l'aumône avec une confiance qu'avait sans doute en-
couragée la première générosité. Jean ne manqua jamais
de s'informer avec intérêt de celui qu'il nommait « sa
victime ». Il fut si vivement impressionné par cet accident,
que jamais, depuis, il ne retoucha un fusil de chasse.

(1) Mᵐᵉ de Tugny avait su inspirer de bonne heure à ses enfants des habitudes
d'économie et encourager le bon usage de l'argent dont ils pouvaient disposer.
Écrivant, plus tard, à Jean, elle se félicitait d'avoir été si différente, sous ce
rapport, de la plupart des mères. « Je me réjouis, disait-elle, de votre exactitude *à mettre de côté* une partie de vos étrennes, depuis votre enfance, au lieu
de les gaspiller en bonbonneries ou autres inutilités. Je m'applaudis de vous
avoir appris l'épargne, qui vous permet aujourd'hui quelques dépenses personnelles selon vos goûts. »

La charité dont son cœur était animé envers les malheureux était accompagnée d'une sorte de respectueuse déférence pour ces derniers et, en général, pour toute personne d'humble condition. Citons, à l'appui, le témoignage de Mme de Tugny : « Devenus grands, mes enfants n'ont jamais cessé d'être d'une politesse aimable pour tous, même pour les plus humbles; et j'entendis souvent des braves gens disant à mi-voix : « Ah! voilà des messieurs qu'on nom-
« merait bien conseillers d'arrondissement et conseillers
« généraux, comme leur grand-père, M. Michel. Ces jeunes
« gens-là n'ont pas peur de saluer le pauvre monde. Ils
« ont toujours un mot gentil à dire. Ils savent tenir leur
« rang, mais sans fierté de trop. »

« Rien ne m'était plus agréable, ajoute Mme de Tugny, que ces suffrages spontanés dont l'hommage était bien justement rendu aussi à leur père, toujours accessible à tous et prêt à rendre service. Je l'ai vu souvent retarder son déjeuner ou l'interrompre pour écrire un mot de recommandation qu'on venait solliciter. »

Ainsi grandissait, à l'exemple du divin modèle de Nazareth, ce digne serviteur de Marie, ce doux adolescent, à l'âme noble et généreuse, aux aspirations élevées et magnanimes, qui, dans son cahier de notes intimes, écrivait les lignes suivantes, lors de la retraite annuelle : « Consacrer toute ma vie au perfectionnement du précieux trésor qui se nomme mon âme... Je suis la créature, la propriété de Dieu, qui a le droit de disposer de moi comme il lui plaît. Par conséquent, *tout* en moi doit être soumis à Dieu. Ne jamais me décourager. Fuir les occasions, me relever toujours, par la confession et la communion. O mon Dieu, pardon pour le mal que j'ai fait! J'en ai un regret sincère, et si l'on me donnait à choisir entre un péché mortel ou la mort, je n'hésiterais pas, je mourrais joyeusement! — Communion *fréquente* : sans elle on ne peut pas rester pur. Garder toute ma vie cette sainte pratique. »

Écrivant à ses parents, la veille de l'Ascension : « Cette fête nous rappelle le ciel, disait-il. Quand on songe au bonheur infini que l'on y goûterait, on partirait bien volontiers, je vous assure. Mais malheureusement, la réalité est là ; toutes les peines de la vie nous environnent ; il faut les surmonter avec énergie ; c'est la condition du mérite et, par suite, du bonheur céleste. » Et il ajoutait, en terminant : « Le mois de Marie va bientôt finir ; je fais des neuvaines pour mes études et mon salut éternel. Je vous serai reconnaissant, si vous voulez bien prier avec moi. »

« Mes études et mon salut éternel » : ces deux mots disent toutes les préoccupations de cet admirable jeune homme ; ils sont comme la formule et le programme de toute sa vie, comme ils devraient l'être de la vie de tout écolier.

Les vacances ne venaient modifier en rien ce programme. Toujours très ardent au jeu, Jean savait accorder à l'esprit et au corps le délassement nécessaire. Mais l'étude avait ses souveraines préférences. « Pendant les grandes vacances de collège, rapporte Mme de Tugny, nous fîmes faire à nos trois enfants leur premier grand voyage, en les menant chez mon frère, dans sa jolie propriété du Rohello, près de Baden, à trois lieues d'Auray, en Morbihan. Malgré les amusements : bains de mer, crockets, excursions, on ne négligeait pas le travail. Les quatre filles de mon frère et mes enfants faisaient ensemble des concours de dictées (1). On avait aussi commencé l'étude de l'anglais ; Jean y apportait un entrain particulier (2). »

La piété avait aussi sa part dans la vie plus libre des vacances. Fidèle à ses prières journalières et aux autres

____

(1) Ce fut Jacques qui remporta la palme du triomphe dans ce concours et qui, en récompense, reçut de son oncle un magnifique volume.

(2) Il eut aussi son succès particulier ; s'étant adonné, cette année-là, à la fabrication du filet, il avait terminé, avant les vacances, un magnifique hamac qu'il offrit à son oncle en arrivant au Rohello, et chacun de s'y balancer, surtout l'oncle et le père, l'un et l'autre d'ample corpulence. Aussi Jean n'était-il pas peu fier de son... chef-d'œuvre.

exercices de la vie chrétienne, il entretenait avec soin la
pureté de l'âme, cet ornement indispensable du serviteur
de la Vierge très pure, cette condition *sine qua non* pour
plaire au Dieu de toute pureté.

« Pendant les séjours de Jean à Beaurieux, écrit Mme de
Tugny, sa vie fut constamment édifiante; sa tenue recueillie
à l'église impressionnait le public. Ses promenades avaient
toujours un but pieux et intéressant. Il visitait les prêtres
des environs, pour s'entretenir avec eux des questions intéressant la religion et l'Église. Il choisissait de préférence,
pour se confesser, les plus saints et les plus austères. En
un mot, sa conduite était celle d'un jeune homme profondément chrétien. »

L'année 1888 devait être pour Jean particulièrement importante. Il venait d'entrer en rhétorique, et l'examen du
baccalauréat, ce cap des tempêtes que la majorité des écoliers doivent doubler, allait être la grande préoccupation
de cette année scolaire. Son frère Jacques avait subi avec
succès, l'année d'avant, cette épreuve; il allait préparer la
seconde partie du baccalauréat, tandis que Jean prépare-
rait la première. En mère prévoyante et soucieuse de l'avenir de ses fils, Mme de Tugny leur écrivait, à la date du
1er mars 1888 : « Le temps marche avec une effrayante rapidité; il n'en faut perdre ni une heure ni une minute. Ayez
toujours présent à l'esprit le but que vous poursuivez et qui
est de si grande importance pour vous! Quelle année! Deux
examens! Nous en parlons continuellement et nous y pensons encore plus! C'est vous dire à quel point c'est une
grosse partie qui aura une grande influence sur vos avenirs.
Réfléchissez-y très sérieusement; faites bien, mes chers enfants, tout ce que vous pouvez faire, afin, plus tard, de n'avoir
pas le remords d'être restés au-dessous de votre tâche,
faute d'un peu d'énergie et de persévérance. Mettons ensemble cette grande année sous la protection spéciale de
saint Joseph. »

Ces recommandations maternelles ne furent point vaines.
Le 3 août, Jean obtenait, à la Faculté des lettres de Paris,
le grade de bachelier (1re partie) avec une bonne men-
tion. C'était sa « première manche », comme il le disait,
en félicitant son frère d'avoir ses deux. Ce succès ne lui
fit pas oublier le devoir sacré de la reconnaissance envers
l'Auteur de tout bien. Ce jour-là même, il se rendit à Saint-
Étienne-du-Mont, prier et déposer un cierge auprès du tombeau de sainte Geneviève ; le lendemain, après s'être confessé
à Saint-Sulpice, il alla communier dans le sanctuaire du
Vœu national à Montmartre. Les premiers jours des vacances furent consacrés à payer sa dette de reconnaissance envers son auguste Mère du ciel dont la protection lui avait
été si efficace. Sous la direction de l'aimable et toujours
dévoué curé de Pargnan et en la compagnie de son frère
Jacques, il accomplit un pèlerinage à Notre-Dame de Liesse
à pied, par une chaleur torride. Le voyage ne comportait
pas moins de neuf lieues pour l'aller et autant pour le retour.
On fit une halte au Petit Séminaire de Liesse où nos pèlerins
passèrent la nuit. C'est de là que Jean écrivait à sa famille
le billet suivant : « Eh bien ! nous sommes arrivés, voilà le
plus gros de l'affaire ! A Aubigny, l'instituteur, ancien con-
disciple de M. Denglehem, nous a retenus une heure, deux
heures, pour goûter à la cuisine de « sa dame ». Puis, suant,
soufflant, nous avons parcouru le grand ruban de route qui
mène à Liesse, et nous y voilà enfin !... Ainsi donc, soyez
rassurée, chère maman ; les *poussins* sont en sûreté, sous
l'aile deux fois maternelle du Petit Séminaire. Mille embras-
sements cependant, malgré la fatigue et la faim ! *Salvete
flores martyrum* (1). »

Restait à Jean la dernière année de collège à faire et la
seconde partie du baccalauréat à préparer. Animé d'un nou-

____

(1) « Salut, fleurs de martyrs ! » Allusion malicieuse aux craintes exagérées
de Mme de Tugny, à l'occasion de ce voyage, entrepris dans de si dures conditions.

veau courage, il se remit avec entrain à l'étude, après en
avoir confié le succès à Marie.

C'est durant cette année scolaire que la grave question de
son avenir et, par conséquent, de sa vocation, le préoccupa
d'une façon plus directe et plus constante. Ses lettres de
cette époque sont un miroir fidèle de cette préoccupation. Elles offrent un trop grand intérêt, pour que nous
ne donnions pas à l'étude de cette période, si importante
dans la vie de tout homme, les développements qu'elle comporte.

CHAPITRE III

Quelques semaines après son retour au collège, au sortir de la retraite annuelle, Jean recevait la lettre suivante de son ancien précepteur, M. l'abbé Denglehem : « A votre âge, mon très cher enfant, avec votre caractère, dans les circonstances spéciales où vous vous trouvez, à l'issue d'une sainte retraite, on doit pouvoir vous parler sérieusement... Avez-vous mûrement réfléchi au but unique de la vie, le salut de votre âme : *unum est necessarium?* Quant au reste : gloire, honneurs, santé, plaisirs, c'est bien peu de chose, si on le juge au point de vue de l'éternité. — Avez-vous aussi un peu pensé à votre vocation? *Pour moi, il n'y a aucun doute que le bon Dieu a sur vous des vues toutes particulières.* Le grand point est d'être fidèle à correspondre à cette grâce de choix, de faire litière de toute considération humaine.

« Qu'est-ce que Dieu demande de moi? aussitôt que je le saurai, je suivrai aveuglément son appel, coûte que coûte. Voilà, mon bon petit Jean, ce qui a dû être pour vous le bouquet spirituel de la retraite. »

Et cette lettre se terminait ainsi : « M. M... prophétise les plus belles destinées qui vous attendent. Puisse-t-il prophétiser vrai! Quant à moi, sans être prophète, j'augure le plus grand avenir pour vous au point de vue de votre âme. »

La pensée de son avenir avait, effectivement. été la pensée dominante de Jean, pendant sa retraite. Et cette pensée lui avait fait, sinon découvrir, du moins entrevoir les desseins de Dieu sur lui. Le sacerdoce, la consécration de tout son être au service de Dieu et des âmes, lui était apparu dans une vision encore vague et indécise; mais son cœur en avait conservé une impression qui ne devait plus s'effacer.

Nous n'avons pas la réponse de Jean à son ancien maître; mais une nouvelle lettre de ce dernier, datée du 15 novembre de la même année, permet de deviner dans quel sens il avait dû répondre. « Vous comprenez, mon cher petit Jean, écrivait le curé de Pargnan, avec quel plaisir j'ai lu les bons sentiments que la retraite n'a fait qu'aviver en vous. C'est à vous, mon cher enfant, d'entretenir et de mettre à profit ces grâces de choix que le bon Dieu vous donne à profusion.

« Nous parlons constamment de vous et de votre cher frère avec Mme votre mère qui se demande, comme les amis de saint Jean-Baptiste : *Quis puer iste erit* (1)? C'est encore le secret divin, mais déjà *il devient de plus en plus évident que Dieu a sur vous des vues toutes particulières*, tant est profond le changement survenu en vous...

« Vous acclimatez-vous tout à fait aux régions si sereines de la philosophie, mon cher enfant? Ne vous rebutez pas aux premières impressions des matières qui font l'objet présent de vos études. Pour tous les jeunes gens qui sortent des humanités, ces études présentent, en effet, de l'aridité. C'est de l'abstraction, de la spéculation. Cependant, c'est là que l'esprit se forme, qu'il se solidifie, qu'il s'arme. C'est la base du raisonnement, de l'argumentation. Ah ! si, un jour, vous aviez le bonheur d'étudier la sainte Théologie, vous verriez comme la philosophie lui est une sœur utile et dévouée! Quelles délices vous y goûteriez ! Il ne manquerait

____

(1) « Que sera cet enfant? » (S. Luc, i, 66.)

rien à votre bonheur intellectuel. *Sans doute, la divine Bonté vous tient ce bonheur en réserve.* »

On voit, par ces dernières lignes et par celles qui précèdent, qu'aux yeux de ceux qui connaissaient le mieux les dispositions intérieures de Jean, sa vocation au service de Dieu était chose presque certaine.

C'est ce qu'on peut conclure aussi de la lettre suivante, adressée à Jean dans les premiers jours de janvier 1889, par un respectable ecclésiastique, curé d'une paroisse voisine de Beaurieux (1) :

« J'ignore quels sont les desseins de Dieu sur vous ; mais je vous plaindrais si vous ne réserviez à Dieu la totalité de votre cœur qu'après en avoir donné les prémices à la créature, n'importe laquelle. Je ne vous crois pas fait pour être terrestre ; et, en priant pour vous de grand cœur, ce sera surtout pour demander que vous reproduisiez aussi parfaitement que possible saint Jean votre patron et modèle. Je ne connais pas vos armoiries de famille. Votre vraie noblesse est celle d'être de la famille de Notre-Seigneur... Prenez votre vol, comme votre patron, l'apôtre saint Jean, aigle mystique, jusqu'au sein de la Divinité, et, comme lui, devenez apôtre... »

A mesure que la fin de ses études classiques approchait, la question de sa vocation le préoccupait, au point d'altérer la sérénité de son âme. C'est ce qui ressort d'une lettre de sa sœur aînée, sœur Claire, Fille de la Charité, à laquelle il avait demandé des prières. « Mon bien cher petit Jean, lui disait-elle, je viens tout de suite t'assurer de ma profonde affection et te dire que tu peux être sûr du concours de mes pauvres prières. Tous les vendredis, ma communion est pour toi. J'ai choisi ce jour, de préférence, connaissant ta tendre dévotion au Sacré-Cœur. Sœur Jeanne a pris ce jour aussi pour toi. De plus, tous les jours tu es nommé à Notre-Sei-

***

(1) M. l'abbé Molin, curé de Bourg-en-Comin. C'était un très digne prêtre, très instruit, très spirituel et d'une originalité presque proverbiale. Il est mort, dans un âge avancé, il y a quelques années.

gneur dans nos prières, afin que *tu retrouves le calme dont tu as besoin* pour chercher ta voie et connaître la volonté de Dieu... Ne te presse pas trop pour prendre une décision ; mais, *sans te troubler*, étudie et médite. Je me rappelle trop bien mes angoisses des années qui ont précédé mon entrée dans la double famille de saint Vincent, pour avoir même l'idée de blâmer ton hésitation. Cependant, l'attrait irrésistible qui me reportait sans cesse vers les Filles de la Charité, m'a bientôt prouvé que c'était là que Dieu me voulait. Aussi, malgré les obstacles qu'on a essayé de me faire voir, je n'ai plus douté, et bien vite j'ai ouvert mon cœur au digne M. D... qui avait deviné depuis longtemps le choix que le bon Dieu avait fait de moi. Voilà neuf ans que j'ai le grand bonheur de servir les pauvres. J'ai trouvé bien des croix, et pourtant, chaque matin, à la sainte messe, je remercie Notre-Seigneur et je lui témoigne comme je peux ma joie d'être à Lui et aux pauvres. Oh! oui, tant que je vivrai, je remercierai le bon Maître de m'avoir appelée à le suivre... Mon seul chagrin, c'est de ne pouvoir me dépenser davantage et aller à l'étranger. Courage! mon cher petit frère, je suis bien sûre que le jour où tu te donneras au bon Dieu, tu seras heureux, car tu feras cette offrande sans rien retenir. D'ici ce jour désiré, prie beaucoup. Dis tout à Notre-Seigneur, ainsi qu'au directeur de ta conscience ; souffre patiemment pour te préparer au grand honneur que le bon Dieu te fait en t'appelant à devenir son ministre. Je ne puis te dire le bonheur qui inonde mon âme quand je m'arrête à la pensée qu'un jour tu monteras au saint autel! Adieu, mon bien-aimé petit Jean; faisons, en union de pensées et de désirs, la sainte communion, en priant pour ta vocation. Prie aussi pour tes deux sœurs qui ont besoin de grâces nombreuses pour correspondre à la voie où elles se sont engagées. Si notre souvenir t'est bien doux, nous caressons quelquefois la pensée que tu seras peut-être un jour *deux fois notre frère.* »

L'édifiante et affectueuse lettre que nous venons de reproduire se terminait ainsi : « Sais-tu si nos parents se doutent du choix que le bon Dieu a fait de toi? Pour notre père, il aura du chagrin; mais sa foi lui fera voir l'honneur que Dieu nous fait à tous en t'appelant, et son consentement te sera donné. »

Pas plus que sa sœur, Jean ne doutait du consentement paternel et même du consentement maternel à sa généreuse résolution, bien que ce dernier lui parût d'avance plus difficile à obtenir. Pour s'en étonner il faudrait ne pas connaître le cœur des mères. Mais cette résolution n'était point prise encore. Il y avait dans son esprit des alternatives de lumière et de ténèbres qui tenaient sa volonté en suspens.

Le moment ne semblait donc pas encore venu pour Jean de s'ouvrir à sa famille de ses aspirations secrètes. La vie claustrale et pénitente exerçait sur son cœur un incontestable attrait. Le sacerdoce séculier le laissait indifférent ou, du moins, n'éveillait pas en lui les mêmes émotions, les mêmes désirs.

Dans cette irrésolution, après avoir pris conseil de son directeur spirituel, il conçut le dessein d'une retraite, ou tout au moins d'un court séjour au monastère de la Trappe d'Igny, au diocèse de Reims. Sans en faire connaître le motif à ses parents, il leur écrivait, à la date du 18 avril : « J'ai déjà fait mes plans de campagne pour les vacances de Pâques; il ne tiendra qu'à Jacques de m'accompagner, s'il lui plaît. A ce propos, je médite une visite à la Trappe d'Igny. C'est très exécutable, la distance ne m'effraie pas; une journée suffira pour cela. J'avais même pensé à prendre l'occasion aux cheveux lundi; au lieu de retourner à Beaurieux de suite, nous aurions gagné le monastère; nous y aurions passé une excellente journée et serions rentrés au logis pour dîner. Qu'en dites-vous? »

Le consentement sollicité fut accordé et la visite à la Trappe eut lieu. Quoique rapide, cette visite laissa dans l'âme de Jean une impression qui devait, comme on le verra, exercer sur ses résolutions futures une influence décisive.

En attendant, il revint à l'école Saint-Joseph reprendre avec ardeur ses études et s'adonner à la préparation de l'examen qui devait les couronner. Rendant compte, dans une lettre, des résultats de son travail, il disait : « Je mets la plume à la main ou la main à la plume, comme vous voudrez, pour vous donner le bilan de la semaine. Hélas! je n'ai à vous offrir qu'une place de huitième en mathématiques, et une prime bleue, qui me laisse végéter dans la sphère de l'*aurea mediocritas*, si bien prônée par le poète, qu'on serait tenté d'y rester toujours. Mais il y a tant de gens médiocres, d'une médiocrité repoussante, qu'une intelligence même ordinaire s'indignerait de suivre leur voie. *Macte animo, generose puer* (1)!

Cependant son frère aîné, Jacques, qui était revenu au collège pour préparer l'examen d'admission à Saint-Cyr, ne pouvant surmonter son aversion naturelle pour les mathématiques, avait renoncé, prématurément mais irrévocablement, à poursuivre l'entreprise. Il n'avait que dix-huit ans. Toutefois, ne voulant pas sacrifier la carrière militaire vers laquelle il se sentait porté; ayant, du reste, à cœur de continuer les traditions de dévouement au service du drapeau, héréditaire dans sa famille, il prit le parti de s'engager comme simple soldat, mais avec la promesse « d'arriver à l'épaulette par Saint-Maixent ». Muni du consentement de sa famille, il s'engagea donc pour quatre ans, afin d'exempter son frère cadet de deux années de service. Cet acte de dévouement fraternel fait honneur à son auteur. Il fut d'autant plus apprécié par celui qui en était l'objet, que chez lui l'aversion pour le service militaire était plus profonde. Cette aversion ne provenait point d'un défaut de patriotisme. On verra, au cours de cette biographie, que le patriotisme le plus ardent faisait battre, au contraire, ce noble cœur. En plus d'une circonstance, Jean s'expliquera sur cette invin-

_____

(1) « Bon courage, généreux enfant! » (Virgile.)

cible aversion. Dès ses années de collège, il écrivait sur ce sujet : « Jacques a raison de prendre du bon temps, avant de goûter la vie de caserne, qui me paraît, à moi, si odieuse et si insipide. A chacun ses goûts. Mais je ne vous cache pas que ce serait pour moi une épreuve s'il me fallait aller abrutir mon esprit dans cette vie terre à terre d'une caserne... »

Resté seul au collège, tout entier à ses chères études, Jean ne perdait pas de vue l'avenir ; la question de sa vocation continuait d'être sa pensée dominante. Par la tournure de sa correspondance, il devenait de plus en plus manifeste que son cœur était à Dieu et que dans ce cœur s'allumait la flamme du zèle, le besoin de faire du bien aux âmes. Écrivant à ses parents, le 13 mai, il leur disait : « Il y a six ans, à pareil jour, nous faisions notre première Communion, joyeux, sans arrière-pensée, souriant à la vie qui s'ouvrait devant nous si belle, ne voyant que les roses sans soupçonner les épines. Je regrette ces instants, trop heureux pour être durables, quand je considère l'avenir impénétrable qui nous réserve peut-être de cruelles déceptions, et à coup sûr de grands chagrins. « Fais ce que dois, advienne que pourra » : c'est la devise qui doit nous faire traverser victorieusement la pénible carrière qu'il nous reste à parcourir ici-bas. »

A quelques jours de là, deux enfants de la paroisse de Beaurieux, appartenant à une famille pauvre que protégeaient M. et Mme de Tugny, faisaient leur première communion. Jean était le parrain de l'un d'eux. Il avait pour ces enfants une affection en quelque sorte paternelle. Prenant occasion de cette première communion, dont il disait, en écrivant à ses parents, qu'elle est « l'acte essentiel, le principe directeur de la vie chrétienne, parce qu'elle engendre en nous l'homme de l'amour, sans lequel tout acte est stérile et vain », Jean adressa à ses « fils spirituels » une lettre toute remplie de pieuses recommandations.

« Mes chers enfants, leur disait-il, qu'ai-je à vous deman-

der en ce beau jour de votre première communion? J'ai a
vous demander de persévérer dans la vie chrétienne, en
dépit de tous les obstacles. Faites-le, et je vous garantis le
bonheur.

« Courage, mes enfants! *Sursum corda!* Je serais bien
heureux si vous pouviez avoir une dévotion spéciale à la
sainte Vierge, notre bonne mère du ciel. Priez-la tous les
jours; elle vous protégera et vous sauvera si vous lui êtes
fidèles.

« Je vous engage à travailler toujours beaucoup, car le
travail est une condition indispensable de toute vie sérieuse
et honnête.

« Croyez bien que tout ce que je vous dis là m'est inspiré
par mon amour pour vos âmes, par mon désir de vous
voir chrétiens et heureux. »

A mesure que grandissait en son cœur l'attrait qui le
portait vers Dieu, se manifestait aussi plus sensiblement,
on le voit, son désir de faire du bien aux âmes. Aussi la
correspondance avec sa famille devenait-elle pour lui une
occasion et un moyen d'apostolat. « D'après la lettre de
papa, écrivait-il, je conjecture qu'il recommencera volontiers, l'an prochain, cette retraite (1), indispensable, d'ailleurs, pour se maintenir au niveau de la grâce. Jacques
a bien raison de vouloir profiter de notre retraite de fin
d'études. Voilà qui lui sera bien utile avant d'entrer
dans sa détestable vie de caserne. »

« Jacques, écrivait-il encore, devrait causer avec M. le
curé de Pargnan; il apprendrait ainsi à se garder des entraî-
nements, des dangers de la vie de caserne, ce qui est déjà
énorme. Je mets en fait que les conversations avec un prêtre
font un bien inestimable, tant au caractère qu'à l'âme. Les
prêtres ont grâce d'état; ils pansent toutes les plaies, gué-
rissent toutes les blessures, fortifient et sauvent ceux qui se

(1) M. de Tugny était allé faire une retraite à Braisne, dans la maison des
Jésuites.

confient en eux. Il faut aller à eux comme à une mère tendre
et dévouée. Je ne crois pas me tromper. Je parle en homme
convaincu par l'expérience, et si Jacques veut en goûter, il
éprouvera la pleine vérité de mes paroles. Il doit sentir lui-
même la nécessité de s'appuyer sur des principes sûrs et
inébranlables, pour marcher toujours dans le chemin de la
vérité et du bien. Rien de plus effrayant, de plus ardu, de
plus rebutant, que le problème de la vie : mais aussi rien de
plus indispensable que d'en trouver la solution. Elle est
dans ces simples paroles du Sauveur : *Unum est necessarium!* Tout le reste n'est que bagatelle ; il faut le fouler
aux pieds. Vous ne pouvez m'accuser de *sermon ;* ce que j'ai
dit rentre dans le domaine de la vie quotidienne et ne
doit jamais être oublié. »

L'époque des examens approchait. « Un mois, écrivait
Jean, nous sépare de ce moment redoutable, dont la pensée
m'ôte toutes mes forces et paralyse toute mon ardeur. Vous
ne sauriez croire combien cette perspective me fait trembler ! Voici le moment de mettre en jeu *toutes les batteries.*
J'adjure Jacques de m'envoyer quelques avis pour repasser
physique et chimie. Cela me fait perdre la tête, en vérité ;
je ne sais plus où j'en suis ; je ne sais pas ce qu'il adviendra
de toutes ces préoccupations. Quel tracas que cet examen !
Quel casse-tête ! C'est à désespérer quand on y pense. »
Puis, se ravisant et ranimant son courage par une pensée
de foi : « C'est maintenant, ajoutait-il, qu'il faut prier, sans
relâche, avec persévérance et confiance. Recommandez-moi
spécialement au Sacré-Cœur pendant le mois de juin. »

A quelques jours de là, il écrivait encore : « Cet examen
est bien préoccupant ; il absorbe toutes mes pensées ; le
temps passe avec une rapidité effrayante... Croyez bien toutefois que la préoccupation ne m'empêche pas de travailler
avec le calme et la quiétude nécessaires en pareille circonstance. L'espérance me vient malgré moi, en songeant à la
bonté du Sacré-Cœur, aux grâces qu'il répand à profusion
sur ceux qui l'honorent. Recommandez-moi aussi à saint

Joseph et à Notre-Dame du Sacré-Cœur, que j'invoque depuis longtemps avec ardeur, et tout ira pour le mieux. »

Il est d'usage, dans les collèges des Pères jésuites, de ménager quelques jours de retraite aux élèves parvenus au terme de leurs études et sur le point d'entrer dans le monde. Pendant cette retraite, sous le regard de Dieu, et à la faveur du recueillement et des lumières surnaturelles plus abondantes qui leur sont offertes, ces débutants de la vie étudient le problème de l'avenir et examinent la carrière qu'ils devront embrasser. Ces pieux exercices portent, pour ce motif, le nom de *Retraites d'élection*.

Jean fut du nombre de ceux qui, cette année-là, devaient suivre cette retraite, à laquelle prit part aussi son frère Jacques. Elle eut lieu à Braisne, dans l'arrondissement de Soissons, dans une ancienne abbaye que les Pères jésuites avaient transformée en maison de retraites permanentes pour les hommes du monde et pour les membres du clergé (1). Le cahier des impressions reçues par son âme, durant ces jours bénis, nous permet de pénétrer le secret de cette rencontre intime avec Dieu. Détachons-en, pour l'édification du lecteur, quelques-unes des pensées les plus saillantes.

« Rien ne rend heureux et fort, rien ne sauve du découragement comme un sacrifice. Cœur de Jésus, donnez-moi les hautes idées de votre cœur. Inspirez-moi le détachement du monde et l'amour divin. Donnez-moi la force, la lumière, la bonne volonté ! »

« La résolution, c'est ne jamais hésiter en face d'un devoir. Pas de respect humain : c'est trop petit, trop vulgaire, trop mesquin, trop bourgeois enfin, pour un homme qui se respecte. »

« La conscience est un jugement pratique qui nous dit que telle chose est bien, c'est-à-dire permise, ou que telle chose est mal, c'est-à-dire défendue, et qui a, comme con-

(1) Depuis cette époque, l'abbaye a été vendue et les Pères jésuites ont établi leur maison de retraites dans une localité plus rapprochée de Reims, à Cormontreuil.

séquence ordinaire, la joie d'avoir accompli le bien ou le regret d'avoir fait le mal. — Jésus très bon, faites que ma conscience, toujours éclairée, toujours pure, toujours paisible, soit toujours pour moi un guide sûr et un secours perpétuel ! »

« La générosité. — Elle consiste à donner plus qu'on ne doit. Être généreux, c'est tout ce qu'il y a de plus noble, de plus chrétien, de plus français. Pour donner du sang, il faut en avoir; pour être généreux, il faut être chrétien. La générosité, c'est le salut, c'est le triomphe du bien sur le mal, de la vertu sur le vice, de la religion sur l'impiété, du droit sur l'injustice. De nos jours, la générosité paraît s'affaiblir, diminuée sans cesse par les plaisirs et l'égoïsme, menacée dans son fondement, le christianisme. — Pour être saint, il faut être généreux. Pour être chrétien, il faut l'être encore; pour être distingué, il faut l'être toujours. Tous les vrais grands hommes ont été généreux. Le sublime de la générosité se trouve en Dieu, qui nous a tout donné, jusqu'à son fils. »

« Le caractère, c'est une volonté vraie, une volonté forte et suivie, allant au but avec patience et courage, malgré les épreuves, les artifices, les passions, *Labor, Methodus, Constantia* (1). Prier et vouloir. »

« Les convictions sont rares. Elles sont, pourtant, nécessaires. Il en est une qui doit nous sauver si nous savons nous en pénétrer toujours et partout; c'est celle de tous les saints : la conviction de l'éternité. Santé, biens, honneurs, plaisirs, vacances, examens... *quid hoc ad æternitatem* (2)? — O cœur lumineux de Jésus, gravez profondément dans mon âme la pensée de l'éternité, afin que, soutenu par l'espérance du bonheur éternel, et triomphant par la crainte du châtiment éternel, je parvienne un jour aux célestes portiques où il n'y a plus qu'une félicité sans mélange et sans fin. »

(1) « Travail, méthode, constance. »
(2) « Qu'est-ce que cela comparé à l'éternité? »

« Oh! que le péché est affreux! qu'il est dégoûtant! qu'il est abominable! Et cependant, il a droit de cité dans nos familles, dans notre pays, dans notre cœur! Partout il s'insinue; partout il est choyé, bien accueilli! O lâcheté du chrétien! O impudence des libres-penseurs! O esclavage du bien! O liberté du mal! »

La pensée de l'avenir ne pouvait pas ne point se présenter à l'esprit de notre pieux retraitant. Aussi se posa-t-il, ou, du moins, posa-t-il à Dieu cette question : « *Domine, quid me vis facere* (1)? Idée de la vocation... Il faut absolument suivre sa vocation; sinon, on s'expose à se perdre. — O cœur aimant de Jésus, donnez-moi le courage de suivre la mienne. Je le sens, ma vocation est d'être à vous, de vous servir, de vous bénir tous les jours de ma vie. Merci d'une faveur dont je ne suis pas digne; donnez-moi la force nécessaire pour y correspondre. »

Ce temps de saintes réflexions et de généreuses résolutions fut vite écoulé. Sur le point de quitter la pieuse solitude de Braisne, l'âme toute pénétrée des faveurs divines dont il y avait été comblé, notre fervent jeune homme traçait sur son cahier d'impressions les lignes suivantes : « O cœur très aimant de Jésus, voici donc qu'il me faut déjà finir cette retraite bénie, commencée sous vos auspices avec tant de joie intérieure!... Mon Seigneur et mon Dieu, acceptez l'offrande que je vous fais de moi-même, de ma vie, de mon âme, de mon corps, de mes facultés, de mes affections, de tout ce que je suis. Prenez-moi pour votre serviteur. Permettez-moi de consacrer la vie que vous m'avez donnée au service de votre divine religion. Et vous, mon Sauveur Jésus-Christ, donnez-moi la grâce de persévérer dans la voie droite. »

Au sortir de cette retraite, on le voit, l'élection de Jean était faite. Se donner tout entier à Dieu, consacrer sa vie au service de la religion : telle était sa résolution irrévo-

______

(1) « Seigneur, que voulez-vous que je fasse? » (Act., IX, 6.)

cable. Dans une lettre adressée, peu de jours après, à sa
famille, il laissait, pour la première fois, entrevoir aux siens
les préoccupations intimes de son âme. « Mes chers parents, leur disait-il, je n'essayerai pas de vous redire ici les
impressions de cette retraite bénie. Sachez seulement que
c'est peut-être la plus grande joie intérieure que j'aie goûtée,
après celle de ma première communion (1).

« Dans les premiers temps de ma retraite, lorsque j'ai
commencé à entrevoir l'avenir, j'ai dit à Dieu : Je remets
tout entre vos mains, je ne m'inquiéterai de rien. Et voici
que la grande pensée du salut a réveillé en moi des désirs
longtemps endormis, et que le monde, avec ses mensonges,
ses lâchetés, ses vanités, m'a inspiré un profond dégoût.
J'ai compris les paroles de l'Imitation : *Vanitas vanita-
tum, et omnia vanitas, præter amare Deum et illi soli ser-
vire* (2). Pendant ces trois jours, je me suis fortifié à un tel
degré dans mes convictions et mes espérances!... Je vous
en reparlerai plus à loisir pendant les vacances, et *vous sau-
rez dans quelle direction je dois manœuvrer.* »

C'était dire assez clairement à ses parents, sans toutefois rien spécifier, qu'une grave et décisive résolution avait
été le fruit béni de cette retraite.

De fait, il avait été arrêté en principe que ce serait à
Dieu, et non au monde, que Jean se donnerait. Mais dans
quelles conditions, dans quel milieu? Ces points pratiques
restaient encore à résoudre. Ayant à cœur d'en obtenir

(1) Écrivant plus tard, de la Grande-Trappe, à ses parents, il leur disait
en parlant de sa retraite de fin d'études à Braisne : « Cette retraite restera un
des meilleurs et des plus délicieux souvenirs de ma vie ; j'y ai été si heureux,
si libre d'esprit et de cœur! J'aurais voulu rester toujours dans ce bienheureux état; mais il a fallu rentrer aussitôt dans la sévère réalité de la vie
et quitter les douceurs et les enivrements de la vie spirituelle pour les amertumes et les tristesses de la vie pratique. Cette exubérance de cœur qu'on
appelle la dévotion sensible ne dure, en effet, que de courts instants, ac-
cordés par la bonté divine à l'âme pour la consoler de la sécheresse et de
l'aridité de la pratique. Il faut bien avouer que la dévotion sensible est une
espèce d'égoïsme pieux, beaucoup moins méritoire que le simple accomplissement du devoir, sans joie et sans ardeur, car elle est une recherche de
la satisfaction personnelle plutôt que de Dieu lui-même ».

(2) « Vanité des vanités, tout est vanité, excepté aimer Dieu et ne servir que
lui seul ! »

l'éclaircissement, Jean avait consulté, sur ce sujet, un vénérable prêtre, M. l'abbé Charlier, curé de Jumigny, près de Beaurieux, homme de grande expérience et d'une vertu éprouvée, auquel, pendant les vacances, il ouvrait son âme avec une confiance et une simplicité toutes filiales (1). Voici la réponse qu'il en reçut : « Mon bien cher enfant, il est *évident pour moi* que vous êtes appelé à l'état ecclésiastique en général. Est-ce l'état ecclésiastique uni à la vie religieuse? Je ne puis vous donner une décision aussi nette que la précédente ; mais je vais vous aider à en prendre une intermédiaire qui sera, selon moi, prudente. Vous devrez vous garder, pour la prendre, contre votre imagination que je crois assez portée à s'exagérer les choses.

« J'aime la vie religieuse : tous mes jeunes gens savent que je n'ai rien fait pour les éloigner de cette vocation. J'ai même désiré, pour certain de mes élèves, la vie de jésuite : il avait tout ce qu'il fallait pour cet Ordre, mais il a cru qu'il n'était pas appelé, et il a bien fait. Pour vous, si vous avez quelque répugnance pour cette vie, et si vous ne l'embrassez qu'en tâtonnant, je vous prie de ne pas faire un pas de plus ; mais entrez tout de suite dans un séminaire diocésain quelconque. Vous aurez le temps, jusqu'à votre sacerdoce, de réfléchir sur vos propensions. C'est le moyen de ne pas tomber dans l'incertain, au début d'une carrière...

« Je n'ai pas la prétention de vouloir vous convaincre, mais il me semble que cette lettre fera son chemin... Selon moi, vous ne devez considérer que le sacerdoce en général. A plus tard le complément. »

De son côté, le curé de Pargnan écrivait à son ancien élève : « J'apprends que vous vous trouvez, mon cher Jean, dans

---

(1) Une note de Mme de Tugny nous apprend que « Jean choisissait de préférence pour se confesser les prêtres les plus saints et les plus austères ». Écrivant, plus tard, de Saïgon, Jean dira de l'un d'eux en apprenant sa mort : « J'ai lu avec émotion le récit des obsèques du vénérable curé de Vassaignes. Je l'avais choisi pour confesseur à Beaurieux, à cause de sa vie sainte et de sa parfaite discrétion. C'était un *cœur d'or*, enflammé d'amour pour Dieu. J'espère qu'il n'oubliera pas au ciel son ancien pénitent. »

une certaine préoccupation d'esprit au sujet de la détermination que vous aurez bientôt à prendre pour fixer votre avenir.
Ayez donc, mon enfant, dans le bon Dieu, qui vous a placé sur
cette terre, une confiance aveugle, la confiance d'un fils en
sa mère, qui veille jour et nuit sur son enfant. Il est bien
certain, en effet, que Dieu vous a tracé une voie. La difficulté est de la découvrir et, alors, de la suivre courageusement et de renverser énergiquement tous les obstacles qui
s'y peuvent rencontrer, *quels qu'ils soient*. Mais il faut bien
se défier de ses propres lumières en pareille occurrence ;
car, outre qu'elles sont bien obscures, il peut s'y joindre des
ténèbres intéressées. La sagesse nous commande donc de recourir à la prudente direction d'un homme mûr, expérimenté
et dévoué. Vous l'avez, j'en suis sûr, sous la main. Mais il
faut, pour l'éclairer lui-même, que votre cœur, vos goûts, vos
plus secrètes aspirations soient pour lui un livre ouvert où
il lise couramment. Alors il devra se prononcer, avec la
grâce du bon Dieu, d'une façon catégorique. Prions donc
ensemble, mon cher enfant, Dieu et votre saint Patron de
vous venir en aide et de vous fixer bientôt. »

Docile à ces sages et prudentes recommandations, Jean
priait, consultait Dieu, tenait son directeur spirituel au courant des aspirations de son âme et attendait, en fils soumis
et confiant, la décision désirée.

Cependant, on était à la veille de l'examen dont la préparation causait à Jean une si vive anxiété. « Je vois avec
bonheur, écrivait-il, approcher le terme des épreuves de
l'année. Cette chaleur est bien fatigante ; tout le monde a
grand besoin de repos... Merci de vos encouragements et de
vos bontés. Ils m'ont remonté le cœur. Courage et confiance !
voilà la devise qui me fera durer jusqu'au bout, ferme dans
le travail et actif au perfectionnement des points faibles...
Si Dieu ne juge point à propos de m'accorder le succès, il
saura m'en dédommager amplement par les grâces dont j'ai
besoin pour mon salut. »

Tout en s'abandonnant au bon plaisir de Dieu, Jean redoublait, avec une ferveur encore plus vive, ses instances auprès de sa bonne Mère du ciel et de ses saints Patrons, pour obtenir un succès qu'il savait devoir être si agréable à ses parents. « Je me suis associé à l'Archiconfrérie de saint Joseph de Beauvais (1), écrivait-il à Mme de Tugny. Saint Joseph, qui a toujours été si bon pour moi, le sera encore en cette circonstance. » Et le pieux écolier multipliait les neuvaines de prières, faisait brûler des cierges en l'honneur de ses saints protecteurs.

Tout était prêt, pour la redoutable épreuve. Efforts soutenus, travail consciencieux, recours à Dieu, prières ferventes : rien n'avait manqué à cette préparation, et Jean pouvait dire, à bon droit : « Tout ira pour le mieux, j'en ai la confiance. » Mais Dieu, qui avait des vues particulières sur son dévoué serviteur, jugea bon de le soumettre à une épreuve encore plus pénible que celle qui, si souvent, avait fait battre le cœur de Jean.

Jusque-là, la santé de ce dernier avait toujours été robuste. D'un tempérament vigoureux et sain, admirablement constitué, d'une taille élancée, au-dessus de la moyenne, portant noblement une tête intelligente et fine, au front large et découvert, aux traits à la fois doux et fermes, au regard vif et profond, presque pénétrant, à la lèvre riante et quelque peu malicieuse, Jean présentait, dans la fraîche vigueur de ses dix-neuf ans, le type du jeune homme sur lequel les passions n'ont pas encore exercé leur action meurtrière et en qui le corps est sain à l'égal de l'esprit : *mens sana in corpore sano.*

Toutefois, à mesure qu'il approchait du terme de ses études classiques, un mal, qui remontait aux premières années de sa vie, s'accusait chez lui avec un caractère plus prononcé et des proportions inquiétantes. On se souvient qu'étant encore au berceau, Jean avait eu une bronchite qui lui avait laissé une grande sensibilité de la gorge. Cette sensibilité

____

(1) Le 21 juin 1889.

s'était accrue avec les années, au point de dégénérer en laryngite granuleuse. Malgré les soins multipliés et les traitements suivis pour combattre cette affection, on n'était point parvenu à en arrêter les progrès.

C'est dans ces circonstances et au plus fort de la douleur, que Jean dut affronter l'épreuve de l'examen pour la seconde partie du baccalauréat. Le moment était mal choisi, et, quels que fussent son courage, son énergie, sa confiance en Dieu, on pouvait craindre que l'indisposition physique n'exerçât, dans cette circonstance délicate, une influence fâcheuse. L'excès de travail, le surmenage intellectuel, avaient déterminé chez lui une fatigue du cerveau et des nerfs peu favorable au succès d'un examen qui demande tant de liberté d'esprit et de possession de soi-même.

Écoutons Mme de Tugny racontant elle-même l'échec de son fils : « Jean a passé la seconde partie du baccalauréat à Paris, le 6 juillet 1889. Le pauvre enfant a échoué, se trouvant dans de mauvaises conditions de santé. Il avait souffert de la gorge à peu près pendant toute l'année scolaire, à tel point que le médecin du collège, le Dr Decès, avait ordonné une saison à Pierrefonds. Nous devions nous y rendre aussitôt après l'examen, et y rejoindre M. de Tugny et Micheline, partis les premiers pour organiser notre installation. J'arrivai donc à Paris avec mes deux fils, la veille de l'examen. Tout aussitôt, Jean se sentit indisposé. Nous attribuâmes ces malaises à l'eau de Paris, à la fatigue. Je fis coucher Jean, espérant que le repos le remettrait pour le lendemain... J'aurais dû faire venir un médecin et, avec son attestation, obtenir un ajournement pour l'examen ; mais Jean m'assurait qu'il serait remis le lendemain matin ; d'autre part, nous avions une telle hâte de gagner Pierrefonds et de commencer le traitement, que j'eus la faiblesse de le laisser, quand même, tenter l'épreuve. Il était vert en arrivant à la Sorbonne et se soutenait à peine... Très courageux, il voulut prendre sa place comme les autres ; mais nous ne fûmes guère surpris de son échec, ayant passé dans des conditions si défavorables.

Jean accepta cet échec, quelque pénible qu'il pût être, avec une admirable sérénité, convaincu que Dieu saurait, comme il l'avait écrit naguère, « l'en dédommager amplement par les grâces dont il avait besoin pour son salut ».

On partit pour Pierrefonds. En arrivant, le médecin le trouva encore trop ébranlé pour prendre les eaux et les douches, et il le soumit à un régime préparatoire. On fit à Pierrefonds un séjour d'un mois. Le succès du traitement suivi fut complet. Les granulations disparurent de la gorge du malade. Toutefois, il devait lui rester une disposition à souffrir des amygdales à toute impression vive de l'air et du froid.

Le séjour à Pierrefonds fut des plus agréables. Jean se mit de suite en rapports fréquents avec M. le Curé, qui lui prêtait des livres de choix, les seuls pour lesquels il eût du goût (1). L'hôtel des bains où la famille de Tugny était logée n'était séparé que par une faible distance de l'église. Jean venait à la messe chaque matin et communiait souvent. Souvent aussi, dans la journée, il se retirait à l'écart pour prier. Plus d'une fois, en le cherchant, on le trouva dans sa chambre, agenouillé devant une image de la très sainte Vierge (2).

« Nous avions fait, rapporte Mme de Tugny, la connais-

---

(1) Dans ses notes de retraite à Braisne, Jean avait écrit les lignes suivantes : « Jamais un mauvais livre. Laissez aux pourceaux leur fumier ; n'ambitionnez pas leurs immondices ; jetez-moi au feu cette ignoble paperasse qu'on appelle la littérature du XIXe siècle, la belle littérature, et crachez à la face de ces êtres puants, de ces romanciers, de ces feuilletonistes, de ces journalistes, de ces nouvellistes! Honte à ceux qui lisent de pareilles choses! Malheur à ceux qui les écrivent ! »

(2) « Je crois, rapporte Mme de Tugny, que c'est aux prières de Jean que je dois d'avoir été préservée miraculeusement — le mot n'est pas trop fort — d'une mort affreuse. Pendant une après-midi de notre séjour à Pierrefonds, je rentrai seule à la maison avec Jean pour lui faire chauffer une tasse de tisane, pour sa gorge, sur une petite lampe à esprit de bois; pendant ce temps, Jean s'était retiré dans sa chambre pour prier selon sa coutume. Pressée de rejoindre les autres dans le parc, je me hâtais et commis l'imprudence de remettre de l'alcool pour activer la flamme qui se mourait; immédiatement une explosion se produisit, mon voile et mon chapeau prirent feu autour de ma tête. Sans crier ni appeler, car il n'y avait pas une seconde à perdre, je parvins, à force d'eau, à arrêter l'action du feu... J'eus la figure, les mains et les poignets surtout très endommagés... Mais après quelques jours de pan-

sance, dans le parc de l'hôtel des bains, d'une famille très sympathique. Les deux jeunes filles et le fils jouaient au crocket avec nos enfants sous nos yeux. On faisait quelques excursions dans la forêt de Compiègne; le soir, on se retrouvait dans les salons de l'hôtel des bains, où nous restions groupés avec la famille S. de la G., et quelquefois les enfants dansaient un moment avant de rentrer. Jean fut pris de scrupule, étant tout occupé de ses projets de retraite et de vie religieuse. Il en référa à son directeur spirituel, M. Charlier, curé de Jumigny, qui lui répondit, poste par poste, de danser comme son frère et sa sœur, *tout simplement;* que dans les conditions où cette récréation se prenait, il n'y avait rien à reprendre, et qu'il lui ordonnait même de danser ; ce que Jean fit alors de fort bonne grâce (1). »

Cependant, on touchait au terme de la saison à Pierrefonds. Cette saison, nous l'avons dit, avait eu un excellent résultat pour Jean. Il lui fallait maintenant prendre un parti pour l'avenir. Son directeur du collège et le vénérable curé de Jumigny, tout en ayant la certitude de sa vocation au sacerdoce, n'osaient pas se prononcer, bien qu'ils reconnussent chez lui une inclination plus marquée vers l'état religieux. Dans cette indécision, et pour fournir à Jean le moyen de mieux étudier cette grave question dont tout son avenir allait dépendre, ils l'autorisèrent à aller faire une retraite à Paris, dans la maison-mère de la Congrégation des prêtres de la Mission, à la rue de Sèvres.

La retraite que Jean venait faire à Paris devait immédiatement précéder le pèlerinage national à Notre-Dame de Lourdes, organisé chaque année, comme on sait, par les

---

sements, grâce aux prières de tous, de Jean surtout, les brûlures furent guéries. Aucune cicatrice n'est restée, les sourcils ont repoussé. Bref, j'ai toujours cru que la présence et les prières de mon « petit saint » avaient ôté à cet accident la gravité qu'il eût pu avoir. »

(1) « Je me réjouis, écrivait, à la même époque, la comtesse de l'Écuyer à sa fille, je me réjouis, en songeant à votre séjour à Pierrefonds, de penser que vous serez le modèle d'une famille d'élite et qu'on vous citera, dans vos alentours, en exemple aux enfants et aux parents. »

soins des Religieux Augustins de l'Assomption. Jean avait obtenu de ses parents d'en faire partie et de s'enrôler dans la charitable escouade des « Brancardiers de la Grotte ». Son désir, en accomplissant ce pèlerinage, était de recevoir, par l'entremise de sa bonne mère du ciel, confirmation de la volonté de son Fils, que la retraite à la rue de Sèvres allait lui faire connaître.

Cette retraite commença le 10 août et se termina le 17. A peine arrivé à Saint-Lazare (1), Jean écrivait le billet suivant à sa mère : « Je viens d'arriver dans le lieu de rafraîchissement, de lumière et de paix, où de pieux et sages directeurs m'indiqueront la voie à suivre pour arriver au salut, but unique de ma vie. Inutile de me recommander à vos prières toutes spéciales pendant cette importante période de réflexions et de considérations spirituelles ; vous sentez combien cette retraite est sérieuse. *A vocatione pendet æternitas* (2) ! »

Pendant cette retraite, une lettre fut remise à Jean. Elle lui était adressée par son directeur, M. l'abbé Charlier. Cette lettre contenait des conseils d'un grand sens pratique. Il ne sera pas inutile d'en reproduire ici les principaux passages, dans l'intérêt de ceux de nos jeunes lecteurs qui pourraient se trouver dans la même situation que l'aimable jeune homme auquel cette lettre fut adressée.

« Mon cher enfant, vous allez faire une *Retraite d'élection*. Quel conseil vous donnerai-je en cette circonstance?

« Tout d'abord, il faut découvrir à votre directeur quelles sont les raisons qui vous portent vers le sacerdoce, vers la vie religieuse unie au sacerdoce : — d'où vous viennent ces propensions ; — depuis combien de temps elles se font sentir en vous.

« Les raisons sur lesquelles elles reposent sont-elles humaines ou spirituelles? Je veux dire qu'il faut vous sonder pour reconnaître si c'est l'amour de Dieu et du prochain,

---

(1) C'est le nom sous lequel on désigne la maison-mère des Prêtres de la Mission, appelés communément Lazaristes.

(2) « De la vocation dépend l'éternité. »

et celui de votre salut qui vous engagent à entrer dans l'état ecclésiastique et religieux tout à la fois.

« Le dégoût du monde est-il inspiré en vous par des motifs chrétiens, ou bien craignez-vous de ne pouvoir occuper, dans la suite, une situation suffisamment honorable ou honorée, faute de ceci, de cela?

« Votre directeur vous fera écrire le *pour* et le *contre*. C'est alors que vous choisirez ou la vie séculière unie au sacerdoce. ou la vie sacerdotale unie à la vie religieuse : c'est une élection à faire.

« Les obstacles qui vous paraîtront s'opposer à telle ou telle vocation, il faudra les dévoiler simplement, sans rien exagérer, sans rien atténuer : *est, non!*

« Après tout ceci, il faudra discuter le choix de l'Ordre ou Congrégation. — Vous connaissez vos goûts dominants. Aimez-vous le professorat? les missions? en France? à l'étranger? — ou bien la vie de curé de campagne ou de ville? — ou bien la vie contemplative unie à la vie active?

« Une confession générale devra accompagner tout ceci et terminer l'affaire de votre élection. Si votre choix se fait sur place ou si vous prenez tout votre temps pour décider chez vous l'Ordre ou Congrégation qui vous paraîtra le plus conforme à vos goûts, il ne faudra pas trop tarder pour vous fixer, ce qui pourra se faire en famille, si vous le croyez plus expédient.

« Mais si vous arrêtez tout à Paris, il faudra alors vous mettre de suite en relations avec la communauté choisie afin que vous soyez prêt pour la rentrée.

« Je vous vois heureux d'ici, content, joyeux, de bonne humeur. Mais ne manquez pas de prendre des récréations durant votre retraite. De l'air, beaucoup d'air; on travaille mieux après le repos. — Ne vous mettez pas *martel en tête :* le succès de votre retraite ne me paraît pas douteux...

« Enfin, mettez de côté toutes les affections terrestres, et qu'elles pèsent légèrement dans la balance de votre élection. La famille n'est pas perdue parce qu'on la quitte; on s'aime aussi bien de loin que de près; si on ne se revoit pas en ce monde, on se reconnaît au ciel. »

Que fut cette retraite? Quelle en fut la conclusion? Un simple billet de Jean à sa famille va nous l'apprendre : « Mes chers parents, c'est la veille de la clôture; je puis vous écrire sans scrupule, après avoir été si longtemps sevré de nouvelles. J'ai pu me convaincre une fois de plus que le clergé séculier n'est pas du tout mon fait. Ce qu'il me faut, c'est le calme, la tranquillité intérieure et extérieure, qu'on ne trouve guère que dans le silence du couvent. En conséquence, quelques jours après le pèlerinage de Lourdes, comptant d'avance sur votre permission, j'irai *m'essayer* dans le monastère que j'aurai choisi de concert avec mon directeur. C'est une question à trancher, et plus tôt que plus tard, vous le comprenez bien vous-mêmes. »

Le lendemain, la comtesse de l'Écuyer écrivait à Mme de Tugny : « Chère bonne fille, Jean sort d'ici et nous a édifiés par sa conversation toute cléricale et par la joie qui rayonnait sur tous ses traits. Il semble décidé à poursuivre l'épreuve commencée. Tu ne peux, ainsi que nous, faire autre chose que des vœux. — Son grand-père s'effraie de l'idée d'être brancardier à Lourdes. Moi, je comprends que ce parti aura l'avantage de le placer au centre de l'action, sans cesse autour de la grotte et au premier rang dans toutes les cérémonies... Je ne vois guère qu'à envier ton petit pèlerin qui va jouir d'un si magnifique spectacle et faire un si intéressant et sanctifiant voyage! »

Nous allons le suivre dans ce voyage et recueillir ses impressions de pèlerin. Après quoi, nous accompagnerons dans ses recherches douloureuses, dans ses tergiversations inquiètes, cette âme dont la seule préoccupation était de faire la volonté de Dieu. Si le ciel ne lui donna pas cette « paix qui surpasse tout sentiment », dont parle l'Apôtre, il lui fournit, du moins, le mérite d'une perpétuelle immolation et d'un absolu renoncement à sa propre volonté.

CHAPITRE IV

Il n'est pas étonnant que Jean de Tugny ait pensé à se rendre à Lourdes avant d'engager définitivement sa vie. Cette terre privilégiée où tant de prières sont montées vers le ciel, où tant de vœux ont été formulés, où tant d'angoisses ont été apaisées, tant de saintes décisions prises, devait nécessairement attirer cette âme désireuse de confier à sa Mère du Ciel l'orientation de son existence.

Le Pèlerinage national à Notre-Dame de Lourdes, avec ses innombrables malades et les fidèles de toute condition et de tout âge qui se joignent à eux, partit de Paris le 17 août. Jean avait comme compagnon de route le vaillant et dévoué curé de Pargnan, M. l'abbé Denglehem. De Poitiers, où l'on fit halte pour prier au tombeau de sainte Radegonde, le pieux pèlerin, sous l'impression des émouvantes manifestations de foi dont il avait déjà été le témoin, écrivait à ses parents : « Spectacle sublime dans un siècle d'indifférence, que cette multitude innombrable et recueillie, d'hommes, de femmes, d'enfants, de vieillards de tout rang, de tout âge, de toutes professions, de toutes maladies surtout, qui traversent la France entière au chant des cantiques, bannières déployées, pour donner un éclatant témoignage de leur foi au sanctuaire le plus célèbre du monde, et verser dans le sein de leur Mère des larmes d'espérance et d'amour ! Oui, je le répète, spectacle sublime pour le chrétien comme pour l'incroyant, parce que c'est le triomphe de la charité, et j'ajouterai : spectacle consolant pour les catholiques, parce que c'est une preuve que la vieille foi française n'est point encore éteinte et que, même au milieu des plus grandes crises religieuses, il se trouve toujours des cœurs vraiment français, vraiment chrétiens, qui tiennent à honneur de conserver à notre France son titre glorieux de Fille aînée de l'Église. — Nous avons eu le bonheur de voyager avec trois malades, tous *incurables*, deux ayant déjà obtenu des améliorations à la suite du pèlerinage. J'ai vu là un pauvre ouvrier vannier, que je n'oublierai jamais. Je l'aurais embrassé pour ses magnifiques paroles de foi et de confiance ; c'est un homme qui ne voit que Dieu en tout et partout, qui ne craint que Dieu ; en un mot, un chrétien des temps anciens. Il est atteint de l'ataxie. Je vous souhaiterais ici pour goûter la joie de la charité en soignant ces chers et héroïques malades que les plus grandes souffrances ne peuvent arrêter dans leur élan de foi et de piété. *Credo!* voilà le cri de tous ; voilà le cri qui obtient toutes les guérisons. Si les commencements sont si beaux, que sera-ce à Lourdes? Ici l'homme disparaît pour faire place au chrétien ; plus de préoccupations mesquines : on ne songe qu'à louer Dieu et Marie... »

A peine arrivé à Lourdes, Jean traçait au crayon les lignes suivantes sur une carte adressée à sa famille : « Bonne arrivée à Lourdes... Nous avons admiré hier soir, du haut des montagnes, la traditionnelle procession toujours aussi impressionnante à la seconde qu'à la première fois. Le nombre des pèlerins, au jugement de ceux qui ont vu les années précédentes, est double. A Coutras, guérison instantanée d'une jeune fille de 17 ans, paralysée depuis quatre ans. Nous l'avons vue de nos yeux marcher et se remuer... »

Au milieu de l'enthousiasme et des joies religieuses que procurait à son âme le spectacle de tant de foi, d'une part, et de miséricorde, de l'autre, Jean n'oubliait pas le but prin-

cipal de son pèlerinage aux roches de Massabielle. Là, plus
que jamais, l'attrait vers la vie religieuse se fit sentir à son
cœur, et la consécration totale et irrévocable de lui-même
à Dieu lui apparut comme le but unique vers lequel il devait
tendre. Sous l'influence de ces pensées, encouragé, du reste,
par des autorités respectables qu'il avait consultées, il écrivait à ses parents : « Sœur Claire me demande si je suis
toujours disposé à suivre le conseil du Père G. ; en ce cas,
elle me donne rendez-vous à Chambéry, se chargeant de me
diriger sur la Grande-Chartreuse. Rien de plus facile, rien de
plus nécessaire ; tôt ou tard, j'irai *m'essayer* dans un monastère. Pourquoi ne pas le faire quand l'occasion s'en présente,
dans des circonstances exceptionnellement favorables, sor-
tant d'une retraite, après un pèlerinage ?

« De l'avis de tous les ecclésiastiques que j'ai consultés,
et, en particulier, de mon Mentor (1), *il me faut absolument*
prendre un parti *immédiat*. Notez bien que je ne dois pas
rester à la Chartreuse, mais que j'y vais seulement faire
une retraite, étudier la vie monastique sur les lieux mêmes,
pour me rendre compte si elle me convient.

« En conséquence, comptant sur l'approbation que vous
m'avez promise bien souvent en pareille matière, je vous
demande une réponse *positive* et *affirmative*, par le prochain courrier. »

Soit retard dans la poste, soit toute autre cause, la réponse demandée n'arriva pas. De retour à Paris, Jean écrivit
de nouveau à ses parents : « Je n'ai reçu aucune nouvelle de vous à Lourdes ; de cette sorte, le projet de Chambéry me semblant impraticable, je me suis retourné vers
la Trappe de Mortagne, et j'ai fait aussitôt mon plan de
voyage. Votre consentement étant donné, le plus tôt sera le
mieux. »

Contrairement à son attente, aucune réponse ne vint. Du
moins, ne reçut-il pas celle à sa première lettre datée de
Lourdes. Dans cette réponse, ses parents l'engageaient à re-

(1) M. l'abbé Charlier.

venir à Beaurieux se reposer des fatigues de la retraite et du
pèlerinage, avant de tenter un essai de vie monastique. Se
croyant suffisamment autorisé par les siens à exécuter son
projet, poussé par une force supérieure, peut-être aussi
par les conseils de quelque ami (1), Jean prit le chemin de
la Grande-Trappe, autrement dite Monastère de la Maison-
Dieu, dans le département de l'Orne. Laissons-le raconter
lui-même les curieux et émouvants incidents de ce voyage :
« La Grande-Trappe, 26 août 1889. Mes chers parents.
Parti de la gare Montparnasse par le train omnibus d'une
heure 25, après avoir été déjeuner rue des Batignolles (2).
je suis arrivé à Mortagne à sept heures et demie du soir. Là
j'ai eu une de ces surprises qu'on pourrait appeler déceptions, en apprenant que j'avais encore *quatre lieues* à faire
avant d'arriver : Je n'avais plus d'argent, pas moyen de
prendre une voiture. En conséquence, ma valise à la main,
je me suis mis en route, en dépit de la crainte que j'éprou-
vais à traverser des bois inconnus, et de la fatigue que je
conservais du pèlerinage. Enfin, tant bien que mal, aidé
de mon ange gardien, soutenu par le désir du but, je suis
tombé ici à onze heures et demie du soir (3). Le frère por-

(1) Comme s'il eût eu le pressentiment de ce qui allait se passer, M. Charlier avait écrit, un ou deux jours auparavant, à Mme de Tugny : « Tout n'est pas
fini; j'ai des raisons de croire que d'autres obstacles se présenteront à la dernière heure. Mais je parle sans savoir si *le coup de la grâce* n'est pas là pour
lui *faire prendre des moyens extrêmes, conseillés peut-être...* Soyez toujours
dans la situation de l'indifférence, ce qui est une grande vertu pour une mère.
Mais il le faut... Vous avez de charmants enfants que Dieu jalouse. Soyez-en honorée, et tout en lui offrant le sacrifice du benjamin de votre cœur, soyez as-
surée qu'il vous sera rendu au centuple pour les autres. »

(2) Chez ses grands-parents, le comte et la comtesse de l'Écuyer. « Après
son pèlerinage à Lourdes, écrit Mme de Tugny, alors que nous l'attendions à
Beaurieux. il s'en fut, un matin, dire à ses grands-parents qu'il allait partir par
le premier train possible pour aller étudier sa vocation religieuse à la Grande-
Trappe. Mes parents, stupéfaits, crurent que c'était arrangé avec nous, et le
laissèrent aller. Ma mère lui donna presque de force un pâté pour sa route et
une pièce de cinq francs; sans doute que Jean n'avait rien de plus dans sa
bourse. »

(3) Voici quelques détails complémentaires fournis par Mme de Tugny, d'a-
près le récit oral que lui fit, dans la suite. son fils sur cet émouvant épisode :
« Il débarque à Mortagne à 7 heures du soir, sans un sou, est renversé d'apprendre que le monastère est à quatre lieues de là, et qu'il faut traverser de
grands bois. Les employés de la gare l'engagent à coucher à Mortagne et à ne

tier ne pouvait m'ouvrir de par le règlement; il m'a indiqué une écurie vide, où j'ai été m'étendre, avec de la paille pour matelas et ma valise pour oreiller (1).

« Ce matin, j'ai assisté à la messe; puis j'ai vu le Père Abbé, qui ne savait trop que penser d'une pareille équipée. Grâce aux lettres que je portais sur moi, il a vu que je n'étais point un... malfaiteur, et m'a fait donner une chambre à l'hôtellerie. Un Père que je ne connais pas m'a fait faire et mon lit et ma chambre, et enfin il m'a donné de quoi vous écrire. Après quoi, il me fera travailler, me considérant comme postulant. Je vais faire une retraite de huit jours, après laquelle, si mon directeur le juge à propos, je commencerai à suivre le règlement commun..... »

Et en terminant sa lettre, il ajoutait : « Sur le portail du monastère sont gravés ces mots qui expriment bien la vie qu'on mène ici : *Domus Dei : beati qui habitant in ea* (2)!

pas se risquer en pays inconnu peuplé de vagabonds. Jean persiste, et le voilà en marche sous une petite pluie fine, une courroie à la main remplie de livres. De temps à autre, il demandait son chemin en frappant aux portes de quelques maisonnettes rencontrées çà et là; on lui répondait en maugréant. Enfin, il pénètre dans les grands bois, en pleine nuit noire, évite les grands étangs bordés de terre marécageuse, où il enfonce plus ou moins, et à onze heures du soir, il sonne à la porte de la Maison-Dieu. ▸

(1) « Le portier s'éveille lentement, ouvre son guichet et lui demande d'un air méfiant ce qu'il veut à pareille heure, et lui refuse l'entrée... Jean, désolé, nullement découragé, lui demande ce qu'il va devenir en attendant le jour. « Allez sous ce hangar en face, si vous voulez, lui est-il répondu ; mais n'entrez « pas dans le bâtiment à côté, c'est plein de vagabonds, on vous ferait un mau- « vais parti, et je ne pourrais vous secourir, car je n'ai pas les clés, elles sont « déposées dans la chambre du Prieur. ▸ Et sur ce, le guichet se ferme. Jean, déçu au delà de toute expression, commence à s'apercevoir qu'on n'entre pas dans un monastère comme dans un moulin; il se résigne au hangar, s'abrite sous de la vieille paille gisante dans un coin; sa tête repose sur ses livres, et son bon ange le garde du terrible voisinage dont il entend les voix à travers la cloison, murmurant avec des sons éraillés : « Qu'est-ce que c'est donc que ce- « lui-là qui vient si tard? ▸ Par bonheur, personne n'est venu s'en assurer, et toute la bande s'en fut, à l'aube, sans fouiller le hangar, bien providentielle- ment, car Jean, bien mis, avec un immense étang à deux pas, ne serait peut- être pas sorti sain et sauf de leurs mains. Ces gens, de la pire espèce, parait- il, reçoivent l'aumône à la Trappe, à la tombée de la nuit, et on les tolère dans un vieux bâtiment abandonné. Continuellement les gendarmes viennent faire des rafles. A mon avis, Jean a couru là le plus grand danger de sa vie. » Notes fournies par Mme de Tugny.)

« (2) Maison de Dieu : heureux ceux qui y habitent! » — Le monastère, avons-nous dit, s'appelle la *Maison-Dieu*.

Fasse Dieu que je sois digne de goûter ce bonheur! »

Cette lettre, on le devine, ne laissa pas de causer à M. et à Mme de Tugny la plus grande surprise et la plus vive émotion, ignorants qu'ils étaient du projet et du départ de leur fils pour la Trappe. Craignant qu'une trop grande précipitation n'ôtât à ce dernier toute la réflexion désirable en une question si grave que celle de sa vocation, ils jugèrent qu'il était de leur devoir d'intervenir auprès de ceux qui pouvaient conseiller Jean. Mme de Tugny écrivit au Révérendissime Père Abbé de la Maison-Dieu, pour lui exprimer sa surprise et celle de son mari d'une telle précipitation, alors que personne ne s'opposait à aucun des essais de vie monastique que leur fils voudrait faire. Elle demandait seulement un intervalle raisonnable entre les retraites, lui laissant, après, l'absolue liberté de son choix.

« Notre enfant chéri, ajoutait-elle, est une nature d'élite; nous sentons que Dieu attend beaucoup de lui. Il sera *quelqu'un*, c'est sûr, partout où Notre-Seigneur l'appellera. — Pardonnez cet accès d'orgueil maternel : c'est ma consolation dans notre très grand sacrifice. — Nous remercions Dieu cependant de cette bénédiction, qui est un si grand honneur pour la famille, d'avoir donné, formé, un prêtre du Seigneur. *Personne ne doute de sa vocation religieuse. Mais où?...* C'est encore le secret du ciel. Deux sœurs aînées sont déjà Filles de la Charité. Le bon Dieu nous demande un troisième enfant à son service. Nous tâcherons d'être dignes de notre *petit saint.* »

Et comme si elle eût eu le pressentiment de l'entrée de son fils à la Trappe, Mme de Tugny, disait en terminant : « Si vous jugiez que la grâce l'attire à la Trappe, nous nous inclinerions devant votre décision. Mais, pour ma part, j'en serais désolée, effrayée, à cause des si terribles austérités de votre Ordre. Notre enfant serait perdu pour nous, nous le serions pour lui! C'est un Ordre mitigé qui doit convenir à ses goûts, à ses aptitudes, à son tempérament. Je sens que c'est mon instinct de mère qui me donne cette quasi-certitude. Nous prions beaucoup; veuillez, Très Révérend Père, prier avec nous, afin que Dieu nous donne sa lumière pour voir nettement *où il veut* notre benjamin. »

A cette lettre le Révérend Père Marie-Odilon, maître des novices de la Maison-Dieu, répondit, au nom du Révérend Père Abbé, par une lettre des plus rassurantes. Jean ne faisait pas de retraite, il se reposait dans le calme de la solitude, tout en étudiant les diverses observances de la vie de la Trappe. « C'est un excellent cœur, disait-il, qui nous fait penser combien est honorable la famille qui a su élever si chrétiennement cet enfant. »

Le Révérend Père ajoutait : « Je ne sais pas si on peut attribuer à l'enthousiasme ou même à l'imagination les efforts que fait M. votre fils pour trouver sa voie. Il est bien naturel qu'à son âge, à la fin de ses études, il demande à Dieu des lumières. Agir autrement serait de l'imprudence. Toutefois, en questionnant M. Jean, vous pourrez vous convaincre que, de notre côté, nous n'avons cherché en rien à influencer sa détermination. Que la volonte de Dieu soit faite ! C'est tout ce que nous lui avons dit. »

Répondant ensuite aux craintes manifestées par Mme de Tugny relativement aux austérités de la règle, le Père Odilon disait : « Ce sont là des racontars d'hôtellerie où l'imagination a plus de part que le bon sens. Des faits incontestables, palpables, prouvent le contraire. Il y a plus de soixante maisons de la Trappe. Ici nous sommes cent religieux. Venez voir nos figures; puis comparez-les avec celles des autres religieux, de quelque Congrégation que ce soit; vous serez obligée d'avouer que nulle part on ne se porte aussi bien qu'à la Trappe. Nous avons des vieillards de quatre-vingts ans, debout, vaillants comme de jeunes hommes. M. Jean pourra attester si nous sommes malades, si nous sommes tristes et ensommeillés.

« ... Au reste, tant que les novices ne sont pas majeurs, on leur accorde une heure de sommeil de plus qu'aux autres, et

ils ne sont pas astreints au jeûne. En tout temps, du reste,
nous sommes prévenants pour les santés délicates, si bien
qu'elles finissent par se fortifier d'une façon surprenante.
Après un certain temps. le Trappiste se demande : où sont
donc ces mortifications si effrayantes dont on parle tant
dans le monde? Nous suivons la règle si pleine de discrétion de saint Benoît; et comme nos anciens sont heureux de l'avoir pratiquée, lorsque l'heure de quitter cette
terre vient à sonner pour eux! »

En même temps que la lettre du P. Odilon, dont nous
venons de reproduire les principaux passages, M. et Mme de
Tugny en recevaient une autre de Paris, dont l'auteur, un
Prêtre de la Mission, rendait compte en ces termes de la
retraite que Jean avait faite naguère à la maison-mère de
la rue de Sèvres, et des aspirations qu'il avait manifestées
en cette circonstance.

« Nous avons possédé parmi nous M. votre fils pendant huit jours. Il nous a bien édifiés. Ce jeune homme
me paraît très pieux, très généreux. Il est parti de chez
nous pour se rendre à Lourdes. Revenu au bout de quelques jours, il s'est à peine arrêté ici, et m'a dit qu'il allait passer quelques jours à la Trappe de Mortagne, pour
se rendre compte de la vie qu'on y mène. Nous avons eu
plusieurs entretiens ensemble. Il me demandait des renseignements sur les communautés diverses. Je lui faisais
valoir celles où l'on a la vie active, celles où l'on prêche,
et auxquelles ses études l'avaient préparé. Mon dessein
était de l'y porter un peu. Mais toujours ses préférences
étaient pour la vie retirée, austère. Je lui ai fait observer qu'il était encore bien jeune. Mais rien ne le détour-
nait. A la Chartreuse cependant il préférait la Trappe; le
travail du corps auquel on se livre là, pendant quelques
heures, chaque jour, semblait lui aller. J'ai fait miroiter
un peu à ses yeux la vocation de ses sœurs, Files de la
Charité, pour voir s'il porterait ses regards sur une communauté analogue à la leur. Mais rien n'y a fait. C'était

donc chez lui vocation bien arrêtée..... Voilà, Madame,
tout ce que je puis dire. Les Trappistes sont de l'Ordre
de Cîteaux, de saint Bernard. Votre fils paraît décidé comme
ce grand saint qui était fort jeune aussi quand il rom-
pit avec le monde. Oh! que je prie pour ce généreux enfant, afin que le bon Dieu l'éclaire et le guide où il le
veut!... »

Après un court séjour à la Maison-Dieu, pour déférer
aux désirs de ses parents, Jean était revenu à Beaurieux.
Plus que jamais, il était résolu à embrasser la vie religieuse. Le peu qu'il avait vu et expérimenté du régime
de la Trappe avait suffi pour lui en inspirer le goût et
fortifier en son cœur le désir de fixer sa vie dans cette
bénie solitude, où l'on vit dans une si grande liberté d'esprit, un si parfait oubli du monde, une si étroite union
avec Dieu !

Toutefois, tel n'était pas l'avis de son vénérable directeur, M. le curé de Jumigny. « J'ai déclaré à Jean, écrivait-il à Mme de Tugny, que je n'avais pas confiance en sa persévérance à la Trappe. Je lui ai conseillé d'étudier avec le
plus grand calme, avec indifférence, le pour et le contre
de la règle bénédictine (1). Vos préférences sont les miennes. Je l'ai prié de débuter par Maredsous, sans faire connaître ses intentions ultérieures à personne..... Il me semble que Jean se laissera séduire par la règle bénédictine,
qui n'a rien que de très abordable. »

La décision de M. Charlier avait trop d'autorité pour que,
en vrai fils spirituel, Jean ne s'y conformât pas. En conséquence, le voyage à Maredsous fut résolu. Le R. P. Prieur de
la Maison-Dieu, mis au courant de ce projet, s'était hâté de
répondre : « Oui, allez à Maredsous; ce petit voyage sera

(1) Pendant la retraite que Jean faisait à la rue de Sèvres, chez les Prêtres de la Mission, M. Charlier lui avait écrit : « Dans quelle communauté
entrerez-vous? C'est ce qu'il faudra examiner en retraite. Est-ce chez les
Jésuites, les Lazaristes, les Bénédictins? *J'ai des préférences pour ces derniers et volontiers j'inclinerais vers eux en ce qui vous concerne.*

un repos pour vous ; mais je crois qu'il est tout à fait inutile d'y faire une retraite. Les bons Pères vous recevront bien sans cela, et vous aurez l'esprit plus libre pour étudier leur vie et la comparer à la nôtre... En arrivant au monastère, après vous être installé dans votre chambre, demandez une Règle de saint Benoît, qui est le code de Maredsous, comme celui de la Trappe. Vous la lirez avec attention... Et vous vous demanderez : observe-t-on ces lois à Maredsous ? les observe-t-on à la Trappe ? et là où vous vous direz que l'on pratique le mieux ces lois, c'est là qu'il faut vous rendre, c'est là où le bon Dieu vous veut. »

Jean partit donc le 10 septembre.

Dès son arrivée à Maredsous, il écrivait à ses parents : « J'ai couché hier à Dinant et, ce matin, de bonne heure, je me suis rendu à Yvoir, où j'ai pris une voiture qui m'a conduit à Maredsous. Le pays que j'ai traversé est ravissant ; l'œil ne se lasse point d'admirer ces collines boisées, ces rochers sauvages, ces pâturages pittoresques, qui donnent au pays un cachet tout particulier (1). Le monastère est splendide, quoique inachevé ; construit en pierre bleue, entouré de bois et de collines, il cause, tout d'abord, une impression agréable, qui se change en admiration quand on visite l'intérieur. La chapelle, grande et ornée de fresques et de peintures diverses, n'est pas entièrement achevée ; une forte odeur de peinture vous avertit, en entrant, que les décorations d'intérieur sont en pleine activité. Les autres salles ont aussi leur mérite propre, mais je ne les ai pas assez vues pour en parler sciemment.

« Je vais étudier la règle de saint Benoît, avec l'aide d'un bon Père, qui s'est chargé de me l'expliquer. Entre la vie

______

(1) Faisons remarquer, pour expliquer la poésie de ces descriptions, qu'en enfant docile jusqu'au scrupule, Jean avait tenu compte de cette recommandation du vénérable M. Charlier, dans une lettre adressée à Mme de Tugny : « Recommandez à Jean de ne pas dédaigner les beautés qu'il rencontrera sur son passage ; qu'il les visite même. L'utile et l'agréable : le bon Dieu ne défend pas cet alliage. »

du trappiste et celle du bénédictin il y a une différence du
tout au tout, paraît-il. »

Il écrivait encore : « Mes chers parents, ma lettre d'hier
a dû vous donner une légère idée de l'impression que j'é-
prouve, dans ce milieu si nouveau pour moi; à vrai dire, je
ne sais pas encore moi-même au juste ce que la vie bénédictine peut avoir de si particulièrement attrayant pour mon
esprit et pour mon cœur. Je me soumets en toute simplicité à l'impulsion de l'Esprit-Saint : *Spiritus ubi vult,
spirat* (1).

« Je jouis d'une grande liberté extérieure, c'est-à-dire
que je puis sortir à mon gré, et quand je veux; j'en ai
profité pour visiter la ferme, où j'ai admiré de superbes va-
ches laitières, et le parc où j'ai été méditer au milieu des oiseaux et des écureuils, très nombreux dans ce pays. On
trouve jusqu'à une balançoire et des appareils de gymnastique plus ou moins endommagés par les élèves, car les
Pères ont un pensionnat, vous le savez sans doute.

« A partir de demain, une lampe brûlera devant la statue
de saint Benoît, pendant neuf jours, selon votre intention
pieuse. Puisse-t-il faire descendre dans mon âme la lumière
vivifiante qui la dirigera au milieu des incertitudes par
lesquelles le démon s'efforce de la troubler et de l'aveu-
gler !

« Presque tous les moines sont étrangers, belges, hollan-
dais, allemands surtout, à cause de l'origine de cette Congrégation qui s'est constituée à N.-D. de Beuron, sur le
Danube. Le Père abbé, un Allemand pur sang, a voulu me
voir; il est très sympathique, étant très aimable et très
ouvert, quoique Allemand. Tous parlent français, plus ou
moins mal, comme certain prêtre allemand habillé à la
protestante, qui m'a fait l'honneur de m'entretenir, malgré
son antipathie marquée pour les Français. Son premier mot
a été celui-ci : « Vous êtes Français? alors nous sommes

____

(1) « L'esprit de Dieu souffle où il veut. » (Saint Jean, III, 8.)

ennemis. » Cela dit, d'ailleurs, avec une bonhomie tout allemande, trop niaise pour blesser personne. Un Père belge m'a fait les honneurs de sa nation, en y mêlant des louanges délicates à l'adresse des Français, ce dont je lui ai su, pour le moins, autant de gré que des renseignements minutieux qu'il m'a donnés sur la vie bénédictine, en général, et sur la vie de Maredsous, en particulier.

« On mange mieux ici qu'à la Trappe; seulement, ce sont toujours les mêmes mets, accommodés aux mêmes sauces.

« Je compte quitter l'abbaye lundi matin, je passerai quelques jours à Chimay, et je serai de retour à Beaurieux le samedi suivant, 21 septembre, la veille du *grandissime* jour des élections.

« Dites à M. Charlier que, s'il m'a envoyé ici pour jouir des beautés de la nature et de l'art, il a atteint son but. On ne se lasse pas d'admirer, tant à l'extérieur qu'à l'intérieur. *O desertum Christi floribus vernans! O solitudo, in qua illi nascuntur lapides, de quibus civitas magni regis exstruitur* (1)! »

Il est aisé de voir, par la brièveté du séjour de Jean à Maredsous, que la vie bénédictine ne répondit pas à ses aspirations intimes (2). Suivant le conseil qui lui en avait été donné et la facilité qui lui en était offerte, il poussa plus loin ses pieuses pérégrinations et dirigea ses pas vers le monastère de Chimay, à la Trappe de Notre-Dame de Scourmont, en Belgique. A peine arrivé dans ce monastère, il se retrouva « comme chez lui », et sentit renaître en son âme la paix, la joie intime qu'il avait si rapidement goûtée à la Grande-Trappe. A la date du 16 septembre, il écrivait à sa famille :

____

(1) « O désert du Christ tout émaillé de fleurs! O solitude où naissent les pierres vivantes avec lesquelles se bâtit la cité du grand Roi! »

(2) « Il ne nous paraît pas, lui écrivait Mme de Tugny, que Maredsous devienne ton *port d'attache*. Ce que nous retenons avec consolation, c'est ta soumission, en toute simplicité, à l'impulsion de l'Esprit-Saint. Nous suivrons avec toi la voie ou il voudra souffler... Tu feras ce que tu voudras, en tout et pour tout. »

« Mes chers parents, un mot pour vous annoncer mon arrivée au couvent. *Je renonce aux Bénédictins, la Trappe l'emporte dans mon cœur !*

« Le monastère de Scourmont est enseveli dans le silence le plus profond ; on n'entend que le chant des oiseaux ou le bruissement des feuilles agitées par le vent. Ce recueillement est délicieux ; l'âme s'y complaît ; le cœur et l'esprit s'y reposent agréablement.

« Je vais passer ces quelques jours en tête-à-tête avec les livres que m'a donnés le Père A. et ceux que j'ai achetés à Maredsous, tout entier à la prière et à la méditation. »

Ces quelques jours passés à la Trappe de Scourmont fournirent à Jean l'occasion de comparer entre eux deux couvents de Trappistes. La lettre qui suit montre vers lequel penchèrent ses préférences.

« La vue de la Trappe ne fait qu'activer mon désir d'y entrer ; toutefois, je préfère aller à Mortagne, où m'attire une sympathie toute particulière. Quand je compare la manière dont les Trappistes de Scourmont s'acquittent de leurs devoirs religieux à celle des Trappistes de Mortagne, sans hésiter aucunement, je donne la préférence aux derniers. Pour cette préférence plus que pour toute autre, il faut répéter la maxime : *De gustibus non est disputandum* (1).

« J'attends avec impatience la réponse du R. P. Odilon, auquel j'ai demandé avis sur l'opportunité du grand voyage que me propose sœur Claire. Sitôt sa lettre reçue, je répondrai affirmativement ou négativement. En supposant l'affirmative, il vaudrait mieux, selon moi, partir *promptement :* nous n'avons pas de temps à perdre ni les uns ni les autres, et j'ai hâte d'en finir avec tous ces voyages qui servent plutôt à troubler l'âme qu'à l'éclairer. Comme le R. P. Abbé de Maredsous me le disait, il faut suivre en toute confiance *l'attrait de la grâce,* et ne point se répandre en longues et inutiles considérations sur les différents Ordres

_____

(1) « Il ne faut pas discuter sur les goûts. »

religieux. Ce qu'il faut, c'est moins une hésitation raison-
née qu'un saint empressement, moins une offrande calculée
qu'un don spontané. Il vaut mieux recevoir de la main de
Dieu que de lui donner, suivant cette parole de saint Augustin : *Projice te in Deum, non se subtrahet ut cadas* (1).
D'ailleurs, cela ne se dit pas, cela se sent; à ce propos, je
vous rappellerai les paroles de l'Écriture : *Animalis homo
non intelligit ea quæ sunt Dei* (2). C'est dur ; mais c'est
cela. »

On sent, à la lecture de cette lettre, une âme libre et heureuse. Aussi, comme si déjà il avait trouvé « son port d'attache », notre pieux pèlerin s'étend-il avec complaisance sur
des détails relatifs au monastère qui l'abrite en passant.

« Le Père hôtelier est un ancien commerçant; à l'âge de
37 ans, il s'est converti devant le cadavre d'un de ses amis,
franc-maçon, qui s'était suicidé! Comme il le dit lui-même,
ce fut un coup de grâce. Et maintenant, *quarante-trois ans
après*, il n'hésite pas à dire que s'il pouvait recommencer
sa vie, il n'attendrait pas jusqu'à vingt ans pour entrer à la
Trappe, même s'il n'y avait ni ciel ni enfer, ne fût-ce que
pour la tranquillité intérieure et extérieure dont on jouit
dans cet état de renoncement à sa volonté propre. Avis aux
mondains qui consument leur vie à chercher le bonheur
pour trouver le malheur, parce qu'ils ne songent qu'à
eux-mêmes ! »

Dans une des lettres que nous venons de citer, Jean parlait
d'un grand voyage que lui proposait sa sœur aînée, Sœur
Claire, et d'une réponse qu'il attendait sur ce sujet, du R. P.
Odilon.

Sœur Claire, qui, pour des raisons de santé, était, à cette
époque, aux Marches, dans la Savoie, avait proposé à
son frère, ainsi que nous l'avons dit, de venir faire un sé-

_____

(1) « Jetez-vous dans le sein de Dieu, il ne se retirera pas pour vous laisser
tomber. »

(2) « L'homme animal ne comprend pas les choses de Dieu ». (S. Paul, Ire Ép,
aux Cor. II, 14.)

jour à la Grande-Chartreuse. A son avis, la vie cartusienne aurait été préférable pour lui, étant moins rude que la vie de la Trappe, et plus en rapport avec ses goûts. « Il est bien utile, écrivait-elle, que Jean fasse l'essai des deux vies pour voir devant Dieu la route qu'il doit prendre. »

Le P. Odilon, consulté, avait répondu : « Vous me demandez si vous pouvez aller à la Grande-Chartreuse. Mais très bien, pour la visiter. Ce vous sera un charmant voyage. Vous respirerez à pleins poumons le grand air de la montagne, vous ferez quelques excursions... La vie de la Grande-Chartreuse, je le crois, ne convient pas à votre tempérament. D'après les auteurs de la vie spirituelle et d'après saint Benoît lui-même, on ne doit embrasser la vie érémitique que lorsqu'on s'est longtemps exercé à la vie de communauté. Or, ce *toujours seul* de la Grande-Chartreuse est effrayant... Mais allez-y; voyez par vous-même, priez toujours beaucoup, mais sans contention pour avoir l'esprit libre et calme. Suivez bien votre petit règlement de vie. Il faut que vous soyez un autre Louis de Gonzague, en douceur, en amabilité, en sainteté. Quand vous aurez fini vos pieuses pérégrinations, que je vous presserai de nouveau contre ma poitrine, je vous dirai alors un mot de bonheur qui éclaircira tout votre horizon. »

Quel devait donc être ce « mot de bonheur » ? Le P. Odilon avait-il alors le pressentiment, ou mieux la certitude que ce jeune homme de dix-neuf ans auquel il souhaitait d'être un « autre Louis de Gonzague » allait bientôt devenir son novice?

Tout nous autorise à le croire. Quoi qu'il en soit, le voyage à la Grande-Chartreuse n'eut point lieu. Jean était on ne peut plus résolu à revenir à ce monastère de la Maison-Dieu où il était allé une première fois dans des circonstances si extraordinaires.

Lorsqu'il fut de retour à Beaurieux, ses parents, s'inspirant de la prudence permise en semblable occasion, lui demandaient un an d'attente et d'épreuve avant d'embrasser l'austère vie de la Trappe. « J'avoue, lui écrivait sœur Claire, que, vu ta grande jeunesse, j'ai appuyé près de nos parents pour que tu entres, au moins pour un an, au séminaire; celui de Saint-Sulpice serait préférable à tout autre, parce que c'est le seul où tu pourras garder ton indépendance... Le séminaire t'offrirait l'avantage incomparable de te préparer au sacerdoce, tout en te laissant la possibilité de mûrir ta vocation religieuse... Je redouble de prières pour toi, mon frère chéri, et je demande au bon Dieu de t'aider à supporter l'épreuve de l'attente avec courage et générosité. Prions tous les jours pour nos parents, qui sont si chrétiens et qui ne voudront jamais aller contre la volonté adorable de Dieu (1), et sois bien persuadé que l'année d'épreuve qu'ils te demandent est bien naturelle de leur part. Je le sens, mon cher petit Jean, tu souffres de ne pouvoir de suite te donner irrévocablement à Notre-Seigneur. Mais sois bien sûr que toutes ces souffrances te seront comptées, et que ton obéissance sera infiniment agréable au bon Dieu vers lequel tendent tous tes désirs. »

Mais ces désirs étaient trop impétueux pour demeurer plus longtemps contenus. « La grâce du Saint-Esprit, a dit saint Ambroise, ne connaît ni hésitation ni retard (2). » La Trappe, avec sa solitude, son silence, sa vie de prière, de travail, de pénitence, attirait comme invinciblement cette âme généreuse. Pour les parents, c'était le sacrifice. Mais combien ce sacrifice serait adouci, mitigé! Le Père Odilon n'avait-il pas écrit à Mme de Tugny, que la seule pensée de cette séparation épouvantait : « Votre fils, une fois entré à la Grande-Trappe, vous pourrez entretenir des relations

---

(1) Dans une autre circonstance, elle écrivait à M. et à Mme de Tugny : « Je pense tous les jours aux souffrances qui brisent votre cœur de mère, mais en priant pour vous, je remercie le bon Dieu du courage qu'il vous donne; et vous, mon père chéri, vous êtes à la hauteur de ce que Dieu demande de vous. Nous sommes fières, Jeanne et moi, d'être vos filles, et notre tendresse filiale est doublée en pensant que vous souffrez pour la gloire du bon Dieu. »

(2) Nescit tarda molimina Sancti Spiritus gratia. (S. Ambr. L. C, II, in Luc. c. I.)

avec lui, le venir voir (nous avons à l'hôtellerie Saint-Joseph des appartements réservés aux dames); entrer, pour ainsi dire, en participation de nos prières et de notre vie. »

L'heure du sacrifice avait donc sonné. Il fallait s'incliner devant les desseins de Dieu. « Il n'y a plus de motif, avait dit le vénérable curé de Jumigny, pour suivre une autre ligne de conduite. Je serais le premier à conseiller à Jean une *fugue*, si vous n'étiez pas aussi généreux qu'admirables en cette affaire de vocation. »

M. et Mme de Tugny surent puiser dans leur grande foi la grâce d'être à la hauteur du sacrifice que le Seigneur leur demandait. En femme forte, en mère vraiment chrétienne, Mme de de Tugny voulut accompagner elle-même ce fils tant aimé, ce tendre agneau, jusqu'à l'autel de l'immolation.

Le départ pour la Maison-Dieu fut donc fixé au 28 septembre, la veille de la fête de saint Michel, patron de cette sœur si tendrement aimée, dont Jean disait, dans une de ses lettres : « Miche, c'est le rayon de soleil; c'est la fraîche rose qui embellit la maison; c'est l'artiste, toujours diligente, comme l'abeille qui se repose sur différentes fleurs et fait du miel de toutes choses. »

Nous n'avons pas à dire combien furent émus les adieux de cette séparation... De Troyes, où il était allé saluer la sœur Jeanne, dont la sollicitude et les prières n'avaient pas cessé d'accompagner son frère en toutes ses démarches et pérégrinations (1), Jean adressa le billet suivant à ses pa-

---

(1) Elle écrivait à Jean : « Je ne puis te dire combien je pense à toi et prie pour toi. Daigne Notre-Seigneur combler tes vœux en te manifestant ses desseins sur ta vocation ! Quelle joie pour moi si tu me disais que ta décision est prise ! Mais il faut laisser agir le bon Dieu qui sait, mieux que nous, ce qu'il nous faut. Confiance, courage ! cher petit Jean; du calme, entends-tu bien ? du calme !... »

Et lorsque la résolution d'entrer à la Trappe fut arrêtée, sœur Jeanne écrivait encore à son frère : « Ton bonheur me semble si complet, que je ne puis qu'unir mes actions de grâces aux tiennes. Moi aussi je dis *Magnificat* du fond du cœur... Qu'avons-nous donc fait, cher petit Jean, pour que Dieu daigne ainsi nous combler de ses grâces ? Oh ! comme il faut travailler à nous rendre dignes de tant de faveurs !... »

rents : « Ne vous tourmentez pas. Vous pleuriez ce matin, faisant sa part à la nature, je le comprends; mais maintenant que le sacrifice est fait, n'y songez plus, que pour remercier Dieu. Laissez faire la grâce. Je serais réellement malheureux, si je vous savais tristes. »

CHAPITRE V

(1889-1890)

De Beaurieux, Mme de Tugny et son fils se dirigèrent sur
Paris. Là se renouvelèrent les émotions des jours précédents,
d'autant plus touchantes, que ceux auxquels Jean faisait
ses adieux, le comte et la comtesse de l'Écuyer (1), se disaient sans doute — l'événement devait justifier leurs prévisions — qu'il ne leur serait plus donné de revoir en ce
monde ce petit-fils si tendrement aimé.

« Vous ne vous étonnerez pas, mon cher Adrien, écrivait.
après leur départ, la vénérable aïeule à M. de Tugny, que
nous ayons été absorbés par les graves émotions que nous
apportaient Suzanne et Jean. Quel sujet d'étonnement! Que
de points d'interrogation dans nos esprits, que d'émotions
dans nos cœurs! Mais enfin, une décision est préférable,
pour arriver à faire preuve de vocation, à des hésitations
trop prolongées et énervantes.

« Dans quelques mois, nous saurons ce que Dieu aura décidé de Jean dans la carrière où il va s'essayer. Sa bonne foi
et ses bons désirs sont hors de doute. Mais se connait-on bien
avant dix-huit ans?

(1) La sœur Claire avait pu se rendre à Paris pour cette circonstance. « Mercredi, en te quittant, écrivait-elle à son frère, j'ai fait la sainte communion pour
toi. J'avais besoin de prier et de pleurer. Après les deux messes, je me suis re-
levée plus forte, et depuis, les larmes sont venues jusque sur le bord des paupières, mais j'ai pu les refouler et redire le *Magnificat*. »

« Voilà nos voyageurs en route vers cette Grande-Trappe
de Mortagne illustrée par tant de glorieux pénitents! Les
lettres du Père Odilon sont touchantes. Jean sera traité en
enfant prédestiné. Sa belle et riche nature aura là toute la
culture intellectuelle qui peut aider l'âme à prédominer sur
le corps. Mais que de sacrifices! C'est le xie siècle qui
revient en plein xixe! Jean sera-t-il un autre saint Bernard? Il en a les allures et l'étoffe. En aura-t-il les forces? »

Il ne sera pas sans intérêt pour le lecteur, croyons-nous,
de connaître le milieu dans lequel notre aspirant à la perfection allait vivre, durant plus de deux années.

Les Trappistes (1) remontent, par leur origine, à Citeaux,
dont ils ont repris, il y a deux siècles, et continuent d'observer
la règle dans toute sa rigueur primitive. Cette règle n'est
autre que celle de saint Benoît, remise en vigueur, au
xie siècle, par saint Robert dans le monastère de Citeaux. Son
successeur, saint Étienne Harding, compléta l'œuvre de la
Réforme en donnant à l'ordre de Citeaux une constitution (2)
approuvée, en 1119, par le pape Calixte II. La Réforme de Citeaux fournit à l'Église une pléiade de papes, de cardinaux,
d'évêques, de prélats du plus haut mérite et surtout de
saints, parmi lesquels saint Bernard brille d'un particulier
éclat.

La ferveur primitive s'étant relâchée avec le temps, l'Ordre fut soumis à de nouvelles réformes. La plus célèbre est
celle de Rancé (3), qui a survécu à toutes les autres. Reprise
par Dom Augustin de Lestrange, pendant la tourmente ré-
volutionnaire, elle se continua, au milieu de mille péripéties, et étendit sa bienfaisante influence en Allemagne, en

____

(1) Ainsi appelés du nom de l'abbaye de la Trappe près de Mortagne, berceau
de leur réforme.

(2) Connue sous le nom de *Charte de charité*.

(3) M. de Rancé, d'abord abbé commendataire de la Trappe, fut touché de
la grâce et voulut à tout prix faire son salut; il comprit que le moyen le
plus assuré était de revenir à la pratique rigoureuse de la règle bénédictine.
En 1663, il entreprit l'œuvre de la réforme cistercienne, qu'il poursuivit avec
ardeur jusqu'à sa mort, arrivée en 1700.

Suisse, en Russie, en Pologne, jusqu'en Amérique. Après la chute du premier Empire (1), Dom Augustin racheta la vieille abbaye de la Trappe et répartit dans divers monastères fondés ou restaurés par lui les mille religieux exilés qu'il avait ramenés en France.

Un des caractères les plus saillants de la vie trappistine, c'est la communauté absolue. Dans la prière, le travail manuel ou intellectuel, les repas, le sommeil, le Trappiste n'est jamais seul. La loi du silence est aussi rigoureuse et aussi continue à la Trappe que la loi de communauté. Les saints fondateurs ont compris que l'union des deux était nécessaire à l'exercice de la vie contemplative et pénitente. Toujours avec ses frères et toujours avec Dieu : tel est, dans sa formule la plus simple, tout le programme de cette vie si peu comprise par les esprits superficiels ou mondains. Si ce programme a quelque chose de pénible à la nature, il est une source de joie et de grâces pour l'âme.

Le chant de l'office divin et celui de la messe conventuelle occupent six et même huit heures de la journée du Trappiste. Il se lève à deux heures les jours ordinaires, à une heure les jours de grandes solennités. De plus, l'oraison mentale, la lecture des livres de spiritualité lui permettent, chaque jour, de suffire aux aspirations particulières de sa vie intérieure. Il consacre au travail manuel environ quatre heures par jour, observe l'abstinence perpétuelle, et jeûne une partie de l'année (2) en dehors du temps du carême. « La discipline, les vêtements de laine en toute saison, même pour les gros travaux ; le sommeil pris tout habillé sur une paillasse piquée, toutes ces austérités habituent le corps à ne pas s'endormir dans les jouissances inutiles.

(1) Napoléon s'étant attaqué au pontife romain, Dom Augustin n'avait pas hésité à prendre ouvertement parti pour le chef de l'Église. Aussitôt ses maisons furent supprimées et sa tête fut mise à prix. Il fallut fuir pour échapper à la mort. Dom Augustin partit pour l'Amérique.

(2) Les jeûnes commencent au 14 septembre et durent jusqu'à Pâques. Et même, depuis la Pentecôte jusqu'au 14 septembre, le jeûne s'observe le mercredi et le vendredi, si le climat, la nature des travaux et l'état des santés ne rendent pas ces privations trop onéreuses.

D'autre part, les accusations et les proclamations des fautes dans la salle dite du Chapitre, les humiliations publiques, la dépendance absolue vis-à-vis des supérieurs, habituent l'âme au détachement d'elle-même (1). »

Tels étaient le milieu austère dans lequel allait vivre et le régime plein de rigueur qu'allait volontairement suivre ce délicat jeune homme de dix-huit ans, ce gentilhomme habitué aux soins de la tendresse maternelle et au confortable du milieu familial. La grâce divine, plus puissante que les répugnances de la nature, allait le soutenir dans la rude épreuve du noviciat qu'il venait tenter, et le préparer aux autres épreuves auxquelles il plairait à Dieu de le soumettre dans la suite.

Mme de Tugny et son fils arrivèrent à Soligny-la-Trappe le 4 octobre. L'accueil fait à nos voyageurs par le Père Prieur et le Père Maître des Novices (2) fut tel que permettaient de l'attendre les lettres si cordiales précédemment échangées par ce dernier soit avec Jean, soit avec sa famille. « Cher ami, chers enfants, écrivait de la Maison-Dieu Mme de Tugny, les bons Pères sont si accueillants, ont l'air si heureux, que je suis moins désolée... On me promet pour notre cher enfant sollicitude, prudence, prévoyance. Ce n'est, en somme, qu'un essai; l'avenir est à Dieu qui dira son dernier mot. Courage! »

Ce fut animée de ce courage qu'elle recommandait aux siens, que Mme de Tugny se sépara de son fils. A quelques jours de là, Jean écrivait à sa chère famille pour la rassurer au sujet du régime de la Trappe et lui dire qu'il commençait à s'y habituer. De son côté, le Père Maître des Novices rendait sur son postulant le plus favorable témoignage.

____

(1) Ce passage et tous les détails qui précèdent ont été empruntés à la « Vie contemplative, son rôle apostolique », par un Religieux Chartreux, et à l'Annuaire du clergé français (Diocèse de Séez).

(2) Le Révérendissime Père Abbé, Dom Marie Étienne, était, à ce moment-là, à la Trappe de Staouëlli (Algérie) pour les affaires de son Ordre.

« Votre fils, écrivait-il, est plein de bonne volonté ; il nous
sera un bon et saint religieux. »

Aussi ne jugea-t-on pas nécessaire de le soumettre à une
épreuve prolongée. Quelques semaines plus tard, Jean pouvait annoncer à ses parents sa prochaine vêture.

« Je prendrai l'habit des mains du R. P. Prieur, le dimanche 20 octobre, en la fête de la Pureté de la sainte
Vierge. Je n'ai pas besoin de me recommander à vos prières
d'une manière toute spéciale, pour accomplir comme il convient ce premier pas dans la vie religieuse. Bien qu'il me
laisse encore toute liberté jusqu'aux vœux simples, je considère cet acte comme une préparation dont dépend le
bonheur et la persévérance de ma vocation.

« Dans un autre sens que J.-J. Rousseau, je pourrais
dire : « Mes jours s'écoulent comme de l'eau » ; en d'autres
termes, le temps est si bien employé, qu'on n'en saurait
trouver pour s'ennuyer. — Comme les autres, je vais arracher les pommes de terre ; on arrive aux champs par un
bois ravissant, coupé çà et là de longues et régulières ave-
nues d'arbres, qui offrent un charmant coup d'œil, pour le
religieux comme pour l'homme du monde. — Je commence
à me mettre au courant des offices, qui reviennent presque
toujours les mêmes à intervalles réguliers. Ma santé est
excellente. Je ne souffre point du froid, ne craignez rien. »

Quelques jours avant de revêtir l'habit de Novice, Jean
communiquait la nouvelle de cet heureux événement au
comte et à la comtesse de l'Écuyer, en des termes qui laissent voir l'allégresse de son âme et son inébranlable désir
d'appartenir à Dieu.

« 13 octobre 1889.

« Mes chers grands-parents,

« En quels termes dignes d'une telle action, vous annoncer
ma prise d'habit, dimanche, 20 octobre, en la fête de la Pureté de la sainte Vierge? Quelle plume pourrait exprimer la
beauté et la grandeur, la sublimité et, en même temps, la

simplicité du renoncement à soi-même et aux autres, principe et fondement de la vie religieuse, dont il est le premier engagement? Ah! il faut renoncer à exprimer ce qui est inexprimable, à dire ce qui est ineffable, à comprendre ce qui est incompréhensible. Ce sont là des jouissances secrètes si élevées, que nul ne peut les redire, même après les avoir goûtées. *Oculus non vidit, nec auris audivit, nec in cor hominis ascendit, quæ præparavit Deus illis qui diligunt illum* (1).

« Je me recommande donc à vos prières d'une manière toute spéciale, pour accomplir comme il convient ce premier pas dans la vie religieuse. Quoiqu'il me laisse toute liberté pendant les deux ans de noviciat, jusqu'aux vœux simples, je le considère comme très important et décisif.

« De mon côté, je ne vous oublierai pas, soyez-en sûrs; vous faites partie intégrante de mon cœur, et je vous contemple toujours avec le même plaisir, dans le lointain du passé comme dans le présent.

« Puissions-nous nous retrouver un jour au ciel! c'est là mon plus cher désir. »

A cette lettre, la comtesse de l'Écuyer répondit par cette autre, bien digne, croyons-nous, par les pensées chrétiennes et les sentiments élevés qu'elle exprime, d'être mise sous les yeux du lecteur.

«Mon cher Jean, c'est avec de douces larmes que j'ai lu ta lettre. Je comprends tes jouissances secrètes en te préparant à ce premier pas si important de la prise d'habit. Je ne crois pas que la vie religieuse dessèche le cœur et brise tous les liens. Je crois, au contraire, que les affections naturelles sont fortifiées par la charité. Tu ne nous as pas quittés, tu as entraîné nos cœurs à ta suite, et nos pensées peupleront ta solitude et animeront ta retraite pendant ces deux années de noviciat, soumis à ce que Dieu décidera de ta vocation

(1) « L'œil n'a pas vu, l'oreille n'a pas entendu, le cœur de l'homme n'a pas senti ce que Dieu a préparé à ceux qui l'aiment. » (S. Paul, Ire Ép. aux Cor., ch. ii, 9.)

par la voix de tes éminents supérieurs. Entrer dans une carrière exige un effort de courage. Ton frère s'engageant dans la vie militaire presque au même moment que toi dans la vie religieuse, le cœur de votre si tendre mère serait déchiré si sa foi et sa piété ne le fortifiaient. Nous tâchons aussi d'être à la hauteur de son sacrifice, et vous resterez frères unis dans nos tendresses, quoique séparés par deux carrières si différentes. D'ailleurs, plus que jamais, dans la vie moderne, tous les devoirs sont égaux, et le même champ de bataille peut les réunir un jour, en attendant le champ du ciel !

« Je transcris pour toi quelques lignes à ton sujet, d'un esprit éminent et d'un cœur exceptionnel, de notre cousin et ami le comte de Lignerolles (1). Tu les goûteras.

« Votre petit-fils est parti pour la Trappe. Il y a du sang de retraite et de solitude chez les Tugny : deux filles et un fils en sainte vocation ! C'est un privilège. Ils évitent d'aller se briser sur les pointes des écueils qui déchirent. Je ne plains pas Jean, mais sa mère. Les mères voient toujours les fils heureux dans l'avenir, il y a cependant bien à déchanter... Je connais la Trappe, près de Mortagne, où, dans ma jeunesse, j'ai passé trois jours. Je l'ai présente à ma mémoire. c'est peut-être pour cela que je l'aperçois avec des yeux moins effrayés. Les tristesses qu'on connaît un peu causent moins d'épouvante. On peut être heureux à la Trappe. Sur la porte d'entrée, j'ai vu inscrit, dans le temps : *Hic refugium!* C'est ici le refuge... des peines, probablement, de ceux qui souffrent, si je me souviens. Cela vaut mieux que *Lasciate ogni speranza* (2), qu'on inscrirait presque sur la porte de la vie du monde... »

(1) Le comte de Lignerolles, de haute noblesse paternelle et maternelle, fut chevalier de Malte (le dernier peut-être de cet ordre illustre), auditeur au Conseil d'État, et l'un des bibliophiles les plus connus et les plus estimés. Il est mort à Paris, le 13 février 1893, à l'âge de 76 ans. Sa mort fut digne de sa vie éminemment chrétienne.

(2) « Laissez toute espérance. » Allusion au vers du Dante, relatif à l'inscription tracée sur la porte de l'enfer.

M. et Mme de Tugny et leurs enfants, Micheline et Jacques, se rendirent à la Maison-Dieu, à l'occasion de la prise d'habit de leur « petit saint », comme ils l'appelaient entre eux, et que nous désignerons désormais sous le nom de Frère Marie-Adrien. Ce fut le nom qu'il reçut, en cette circonstance; il l'avait choisi, de préférence, dans un sentiment de gratitude et d'affection pour son père dont Adrien était le nom. De Troyes et de Paris, sœur Jeanne et sœur Claire s'associèrent à cette touchante réunion de famille et firent parvenir à leur frère les souhaits les plus tendres, les félicitations les plus cordiales. « Cher et bien-aimé petit frère, lui écrivait sœur Jeanne, oh! comme je partage ton bonheur et comme, du fond du cœur, je remercie Notre-Seigneur de mettre enfin le comble à tes vœux. Je me trompe, tes ardents désirs ne seront comblés que dans quelques années, lorsque tu auras l'honneur insigne de monter au saint autel pour célébrer ta première messe. En attendant ce beau jour, comme tu vas bien préparer ton âme dans cette vie de recueillement et de silence! »

« Te voilà à la veille de quitter l'habit du siècle, pour revêtir les livrées de la religion, lui écrivait, de son côté, sœur Claire. Je sens ton cœur battre bien fort pour faire ce premier pas; les douces émotions que j'ai éprouvées en prenant l'habit de bure des Filles de la Charité, me font pressentir celles qui t'agitent en ce moment. Qu'il fait bon se donner à Dieu sans réserve. Ne rien garder, c'est le secret pour être heureux dans la maison de Dieu. Ne garder rien de l'extérieur, cela va sans dire et se fait sans peine; mais donner ses facultés, son cœur, *sa volonté :* voilà où est le vrai dépouillement. »

En attendant de donner des preuves de ce dépouillement intérieur ou plutôt de s'y perfectionner par les saintes observances de la vie monastique, pour mieux exprimer le dépouillement extérieur dont son entrée au noviciat était le prélude et comme le premier pas, Jean vida sa bourse

au profit de deux Œuvres qui lui étaient chères. « Je songe
à vous demander, écrivait-il à Mme de Tugny, si vous vou-
driez bien envoyer à Paris la somme de 50 francs, que vous
prendriez dans ma bourse, pour les petits Chinois... Je
désirerais aussi donner à Montmartre une pièce de 50 francs.
Veuillez vous informer à qui de droit et satisfaire bientôt ma
requête. Attachons-nous au Sacré-Cœur : c'est le cœur de
notre Sauveur ; ne l'oublions pas, c'est lui qui délivrera la
France catholique, la vraie France, des persécutions dont
elle souffre depuis si longtemps. Le cours de mes généro-
sités, comme vous les appelez, s'arrêtera avec les ressources
dont je dispose par votre entremise, selon les occasions ;
mais je tenais essentiellement à faire quelque chose pour
la Sainte-Enfance et pour le Sacré-Cœur, deux dévotions
qui me sont chères, parce qu'elles sont françaises et catholiques dans leur caractère et dans leur but. Les gens
du monde devraient s'attacher à ces Œuvres, dans leur
intérêt comme dans l'intérêt de la religion et de la France.
Il n'est pas besoin d'être millionnaire pour cela ; donner
quelques sous par mois sur ses menus plaisirs ne demande
qu'un peu de générosité. »

L'éloignement de cet enfant si cher était pour Mme de
Tugny une peine qui la suivait partout. Du Rohello (1) où,
en revenant de la Maison-Dieu, elle était allée distraire sa
douleur maternelle, elle écrivait à Jean : « Que tu me
manques partout, bon chéri ! Jamais je ne m'habituerai à ce
vide de ta chère présence. »

Pour ajouter à cette douleur, déjà si cuisante, Jacques
allait partir, lui aussi, pour le régiment, le 4 novembre.
« Maintenant, écrivait-elle encore, je vais donc vous pleurer
tous les deux. Quelle année inouïe ! J'ai besoin de toute
ma force d'âme ! Dieu aidant, j'espère dominer ces douloureuses agitations. »

(1) En Morbihan, château de M. le vicomte Louis de l'Écuyer de la Papotière,
frère de Mme de Tugny.

Heureusement, une consolation lui restait : celle de pouvoir correspondre avec Jean. « Combien nous sommes touchés de la bonté si délicate du Père Marie-Odilon, qui favorise notre correspondance de famille! Ses paternelles apostilles me font un bien extrême! J'y trouve cette précieuse sollicitude si rassurante pour les pauvres parents!... »

De son côté, Jean trouvait dans les lettres de sa mère un singulier adoucissement au sacrifice de la séparation.

« Vos différentes lettres, lui écrivit-il, m'ont charmé plus que je ne saurais dire; je me plais à vous suivre des yeux de l'âme, chacun en particulier : cela me réchauffe le cœur. »

Et de sa solitude recueillie, il prenait un intérêt tout surnaturel aux événements concernant sa bien-aimée famille. A l'occasion du mariage d'un cousin et d'une cousine, il écrivait les admirables lignes suivantes : « Puissent-ils être heureux toute leur vie! Ils le seront s'ils n'oublient jamais celui dont ils tiennent tout ce qu'ils ont. Rien n'est plus fréquent, de nos jours, que de voir de jeunes ménages, enivrés par les jouissances mondaines, oublier en un instant ce qu'ils aimèrent autrefois, et se préparer ainsi pour l'avenir de cruels regrets, d'amères douleurs, jusqu'au moment où ils écouteront la voix méconnue de leur conscience et de leur cœur. Rien n'est plus fréquent et rien n'est plus triste, parce que cela montre à découvert la perversité et l'indifférence sceptique de notre misérable génération de chrétiens amoindris et charnels. Mais, selon une parole célèbre, qu'il faut se rappeler souvent au milieu des maladies et des blessures morales de l'heure présente, les nations sont toujours guérissables. Quand donc viendra le médecin? N'est-il point déjà apparu à la France, au monde sous les traits du Sacré-Cœur? Oh si! j'en réponds! Le Sacré-Cœur nous sauvera, et nous pourrons nous écrier encore avec nos pères : *Vivat Christus qui diligit Francos!* Étudiez l'histoire avec cette parole dans l'esprit et dans le cœur, et vous verrez si je n'ai pas raison. »

Sur ces entrefaites, un deuil inattendu vint jeter dans la consternation et la douleur la famille de Tugny et la comtesse de l'Écuyer. Le digne époux de cette dernière mourait subitement à Paris, le 28 octobre, par suite d'une congestion, au moment où il allait sortir pour faire sa promenade habituelle. Cette mort causait autour d'elle une douleur d'autant plus vive, qu'elle coïncidait avec le mariage dont il a été parlé plus haut (1). Le comte de l'Écuyer était dans sa soixante-dix-septième année. Sa vie avait été celle du juste, de l'homme intègre, du vrai chrétien, qui ne se laisse pas éblouir par les biens présents, mais qui travaille, fidèlement et constamment, à l'acquisition des biens futurs, les seuls solides et durables.

Jean prit une part très grande à la douleur des siens. Toutefois la vivacité de ses regrets ne lui fit pas oublier sa mission de consolateur. Avec un ton pénétrant de foi et d'onction, il sut verser dans les cœur affligés de ses parents le baume suave de l'encouragement et de l'espérance. Qu'on en juge plutôt par les lettres suivantes.

« Ma pauvre chère maman, j'ai besoin de vous écrire tout de suite pour me consoler, pour vous consoler, vous surtout... Que de regrets pour tous! Il faut avoir connu mon bien-aimé grand-père, pour savoir ce que l'on perd!...

« Au milieu de notre douleur, remercions Dieu qui lui a laissé le temps de se préparer au terrible passage (2). Pensons maintenant *avec persévérance* à assurer son éternel bonheur par nos prières et nos sacrifices. »

(1) Le mariage de Mlle Louise de l'Écuyer de la Papotière, petite-fille du comte de l'Écuyer, avec M. Étienne de Tugny, neveu de M. Adrien de Tugny. Ce mariage fut béni le 29 octobre, dans l'église de Baden (Morbihan), par S. G. Mgr l'Évêque de Vannes. Mme la comtesse de l'Écuyer avait eu le courage et le dévouement de défendre d'annoncer cette affreuse nouvelle à ses enfants avant la fin de la cérémonie religieuse. Ce ne fut qu'à deux heures de l'après-midi, qu'un télégramme vint changer la joie de la famille en une immense douleur.

(2) Lorsque le frère Marie-Adrien écrivait cette touchante lettre, il ignorait encore la mort foudroyante de son grand-père... Peut-être ce dernier respirait-il encore lorsque le prêtre appelé immédiatement lui donna l'absolution, *in extremis*. Ce qui est certain, c'est que si le comte avait eu sa connaissance, il eût demandé lui-même les derniers sacrements.

« Ma chère et bien-aimée grand'mère, les larmes me viennent aux yeux en prenant la plume pour essayer de consoler un peu, par des considérations de foi et de piété, la
grande douleur dont vous accable, en ce moment, la mort
de mon pauvre grand-père.

« Tout d'abord, laissez-moi admirer la force d'âme que
vous avez montrée, en retardant la terrible nouvelle jusqu'à
ce que le mariage fût accompli. De votre part, cette générosité héroïque ne saurait me surprendre; mais qu'elle
touche mon cœur d'admiration et de respect!

« Que vous dirais-je pour vous consoler, moi qui ai tant
besoin de consolation?

« Je ne craindrai pas de vous dire : remerciez Dieu, qui
a permis au cher défunt que nous pleurons, de couronner
par une *sainte mort* la longue et vertueuse carrière qu'il a
parcourue d'une manière si chrétienne et si constante, en
dépit de toutes les difficultés. Remerciez-le de vous l'avoir
donné; remerciez-le aussi de vous l'avoir repris. Il ne vous
a quittée que pour mieux vous aimer, que pour vous préparer une place dans le séjour de la paix éternelle.

« Pleurez, mais remerciez, mais priez. Si celui qui fait
couler vos larmes pouvait vous parler maintenant, peut-
être vous supplierait-il d'oublier votre douleur pour ne
songer qu'à lui procurer les jouissances célestes par vos
prières et vos sacrifices. Oh! je ne doute pas que son âme
n'ait, dès à présent, reçu sa récompense, et c'est à lui que
je demande d'intercéder auprès de Dieu pour les enfants
qu'il a laissés derrière lui. Si vous pouviez m'écrire que
vous êtes *fortifiée en Dieu et par Dieu*, et me donner quelques détails, j'y verrais une nouvelle marque de votre affection et je vous en bénirais. »

Cependant, notre fervent novice s'était mis, dès la première heure, avec un entrain, une générosité dignes de son
grand cœur, à toutes les observances de sa nouvelle vie.
Prières, office conventuel, lever nocturne, travail des

champs, régime austère : tout cela répondait admirablement à ses aspirations. « Le lever à trois heures ne me dérange point, écrivait-il ; il n'y paraît plus après une bonne toilette. Je travaille aux champs sans fatigue et sans ennui ; je commence à y prendre goût. Cela donne de l'appétit, je vous assure ; pourtant je n'ai encore pu manger toute ma portion ; elle est vraiment trop considérable. La psalmodie ne me fatigue pas ; les psaumes sont parfois très beaux, très substantiels ; mais il faudrait sans cesse recourir aux commentaires pour en apprécier toute la valeur (1). »

Malheureusement, le succès ne répondait pas toujours à la bonne volonté que le novice apportait dans l'accomplissement des fonctions qui lui étaient dévolues. « Pour mon malheur, écrivait-il, j'étais *thuriféraire* cette semaine, moi qui n'avais jamais tenu un encensoir ! Je perdrais mon temps à vous raconter mes maladresses multipliées ; vous les devinez bien, d'ailleurs, vous-même. »

« L'Immaculée Conception, écrivait-il encore, est célébrée ici à l'instar des plus grandes fêtes. Ce matin, tous les novices ont chanté une leçon à l'Office. Il paraît que je ne m'en suis pas trop mal tiré, malgré mon embarras et ma gaucherie habituelle dans ces sortes de cérémonies. La musique ou plutôt le plain-chant était fort beau. Vous n'auriez pas manqué de le goûter, j'en suis sûr. Malheureusement, l'exiguïté de la chapelle provisoire enlève tout cachet aux cérémonies : cela fait mieux sentir encore la nécessité de l'église que l'on construit pour la remplacer. »

La lecture des auteurs spirituels fournissait à son esprit, avide de s'instruire en toutes choses, le moyen d'acquérir cette science ascétique et mystique qui s'harmonise si bien avec la vie claustrale. « J'ai entrepris, écrivait-il, la lecture des ouvrages du Père Faber. L'âme y trouve tous les avantages dont elle peut avoir besoin, sous le rapport de la

---

(1) « Notre bon frère Marie-Adrien, écrivait, de son côté, le P. Maitre, s'en va tous les jours aux champs pour arracher des pommes de terre ; il emploie vraiment bien son temps. Il dort à poings fermés ses huit heures et commence à ne pas mal s'en tirer à table. Nous en ferons un trappiste modèle ».

piété et de la perfection. Il est regrettable que la traduction
soit si médiocre; je voudrais pouvoir comprendre l'original
afin de goûter toutes ces beautés.

« Que de choses on voudrait savoir pour en savoir d'autres!
La science universelle est un idéal que nous désirons sans
pouvoir l'atteindre jusqu'à notre mort, jusqu'au moment où
l'âme se dégagera de ses liens charnels qui obscurcissent
l'intelligence et le jugement des êtres qu'elle anime. C'est
alors qu'on pourra se réjouir sans réserve dans la contem-
plation du Dieu de science et de sagesse, dans la mesure
de ses mérites toutefois. En attendant, il nous faut travailler sans trêve ni repos; c'est la préparation. »

Entretenant ses parents de lectures publiques à la Trappe,
il leur communiquait ainsi ses impressions : « Il me venait
à l'esprit, ces jours derniers, en écoutant au réfectoire la
lecture de la vie abrégée du Bienheureux Perboyre, la
pensée que celle de Joseph de L. devait être achevée maintenant. En avez-vous connaissance? Voilà de ces vies qu'il
est bon de relire, au milieu des difficultés de l'existence,
pour se revêtir de force et d'énergie. De toutes mes lectures,
celles qui m'ont fait le plus de bien dans le passé, si je ne
me trompe, c'étaient celles qui me retraçaient les mâles
vertus de ces rares jeunes gens qui passent au milieu du
monde sans s'y arrêter, qui font face aux luttes de la vie
sans se laisser effrayer ni rebuter, toujours calmes et forts,
toujours dévoués et généreux. Quand je vois les gens du
siècle se débattre dans le vide des choses humaines, je comprends mieux que jamais le néant de tout ce qui n'est
point éternel; et surtout, quand je vois les tristesses déchi-
rantes qui les étreignent, j'estime davantage le prix inestimable de la vie religieuse, où l'on trouve la paix et la
quiétude de l'âme en Dieu... Que la vie sans Dieu est donc
insipide! »

Toutefois, du fond de sa retraite, notre novice ne restait
pas indifférent aux événements qui intéressaient l'Église et la
France. La correspondance qu'il lui était permis d'entre-

tenir avec sa famille lui fournissait le moyen de se tenir au courant des graves questions qui agitaient, à ce moment, le pays et les esprits.

« Je compte, écrivait-il, que le résultat des élections confirmera nos premières espérances, et donnera à la France un gouvernement plus honorable et plus honoré. Puisse la guerre, dont on parle tant, rejeter tous ces gouvernements d'un jour dans la boue d'où ils sont sortis pour le malheur du pays! Ah oui! il est temps que cela finisse. La patience des honnêtes gens est à bout; gare à la république! La vengeance sera sanglante, comme les outrages, et s'il le faut, les trembleurs d'aujourd'hui deviendront les vainqueurs de demain, prêts à laver dans le sang le souvenir de leurs hontes passées.

« Je suis trop assuré de votre courage et de votre générosité pour y faire appel. Que Dieu vous récompense et vous bénisse! »

Ayant appris que le Ministre de la guerre, M. de Freycinet, avait, par une circulaire, interdit aux soldats de se placer dans le chœur des églises et de servir la messe en uniforme, son cœur bondit d'indignation devant cette mesure aussi odieuse qu'absurde.

« Encore le Freycinet qui fait des siennes, écrivait-il. Après avoir désorganisé nos armées en 1870, il faut encore qu'il donne des preuves nouvelles de son incapacité politique et de son hypocrisie religieuse! Il ne peut donc pas se retenir de dire et de faire des sottises! Quand lui enlèvera-t-on les fonctions dont il se montre chaque jour plus incapable par ses bévues continuelles? — La France sent plus que jamais l'impossibilité d'obéir, aujourd'hui qu'elle doit se soumettre à des hommes également rejetés et anathématisés de tous les partis, et dans des circonstances où elle voit se produire, au scandale de tous, leurs dilapidations et leurs vilenies. Les faits sont connus. On n'a pas besoin de rappeler jusqu'à quel excès d'ignominie nos gouvernants sont descendus, pour se convaincre qu'ils sont les plus méprisables des hommes. — Je reçois à l'instant votre lettre, qui coupe court à ma *fureur patriotique*. Elle me donne occasion de souhaiter au gouvernement le sort de don Pédro : tous deux l'auront bien mérité. »

Faisant allusion, dans une autre lettre, à la loi relative au service militaire et à l'application de cette loi aux séminaristes et aux religieux : « On va donc commencer, disait-il, à gémir des abominations de la loi militaire, pour n'avoir pas renversé à temps cet exécrable gouvernement, qui ne subsiste encore qu'à force de bassesses et que les honnêtes gens ont l'incroyable lâcheté de supporter! Quand donc la France se retrouvera-t-elle la France, digne de ce nom, autrefois si illustre, maintenant si avili? Cette dégradation fait pleurer... Certes, mieux vaudrait le choléra (1) : il nous rendrait au moins à nous-mêmes. »

On sait qu'au début de l'hiver 1889, une étrange épidémie, à laquelle la science médicale donna le nom *d'influenza*, s'abattit sur la France et, de là, s'étendit à presque toute l'Europe, causant partout de terribles ravages. Cette épidémie fournit encore au Frère Marie-Adrien l'occasion d'exprimer dans une de ses lettres les réflexions suivantes : « *L'influenza* augmente-t-elle ou diminue-t-elle? et le choléra? Cela ferait vraiment bien après l'Exposition (2). Exalter ainsi à la face du monde les ignominies passées et présentes d'une nation égarée, aveuglée par les passions brutales dont la repaît chaque jour le pouvoir le plus vil et le plus méprisé qui fut jamais, c'est un crime de lèse-patrie, que tous les châtiments réunis ne sauraient expier suffisamment. Si l'on considère, des yeux de la foi, les splendeurs de notre civilisation, on a plus lieu de trembler que de se réjouir, car quand une nation ne tient plus que par là, elle est en grand péril. »

Ces sentiments de patriotisme se trouveront, dans le cœur de ce fils et petit-fils de preux chevaliers et de vrais servi-

---

(1) Allusion faite aux sombres prédictions d'un médecin, ami de la famille de Tugny, annonçant le choléra, pour l'année 1890, en France.

(2) Il s'agit ici de l'Exposition universelle tenue à Paris en 1889.

teurs de la France, toujours unis aux sentiments de la plus
tendre piété et du plus profond mysticisme (1). Ils donnent
au lecteur une idée suffisante de la .trempe d'esprit, de la
justesse des vues de celui que nous allons suivre dans
l'uniforme évolution de sa vie de novice. Aucun événement
saillant ne marque les deux années que dura cette vie.
« Notre existence, dira-t-il lui-même dans une lettre, est
une chaîne dont tous les anneaux se suivent et se ressem-
blent; l'uniformité en fait le fond. » Toutefois, il y a dans
la correspondance du Frère Marie-Adrien avec sa famille,
durant son séjour à la Grande-Trappe, de tels trésors de
pensées et de sentiments, qu'il serait infiniment regrettable, croyons-nous, de les laisser ensevelis dans l'oubli.
C'est donc cette correspondance qui fera tout le fond et la
matière des deux chapitres suivants.

---

(1) « Travaillons, écrivait-il dans une autre circonstance, à nous élever au-
dessus de ce que nous sommes; *contribuons autant qu'il est en nous au relèvement de la France!* Telle devrait être la pensée maitresse de tous les travaux, de toutes les ambitions; mais, hélas! l'événement nous démontre chaque
jour qu'elle ne l'est pas. »

CHAPITRE VI

(*Suite.*)

(1890-1891)

L'année 1890 s'ouvrit pour le Frère Marie-Adrien par une remarquable lettre de sa grand'mère, Mme la comtesse de l'Écuyer. « Mon cher petit-fils Jean, lui écrivait-elle, le 31 décembre 1889, je veux que te parvienne demain un mot de ta grand'mère. Tu auras eu certainement une pensée pour elle à l'occasion du 1er janvier. L'année 1889 a été, pour moi et les miens, féconde en graves événements. J'avoue ma faiblesse en demandant à Dieu que 1890 soit une année de calme et de repos pour mon pauvre cœur. Te savoir ferme et courageux dans la voie de prédilection et de prédestination où tu es entré y contribuerait certainement. Mais si tu faiblissais, j'espère que Dieu te soutiendrait par des grâces exceptionnelles, pour que ton âme ne tombe pas de ces hauteurs avec trop de blessures. Je le prie de t'entourer de ses anges qui étendraient leurs ailes et te préserveraient dans ta chute... Mais pourquoi vais-je ainsi au-devant d'un danger qui n'existe peut-être pas? C'est pour que tu saches avec quelle sollicitude je te suivrai pendant le cours de ton noviciat. et pour que tu ne nous laisses pas ignorer la vérité. Tu la dois à nos tendresses et j'y compte... Que Dieu te comble, cher enfant, de douceurs spirituelles. »

À cette lettre de l'aïeule le petit-fils répondit en ces termes : « Ma chère grand'mère, je voudrais avoir une plume

d'or pour répondre comme il conviendrait à la divine lettre
que vous avez eu la prévenance de m'écrire, alors que mes
vœux de bonne année, pour des raisons faciles à comprendre, ne vous étaient point encore parvenus ; mais mon cœur
ne les avait pas moins formés, je vous l'assure.

« Il est trop vrai que l'année 1889 a été pleine de tristesse
pour notre famille ; à peine, çà et là, quelques rayons parmi
toutes ces ombres. Et cependant, il faut rendre à Dieu de
ferventes actions de grâces pour les bienfaits, connus et inconnus, dont il a comblé tous en général et chacun en particulier.
Plus les années s'accumulent sur nos têtes, plus s'augmente
notre dette envers Dieu. Nous n'y pensons pas, et non seulement nous n'y pensons pas, mais encore nous nous plaignons
de ne rien recevoir, aveuglés que nous sommes par les passions charnelles. Que le réveil sera terrible ! Il faudra rendre
compte jusqu'à la dernière obole des richesses que Dieu a
mises entre nos mains, et c'est de toute justice. Combien
doivent craindre les religieux, puisqu'il sera demandé plus
à celui qui aura plus reçu, et qu'ils ont reçu les grâces
les plus grandes et les plus précieuses ! Cette pensée
suffirait à ranimer les moins fervents, si notre nature n'était pas toujours en contradiction avec elle-même.

« Votre sollicitude me touche profondément. De mon côté,
mes prières et mes pensées sont souvent dirigées vers vous,
comme vers une source rafraîchissante où elles trouvent leur
aliment. »

Ayant exprimé à ses parents le désir de recevoir un recueil de lettres, religieusement conservées, de son grand-père, le comte de l'Écuyer, afin de puiser une édification
pour son âme dans leur lecture, il répondait en ces termes
à l'envoi qui lui en avait été fait : « J'ai relu avec attendrissement les chères lettres de mon regretté grand-père, miroir
fidèle de sa pieuse et belle âme, expression vivante de sa
tendre et sincère affection pour les siens. Sans doute, il
jouit maintenant du bonheur céleste et, dans le sein de Dieu,
il n'oublie pas ceux qu'il aima tant sur la terre. Pensons au

ciel, et cette pensée, nous élevant au-dessus de la terre, nous fera soupirer vers les régions de l'éternelle béatitude. Envisagée à ce point de vue, le seul vrai, la mort devient la vie; l'âme s'envole de la prison du corps, comme un oiseau de sa cage, et va terminer dans le ciel, désormais toute à ses aspirations, la vie captive que les liens de la chair lui imposaient. Ah! qu'heureuse est la mort ainsi comprise, et qu'heureux sont ceux qui la comprennent ainsi! »

Comme nous l'avons déjà dit, le Frère Marie-Adrien avait obtenu de ses supérieurs l'autorisation d'entretenir avec sa famille une correspondance régulière. Cette correspondance adoucissait, de part et d'autre, l'amertume de la séparation dont, plus qu'aucun autre, souffrait le cœur si sensible de Mme de Tugny. Comme toutes les mères, elle aurait voulu pénétrer le mystère de cette vie claustrale, que son imagination lui représentait si austère et si dure pour son fils, en connaître jusqu'aux moindres détails, de façon à se faire, en quelque sorte, illusion sur cette séparation si pénible.

Le Frère Marie-Adrien s'efforçait de satisfaire ce besoin maternel, et ses lettres, sorte de journal du cloître, relataient les principaux événements de la semaine capables d'intéresser ceux auxquels ils étaient destinés.

Tantôt c'est l'arrivée du Révérendissime Père Abbé, retenu, durant de longs mois, loin de sa chère Communauté par les affaires de son Ordre, et la joie que ce retour apporte à sa famille religieuse; tantôt c'est l'élévation du P. Maître des Novices, le P. Marie-Odilon, déjà connu du lecteur, à la dignité de Prieur du Monastère; un jour, c'est la visite faite à la Trappe par le commandant Robert de F..., un ami de la famille de Tugny, auquel l'humble novice a été présenté; un autre jour, c'est la cérémonie de profession d'un novice, ou bien la construction d'une nouvelle chapelle à la Maison-Dieu, qui font le sujet de son entretien. Parfois aussi, descendant à des détails plus infimes, sa plume décrit les travaux rustiques de la Trappe ou quelqu'un des exercices

conventuels. Rien de banal dans ces causeries épistolaires ;
toujours l'élévation de la pensée s'unit à la richesse, à la
distinction, à l'originalité même de l'expression. Quoi de plus
gracieux que ces réflexions suggérées par la récolte du
foin au monastère? « Nous sommes en plein dans les foins
depuis deux semaines. Sans doute, ce genre de travail présente plus d'intérêt que les autres; mais aussi il est beaucoup plus fatigant, surtout à cause de la grande chaleur.
Cela vous casse bras et jambes.

« C'est une foule d'opérations que l'on fait subir à ce
malheureux foin qui n'en peut mais; on le tourne, on le retourne, on le roule, on le déroule, on le met en tas, enfin
on ne sait qu'imaginer pour le faire sécher et pour faire
suer sang et eau les travailleurs. N'y étant pas habitué, et
me trouvant, conséquemment, fort gauche, j'ai eu assez de
peine à m'y mettre, mais maintenant cela m'a l'air d'aller
mieux (1). »

Quoi de plus spirituel et de plus judicieux à la fois que les
détails suivants sur les vocations à la vie trappistine? Ils
révèlent une maturité de jugement qu'on s'étonne de trouver dans un jeune homme de dix-huit ans à peine.

« En fait de postulants, on en est toujours à recevoir des
lettres, mais les négociations ne vont pas ordinairement
au delà... Il est bon, d'ailleurs, aussi de ne pas accueillir
toutes les demandes, sans être sûr de ses sujets, et tel
qu'on a reçu avec empressement, comme un oiseau rare,
donne quelquefois lieu à bien des ennuis et des regrets.
Ceci vous fera comprendre que le noviciat ne se compose
pas exclusivement de *petites perfections*. Au bout de quelque
temps, le caractère des nouveau-venus se laisse voir dans
son vrai jour, et le meilleur qu'on y trouve est parfois la pénible espérance d'une amélioration problématique. En effet,

____

(1) Parlant, dans une autre lettre, de la récolte des pommes, il disait : « Les
religieux la font eux-mêmes, sans souci du froid on était à la fin de novembre) et aux dépens de leur échine, que plusieurs heures passées accroupis,
exposés aux projectiles qui tombent des arbres, courbaturent et endolorissent
toujours un peu. »

les souffrances matérielles ne glissent pas toujours sans
entamer la carapace de certains individus, et, dès lors, la
scène change... Toutefois, ne tirez pas de là des conclusions
trop sévères, et n'oubliez pas que partout et toujours il faut
faire la part de la pauvre nature humaine. Concluez seulement qu'à la Trappe comme ailleurs, les relations, quelque restreintes et limitées qu'elles soient, se ressentent nécessairement du mélange des individus et du plus ou moins
de mauvais qu'il y a en chacun. Si vous voulez connaître
là-dessus ma manière d'agir, elle est fort simple : je reste
neutre autant que possible, sauf à quitter la froideur de la
réserve avec les vrais religieux. Le noviciat est un temps
d'épreuve; la profession est le port du repos et de la bonne
entente...

« Je suis *d'un bavard* incroyable et presque scandaleux !
Il faudra me corriger; j'en prends la résolution pour l'instant, mais j'ai bien peur qu'elle ne s'envole ! »

La résolution du fervent novice ne fut pas sans soulever
des protestations alarmées de la part de Mme de Tugny. Bientôt elle se plaignit que les lettres de son « petit saint », sans
devenir plus rares, devenaient plus brèves. « Pourquoi
vous plaindre de ma brièveté? répondait Frère Marie-Adrien.
Comment vous donner des détails sans me répéter? car
notre vie est toujours la même, toujours réglée et invariable. » En fait, tout en respectant les exigences du cœur
maternel, notre novice, avec les ménagements que lui dictait
l'affection filiale, s'efforçait d'atténuer la vivacité de ces exigences en y opposant les saintes lois du détachement, insé-
parable de la vie monastique. Prenant occasion du saint
temps quadragésimal, il terminait ainsi une lettre : « Ne
soyez pas étonnée de ma brièveté; je sens le carême qui approche; il faut me préparer au grand silence qu'il demande. »

« Puisque vous n'avez pas compris ce que j'insinuais
dans ma dernière lettre, écrivait-il quelques jours après, je
ne prendrai plus de détours, cette fois-ci, pour vous annoncer que les novices, comme les religieux, ne peuvent écrire à

qui que ce soit, pendant le carême, ni recevoir aucune lettre,
à moins de nécessité. Ne vous chagrinez point de cette privation, que je partagerai avec vous. Être privé, pour quelques semaines, de quelques lignes plus ou moins mal écrites,
ne constitue pas un sacrifice au-dessus de vos forces. Qui
peut plus peut moins; or, si vous avez montré déjà tant de
courage pour la séparation, vous en pouvez bien montrer
autant pour le léger sacrifice que la règle vous impose et
qui est nécessaire au recueillement de ce temps de pénitence (1). »

Nous n'avons pas à dire combien fut dure au cœur de
Mme de Tugny cette privation de nouvelles, durant la sainte
Quarantaine. Néanmoins, en femme chrétienne, elle s'y ré-
signa, non, toutefois, sans faire et provoquer, deçà et delà,
quelques infractions accidentelles à la règle. Jean compre-
nait, excusait ces excès maternels; volontiers même, son
cœur de fils s'en serait fait complice; mais sa conscience
l'inclinait à mettre une mesure à cette expansion quelque
peu intempérante.

« Si vous avez peu de nouvelles locales à me communiquer,
écrivait-il à Mme de Tugny, assurez-vous que j'en ai encore
beaucoup moins à ma disposition, pour toutes sortes de
raisons, dont la première et la meilleure est le recueillement de prière et de silence qui fait le fond de notre existence, mais qui, tout profond qu'il est, ne l'est cependant pas
encore assez, puisqu'il nous laisse encore troubler, de temps

(1) Dans une lettre à sa sœur Jeanne, il écrivait encore : « Je partagerai
avec toi le silence du carême. Je ne sais comment maman prendra cette privation, elle qui soupire tant déjà après les lettres que je lui envoie régulièrement chaque semaine. On est religieux ou on ne l'est pas; si on veut l'être, il
en faut accepter toutes les obligations. »

Il écrivait, pareillement dans une autre lettre : « Nous entrons dans une période nouvelle de l'année chrétienne, spécialement consacrée à la pénitence,
il ne faut pas l'oublier, et, par conséquent, se soumettre en esprit de mortification aux privations plus ou moins grandes qu'elle nous impose pour le
bien et la sanctification de notre âme. On oublie volontiers que le carême a
été institué uniquement pour nous rappeler la nécessité de la souffrance en
nous faisant souffrir; à quoi bon toutes ces pénitences, si nous n'en souffrons
pas? »

en temps, par ces communications. Voilà certes une chose que les plus solides raisonnements ne sauraient vous persuader ; c'est bien ici le cas de dire que « le cœur a ses raisons que la raison ne connaît pas ». Vous ne voudrez jamais voir, dans cet aveuglement du cœur, que votre cœur est en cela sa propre dupe ; mais comme je craindrais de faire moi-même de faux pas sur ce terrain glissant et de perdre ainsi entièrement une cause déjà si mauvaise, je n'y veux pas rester plus longtemps... »

C'est avec ce tact et ce ton à la fois ferme et enjoué que le vertueux novice s'efforçait de faire partager aux siens l'esprit de détachement dont il était déjà si parfaitement animé lui-même.

« Toutes les fois que je vous écris, disait-il dans une autre lettre, la même formule revient invariablement sous ma plume : je vous remercie de vos bonnes lettres, sans que je puisse ou que je veuille arrêter cette expansion, qui n'est cependant pas en harmonie avec les sentiments de détachement et de sainte indifférence dont je devrais être animé ; mais le cœur l'emporte si vite en cette affaire, qu'il ne laisse pas à la raison le temps de lui faire résistance. Voilà qui vous réjouira, si j'en juge par certain passage de votre dernière lettre, où vous justifiez si habilement ces empressements du cœur vers le fruit défendu, en contestant à la raison le droit d'intervenir. »

« Je ne veux pas commencer cette lettre, écrivait-il dans une autre circonstance, sans répéter encore une fois, pour détruire vos illusions, qu'un des devoirs des moines étant de détourner leur esprit des événements du monde, la correspondance leur devrait être indifférente et insipide. Ç'a été, dès les premiers temps, une règle invariable des constitutions monastiques, que le détachement de l'esprit demande celui du monde, et que pour bien pratiquer ce que l'on doit, il faut oublier ce que l'on aime, *ut non detur occasio diabolo.* »

On le voit, à mesure que notre fervent novice avançait dans la voie de la perfection, le monde et les choses du monde le trouvaient de plus en plus indifférent, et son bonheur était de ne plus rien savoir de ces mille événements insignifiants auxquels on donne tant d'importance dans le siècle. « Je puis vous dire, écrivait-il à ses parents, que tout cela ne trouve en moi que la calme et placide indifférence d'un homme qui a dit adieu aux frivolités dont le monde fait si grand cas. Bien loin d'éveiller en moi des regrets, ces événements me font apprécier davantage d'être à l'abri des mille distractions du monde : ceci soit dit, bien entendu, sans vouloir faire parade de fausse misanthropie... (1). »

Malgré ce que ce langage pouvait avoir d'austère, Mme de Tugny, ne laissait pas d'y trouver pour son âme un incontestable profit. « Tu ne m'en voudras pas, j'espère, écrivait-elle à son fils, quand je t'aurai assuré que tu m'as fait grand bien à l'âme ; et je veux goûter ce bien quotidiennement afin de me revêtir de force et d'énergie, pour lutter contre les difficultés de la vie, autant qu'il est possible, et c'est peu, hélas ! dans cet enchevêtrement constant des choses humaines qui me font trouver avec toi que le calme de la vie religieuse est d'un prix inestimable. »

La santé de son fils, la règle austère de la Trappe étaient des sujets de continuelles préoccupations pour Mme de Tugny (2). « Que ma santé ne vous inquiète pas, lui écri-

---

(1) « Je ne connais plus guère, écrivait-il dans une autre circonstance, les formes gracieuses et insinuantes du langage, les compliments choisis et les fines plaisanteries, si recherchés, si prisés dans la société mondaine. Je me plais, au contraire, dans ma *balourdise*, compagne de la solitude et du silence. »

(2) « Votre chère mère, lui écrivait M. Denglehem, n'a pas assez d'yeux pour pleurer sur cette *abominable discipline* qu'elle ne parvient pas encore à s'expliquer. J'ai beau lui répéter que son cher enfant ne fait que continuer sa manière de traiter son corps en esclave. *Castigo corpus meum et in servitutem redigo.* De tout temps, en effet, je vous ai vu faire peu de cas de votre nature corporelle, ne tenant aucun compte du danger ni de la fatigue..... Il faut, à notre époque, des victimes innocentes et volontaires qui paient pour les coupables. Je dis : victimes ; je m'exprime très inexactement ; car les véri-

vait le Frère Marie-Adrien, elle est toujours au *beau fixe*, à
part quelques douleurs de tête qui viennent me rappeler,
de temps en temps, que je suis sujet à l'infirmité tout comme
un autre, malgré les forces de la jeunesse. »

« L'épreuve du carême qui vous paraissait si redoutable,
écrivait-il encore, et dont votre imagination s'était exagéré
les rigueurs, n'a, Dieu merci! rien eu pour moi de bien pénible. J'ai pu constater l'inutilité de vos appréhensions par
la facilité que j'ai eue à supporter les quelques privations
de cette Quarantaine, si effrayante pour les gens du monde.
Je vais me reposer en me livrant aux grands travaux de
cette saison (on était au mois d'avril), durant laquelle le
travail manuel est plus long et plus fréquent mais, par
contre, plus intéressant que dans les autres temps de l'année. »

Lorsqu'on parcourt la volumineuse correspondance entre
le Frère Marie-Adrien et sa famille, il est aisé de se convaincre que cette correspondance, entretenue par pur devoir filial, n'était, en somme, à ses yeux qu'un moyen
d'exercer auprès des siens un apostolat d'édification et d'encouragement au bien. Aussi ses lettres étaient-elles plutôt
des exhortations, des entretiens spirituels, que des épanchements dans lesquels la sentimentalité aurait eu une part
prépondérante (1).

En chacune d'elles, on trouve des réflexions dans lesquelles
le sens pratique le dispute à l'élévation des pensées et à la
richesse, à la pureté des expressions.

Ayant eu à traiter dans une de ces lettres la question de
l'éducation familiale, il déplorait l'inexcusable faiblesse de
la plupart des parents, et les blâmait de ne pas élever leurs

tables victimes sont celles qu'immolent le vice et Satan. Tristes victimes inutiles! »

(1) « Tu ne te rends donc pas compte, lui écrivait sa mère, de ton apostolat
par la plume, pour que tu craignes si fort d'abuser de la liberté que l'on t'a
accordée de nous écrire? Sache donc que tu nous fais à tous grand bien. »

enfants d'après la méthode recommandée par l'Esprit-Saint lui-même dans les divines Écritures. « Les raisons contre le système d'éducation que préconisait ma dernière lettre, disait-il, sont d'autant plus faibles et plus faciles à renverser, qu'elles ne s'appuient sur rien ; pour moi, je m'appuie sur l'Écriture sainte elle-même, qui recommande, à plusieurs reprises, comme indispensable ce qu'on rejette communément aujourd'hui, comme nuisible, dans ces paroles, par exemple : *Qui parcit virgæ, odit filium* (1), et dans ces autres, encore plus significatives : *Percuties filium tuum a virga, et liberabis animam ejus a morte* (2). Que si l'on refuse de croire l'Esprit-Saint (ce qu'à Dieu ne plaise !), je demanderai pourquoi et comment une correction *méritée* peut rendre, comme on le prétend, un enfant méchant ou au moins hypocrite.

« Supposons qu'on laisse la faute impunie, est-il bien sûr que l'enfant la reconnaîtra de lui-même et aura assez de raison et d'humilité pour en demander pardon, surtout si, comme on dit, il a *le courage de son opinion ?* Je ne le crois pas ; je prétends même que s'il a le courage de son opinion, il s'obstinera dans son erreur, et, ne sachant point encore suffisamment en juger, il verra dans la faiblesse même de son mentor une preuve de son innocence ; et ainsi, il arrivera à un âge plus avancé avec des idées faussées, avec une conscience faussée, et ce qui est encore pis, avec l'orgueil de ses opinions et l'obstination, non le courage, de les suivre malgré tout. En un mot, il sera enfant gâté, sans force contre ses passions, volontaire et désobéissant, etc. ; au lieu que la verge lui eût inculqué, malgré lui, les premiers principes de conduite et la crainte d'y contrevenir, et, en détruisant par violence ses mauvais penchants, l'eût rendu maître de lui-même, disposé au bien et capable, plus tard, de résister au mal par la seule force de la raison ; car enfin,

----

(1) « Celui qui ménage la verge n'aime pas son fils. »

(2) « Vous frapperez votre fils avec la verge, et vous délivrerez son âme de la mort. »

remarquez-le, je parle d'un châtiment bien mérité ; de sorte
que si l'enfant, *ayant le courage de son opinion*, ne croit
pas avoir mal agi, il sera détrompé et contraint de reconnaître ses torts. Je pourrais prouver encore par des exemples la justesse de ce raisonnement, mais j'ai pitié de vous,
qui attendez impatiemment la fin de cette discussion pédagogique, dont vous n'avez plus maintenant que faire...
Je finis donc, non sans en avoir appelé à votre expérience
de ce que je viens d'avancer. »

Parlant des amitiés, il s'en exprimait ainsi dans une lettre :

« Les amitiés sont toujours bonnes à quelque chose quand
elles sont solides, et elles ne le sont ordinairement que
quand elles reposent sur une communauté naturelle d'idées
et de sentiments, de principes et de convictions. En effet,
pour qu'on puisse donner à quelqu'un, en toute vérité, le
titre d'ami, de « moitié de son âme », il faut nécessairement
que les deux âmes se fondent en une seule, donc qu'elles
soient identiques, car deux éléments distincts ne peuvent
former une combinaison identique... Je ne suis pas de ceux
qui font de l'amitié une rêverie, une illusion, une chimère ;
je la considère comme un besoin réel d'une âme généreuse
qui s'ouvre à la vie, sans en connaître encore les déceptions. Il y a une jeunesse de l'amitié; l'âge, l'expérience des
hommes la conduisent peu à peu à la vieillesse, et parfois
lui donnent le coup de la mort. Aimons donc pendant que
nous sommes jeunes, généreux, inexpérimentés, confiants,
en un mot, dans les autres et dans nous-mêmes. Mais
hâtons-nous ; l'avenir viendra trop tôt encore dessécher
cette fleur, tarir cette source, en nous révélant le mystère
décourageant de la vie... Pourquoi me laissé-je entraîner
ainsi sur ce sujet? Il me semble qu'il répond à un de mes
plus intimes penchants, et la question de la sympathie, de
l'altruisme et aussi du hideux égoïsme, m'a toujours paru
l'une des plus intéressantes à étudier au point de vue philosophique et religieux. Le cœur est tout l'homme; l'homme
ne vaut que par le cœur. Je ne sache pas de flétrissure

plus honteuse attachée à la mémoire d'un homme que de le
regarder comme le dernier des hommes par le cœur. Cela
suppose tous les vices, toutes les dégradations bestiales où
l'homme peut se ravaler. Ainsi en est-il de Voltaire, dont
le cynisme révoltant avait détruit en lui le plus beau, le
plus pur, le plus consolant privilège de la nature libre et
raisonnable. C'est une vérité acquise que l'amitié n'existe
que dans la vertu et par la vertu. On a même pu dire : la
religion de l'amitié, pour exprimer sa noblesse et sa pureté.
Heureux assurément les cœurs vertueux qui comprennent
cette vraie et impérissable amitié, l'amitié du devoir,
l'amitié de l'honneur, l'amitié de la religion !

« Je passe, sans transition, de ce petit dithyrambe à des
choses plus vulgaires. Nous sommes si mal faits, que notre
esprit se dégoûte promptement des idées supérieures à
notre petitesse ; il a soif de cette vulgarité quotidienne qui
fait notre vie. Qu'il est lourd et bête ! mais qu'y faire ? »

A propos des mariages dans lesquels les motifs d'intérêt l'emportent sur les autres, il écrivait : « Je voudrais
ici stigmatiser en caractères ineffaçables les honteuses spéculations qui font aujourd'hui du mariage une pure affaire
d'argent, un achat ou une vente plus ou moins désavan-
tageuse. Aujourd'hui plus que jamais, on persiste à croire
que « la vertu sans argent n'est qu'un meuble inutile »,
comme si la question pécuniaire primait toutes les autres.
Sans doute, la raison demande de ne pas la négliger absolument ; mais en exagérer l'importance jusqu'à lui subor-
donner toutes les autres, c'est là une insigne folie, un
aveuglement monstrueux autant que criminel. »

Répondant à une théorie trop humaine sur les soucis terrestres, il disait avec un admirable sens chrétien : « Je ne
trouve pas, moi, que les soucis terrestres, comme vous dites, empêchent l'âme de s'élever, mais plutôt qu'ils sont
l'échelle par où elle s'élève au-dessus d'eux. Il est cependant trop vrai que le corps empêche l'âme de voler bien
haut : raison de plus pour désirer d'en être détaché. »

Répondant également aux préjugés en cours dans le monde à l'endroit de la pénitence corporelle et du jeûne monastique, il écrivait encore : « Vous figurer que la faiblesse actuelle des tempéraments amènera des adoucissements, des mitigations dans la règle trappistine, c'est une erreur. N'oubliez pas qu'on retrouve bien souvent dans son exacte observation ce qu'on avait perdu dans le monde, et que, toutes proportions gardées, le niveau des santés dans le monde est inférieur à celui des nôtres. »

Dans cette correspondance de famille, Jean sut toujours faire une part à son frère aîné, Jacques. Ainsi que nous l'avons dit plus haut, ce dernier s'était engagé, au sortir de l'École Saint-Joseph, dans l'état militaire avec l'intention d'en faire sa carrière à n'importe quel prix. Mme de Tugny, tout en ayant confiance dans la fermeté des principes religieux de son fils, redoutait pour lui les influences malsaines de la vie de caserne. Aussi ne cessait-elle de le recommander aux ferventes prières de son « petit saint ». « Je te recommande toujours de plus en plus notre Jacques, en plein dans la fournaise, lui écrivait-elle. Il m'a avoué que M. P. avait dit vrai et qu'il n'avait même pas assez chargé le tableau des misères morales de la caserne. Tu vois, mon cher enfant, que tu as mille fois raison de te préoccuper des dangers qui environnent notre cher *général* (1). Jusqu'ici, il est resté bien tel que nous l'avons toujours connu : vraiment droit et pratiquant. Mais je tremble toujours; les garçons sont des boîtes à surprises, et le milieu est tellement délétère! Demande donc continuellement avec nous que son ange gardien le soutienne et affermisse sa force de persévérance! »

De son côté, le Frère Adrien écrivait à sa mère : « Je partage vos préoccupations et vos appréhensions au sujet

____

(1) C'était le nom familier sous lequel était désigné par ses parents le jeune débutant dans le métier des armes.

de Jacques... Voilà une vie bien nouvelle, bien dangereuse, où on a grand besoin d'être guidé et soutenu par les conseils et les prières! Il est si facile d'abandonner ses devoirs religieux dans cette carrière *soldatesque!* Jacques a des convictions d'autant plus solides, qu'elles reposent sur des principes sûrs; ce n'est certes pas l'instruction religieuse qui lui manque, et s'il péchait, sous ce rapport, ce serait bien de sa faute. Ce qu'il y a de plus dangereux et de plus à craindre, c'est l'immoralité, qui est à l'ordre du jour dans toutes les casernes. Il est presque impossible de ne pas se laisser gagner par la contagion, si on n'y met pas toute son énergie, toute sa foi surtout. La persévérance consiste, non à ne pas tomber, mais à *se relever toujours.* »

Préoccupé, à juste titre, de l'âme de ce frère bien-aimé, le fervent novice lui adressait de sages conseils et de prudentes recommandations. « Mon cher général, lui écrivait-il, ton petit mot me fait grand plaisir et diminue mes appréhensions qui sont pourtant fortes, tu le sais..... Pas trop de confiance, pas de familiarité, tout au plus de la bonhomie avec ces gens grossiers : tu t'en trouveras bien.

« Je t'engage carrément à te confesser et à communier TOUS LES DIMANCHES : cela me paraît, à moi, de toute *nécessité.* Occupe-toi *beaucoup*, si tu as du loisir; étudie les questions sociales et scientifiques qui agitent en ce moment les têtes. Pour l'hypnotisme, tu n'as qu'à lire mes livres; je ne t'engage pas à lire la revue hypnotique, rédigée par des matérialistes et des newhypnologistes, dont les théories sont absurdes; l'hypnotisme est un phénomène à la fois *physiologique* et *psychologique*, et non une pure affaire de nerfs. M. Charcot, tout savant qu'il est, a des idées *ridicules;* rien que des faits, jamais un mot d'explication dans ces obscurités qu'on traite de chefs-d'œuvre. Je t'embrasse de tout mon cœur en te recommandant la prudence. »

Puis, changeant subitement de ton, et comme pour se

faire pardonner d'avoir donné des conseils à son aîné :
« On m'a confié, ajoutait-il, les fonctions de serviteur d'église. Je suis d'une maladresse à faire peur. »

« Il paraît, lui écrivait-il encore, que tu es toujours enthousiaste du métier, malgré les difficultés et les ennuis de ta situation actuelle. Tant mieux ! C'est d'un bon augure pour l'avenir. — Je ne veux pas douter de ta fidélité à tes devoirs religieux qui, après tout, ne sont pas la mer à boire : prières du matin et du soir, messe du dimanche, etc.

« Tu commences à voir plus clairement ce que valent pour la plupart les pioupious qui charment ton existence quotidienne ; ne te laisse pas manger par eux ; reste toi-même, je n'ai que cela à te dire, en priant Dieu qu'il en soit ainsi. Le meilleur moyen de sauvegarde est, sans contredit, le travail. Travaille du matin au soir : profite des rares loisirs du service pour étudier tant de choses qui sont si importantes et que tu ne connais peut-être pas suffisamment. On a un plaisir incroyable à se plonger ainsi dans l'étude, quand on a ce qu'il faut pour cela. »

« Je sais, disait-il dans une autre lettre à son frère, que tu persévères courageusement dans la bonne voie, malgré les obstacles, et tu penses si je m'en réjouis. La confession et la communion sont les seuls remparts inexpugnables aux attaques que tu subis ; il faut y chercher la vie de l'âme avec autant d'avidité qu'on cherche la vie du corps dans les aliments. Tu trouverais de grands exemples et de puissants enseignements dans l'admirable vie du général de Sonis, publiée récemment par Mgr Baunard. La vie militaire y est traitée avec autant de supériorité que le reste. Encore une fois, *macte animo, generose puer !*... »

À quelque temps de là, il lui écrivait encore, à l'occasion de la mort de leur sœur Micheline : « Merci des détails si touchants que tu me donnes sur la mort de notre pauvre chérie. Je te félicite des sentiments chrétiens avec lesquels tu l'envisages ; tu n'as pas oublié les grandes vérités qui font la force et la consolation de l'homme en cette misérable

vie. Ne les oublie jamais, c'est le seul bonheur en ce monde,
tout le reste n'est que bagatelle. Mais ne te borne pas à la
spéculation, tends surtout à la pratique. Sois chrétien tout
d'une pièce. Les agitations du monde affaiblissent bientôt
malheureusement les bonnes impressions ; pour les conserver, il faut l'usage des sacrements ; approche-t'en le plus
souvent que tu pourras, toutes les fois que tu en auras
l'occasion. Sois fidèle à Dieu. Dieu te sera fidèle. »

Dans sa fraternelle et surnaturelle sollicitude, il lui con-
seillait de consacrer quelques jours à faire une retraite,
estimant que « c'était pour lui de toute nécessité ». En toute
occasion, il lui rappelait qu'être soldat c'est être chrétien,
et que l'un ne doit jamais aller sans l'autre. Ces conseils
fraternels, toujours bien accueillis, ne contribuèrent pas peu
à soutenir « le général » au milieu des difficultés, des
épreuves et des dangers de la vie militaire, et à le garder
fidèle aux pratiques de la vie chrétienne.

Ses sœurs aînées, sœur Claire et sœur Jeanne, bénéfi-
ciaient aussi, de leur côté, des avantages d'une correspondance si animée de l'esprit surnaturel, si instructive et si
édifiante. S'entretenir avec elles de la perfection religieuse
qu'elles professaient et vers laquelle il aspirait lui-même,
était pour son cœur une des plus douces satisfactions.

A l'une d'elles, que le mauvais état de sa santé empêchait de
vaquer aux fonctions de sa charge, il écrivait : « Je comprends aisément l'ennui et le chagrin d'une pareille situation pour une âme ardente comme la tienne, qui n'aspire
qu'à se dévouer, à se dépenser sans réserve ; mais je considère aussi que le mérite de la patience croît en proportion
de la peine qui en est l'occasion, et que le sacrifice très dur
de tes aspirations est peut-être plus méritoire que tous
ceux dont tu as soif, parce que, outre le mérite de l'action,
il y a encore celui d'une victoire sur soi-même, ce qui est
le principe de la perfection. Toutefois, je ne suis pas sans
savoir combien la pratique est naturellement opposée à la

théorie; les plus fermes courages ont leurs faiblesses et, sans pour cela se laisser abattre, ils subissent, malgré eux, l'influence accablante des tribulations. »

« Que la distance, ajoutait-il, ne diminue pas l'affection de nos cœurs; qu'ils soient toujours unis par les mêmes sentiments et les mêmes aspirations. Prie pour moi comme je prie pour toi; j'ai assurément plus besoin de tes prières que tu n'as besoin des miennes, pauvre novice que je suis, encore bien éloigné des sommets où ton âme s'élève, mais bien désireux d'y arriver, malgré les difficultés de l'ascension..... La seule vraie et solide charité, c'est la prière..... »

A l'autre il recommandait pareillement « le mérite de préférer ce que l'on a à ce que l'on voudrait avoir ». « Il faut, disait-il, remettre cette affaire entre les mains du bon Dieu, sans s'inquiéter du oui ou du non, que pour l'accepter joyeusement et paisiblement. »

Un ancien camarade de classe du Frère Marie-Adrien au collège Saint-Joseph, Henri B., jeune homme de brillant avenir, venait d'être victime d'un épouvantable accident, quelques semaines avant son entrée à Saint-Cyr. Renversé violemment par un cheval emballé, il avait eu une jambe brisée; il avait fallu l'amputer. Répondant à l'une de ses sœurs qui lui avait appris la triste nouvelle de cet accident, le Frère Marie-Adrien lui écrivait : « Les nouvelles que tu m'as données du pauvre B... m'ont fait le plus grand plaisir; je suis heureux de le savoir si courageux, si résigné. Ce n'est que dans les sacrements qu'il puisera les grâces nécessaires pour surmonter les amertumes qui viendront souvent l'assaillir, durant le cours de sa pauvre vie brisée, au souvenir des succès qui l'attendaient dans le monde, si Dieu ne l'avait pas arrêté soudain au milieu de sa course par un coup aussi terrible qu'imprévu. C'est peut-être pour son salut que Dieu en a usé ainsi. Avec ses talents hors ligne, que de succès, mais aussi que de dangers n'eût-il pas rencontrés dans le monde! Qui sait si,

dans l'enivrement d'un orgueil satisfait, il n'eût pas achevé
d'oublier les principes religieux, et s'il n'eût pas acheté la
renommée au prix de son âme! D'ailleurs, son esprit ne
restera pas inactif; il regagnera par le labeur forcé ce que
lui avait fait perdre jusqu'ici l'excessive facilité du travail,
je veux dire la solidité des connaissances. Joignez à cela
des talents artistiques, puissant remède contre l'ennui. Pour
accéder à son désir, je t'envoie un petit mot de sympathie,
que tu voudras bien lui remettre. »

Voici le « mot de sympathie » adressé à son ancien camarade. Ce mot est trop édifiant pour n'être pas cité.
« Mon cher Henri, c'est avec une grande douleur que j'ai
appris ton affreux accident. Je comprends tes regrets en
voyant brisée une carrière qui s'annonçait si brillante. Dieu
seul, qui t'a envoyé l'épreuve, pourra l'adoucir et même la
rendre aimable par les effusions de sa grâce. Je ne doute
pas que tu l'aies compris, et que déjà, au milieu de tes
souffrances, tu n'aies réjoui son cœur paternel par l'accep-
tation généreuse du pénible sacrifice qu'il t'impose pour
ton bien, ne l'oublie pas, car la divine Providence ne frappe
que pour guérir, et si douloureux que soient les remèdes
dont elle se sert à cet effet, il nous faut toujours l'en remercier, et acquiescer pleinement à sa volonté : *Ita Pater,
quoniam sic fuit placitum ante te!* Puisque Dieu l'a voulu,
il faut que cela soit le mieux!... *Sit nomen Domini benedic-
tum!* En avançant dans la vie, en voyant ceux que tu as
connus se débattre dans le vide des choses humaines et ne
retirer de leurs vaines préoccupations qu'inquiétude et affliction d'esprit, comme parle l'Écriture, tu en viendras
peut-être un jour à bénir Dieu de t'avoir retiré d'une vocation où il y a de si grands périls de se perdre. Les jeunes
gens se voient si heureux dans l'avenir! Mais il y a cependant bien à déchanter... Pardonne-moi ces considérations;
je ne trouve rien de mieux à dire pour t'exprimer ma profonde sympathie; ne crois pas, en effet, que la vie religieuse dessèche le cœur et brise tous les liens; au con-

traire, les affections naturelles sont fortifiées par la charité. Courage donc, et compte bien que, dans la tension de toutes mes facultés vers cette vie supérieure dont Dieu m'a donné la révélation, je n'oublierai point au pied des tabernacles celui qui souffre et dont je partage la souffrance. »

L'un des principaux événements de cette année 1890, événement douloureux et déchirant pour le cœur de notre fervent novice et pour celui de sa famille, fut la mort prématurée de son angélique et bien-aimée sœur Micheline. Nous avons déjà fait connaître au lecteur cette physionomie virginale, embellie par toutes les grâces naturelles que la jeunesse peut mettre sur un front pur, et rehaussée par tous les dons de l'esprit et du cœur. Ame foncièrement artistique, elle avait un extraordinaire talent de musicienne, et ses doigts agiles, en courant sur le piano, se jouaient avec toutes les difficultés des grands maîtres. Elle excellait aussi dans le dessin, la peinture, la gravure elle-même; de ses mains délicates elle modelait avec grâce et s'exerçait à la sculpture, pour laquelle elle avait d'incontestables dispositions. Tous les travaux d'aiguille, depuis les plus modestes jusqu'aux plus distingués, lui étaient familiers. Qu'on joigne à tout cela un abord simple, gracieux et aimable, complété par un caractère sérieux, un jugement très droit, une piété bien entendue, et l'on aura une idée de cette jeune fille si tendrement aimée, si justement admirée, de celle qu'on nommait familièrement *Miche* et dont son frère disait, on s'en souvient : « C'est le bouton de rose qui réjouit et embaume de son parfum la maison. »

L'hiver de 1889-1890 fut particulièrement terrible, ainsi que nous l'avons déjà dit, en France surtout, par les ravages que fit la maladie épidémique communément désignée sous le nom d'*influenza*. Dans la famille de Tugny, on ne fut pas épargné par la redoutable visiteuse. De tous, Micheline fut la plus éprouvée. Tout d'abord, on ne crut qu'à une indisposition sans caractère grave et de peu de durée. Toutefois,

on commença, après quelque temps, à éprouver des craintes.
A la date du 25 juin, Mme de Tugny écrivait au Frère Marie-
Adrien : « Prie avec nous pour que notre Micheline reprenne
toutes ses forces; je suis si peinée de la voir languissante !
Cette grippe a été terrible, en vérité. »

Tout attristé par ces peu rassurantes nouvelles, mais plein
de confiance en Dieu et désireux de la faire partager aux
siens, le novice écrivait à sa mère : « Micheline se remettra
tout doucement; ne vous inquiétez pas; cela ne vous convient pas dans votre état actuel de santé (1). Les affections
du cœur demandent une vie calme et reposée, sans agitations ni émotions... Puisque nous sommes sur le terrain
santé, j'en profite pour glisser une observation à laquelle
on ne fait généralement pas attention; c'est que la sainte
communion est un remède aussi puissant pour les maladies
du corps que pour celles de l'âme. Si on avait la foi, il suffirait de s'en approcher pour être guéri. Rappelez-vous cette
femme de l'Évangile qui fut guérie subitement d'une longue
et cruelle maladie par le seul attouchement de la robe de
Notre-Seigneur. A la sainte Table, vous vous unissez à son
corps; à plus forte raison produira-t-il en vous ces effets,
pourvu que vous ayez la foi de cette femme. Ceci est enseigné par saint Thomas. »

A quoi la pauvre mère de répondre : « Ta lettre, mon bien
cher enfant, nous a ravis hier soir en trio, avec Marie de M.
qui aime à rappeler ta *première* visite à Jumigny, en mail-
lot et le biberon aux lèvres... Nous ne tarissons pas sur les
années passées, passées sans retour. Hélas! plus de têtes
blondes et frisées autour de nous! Le vide!.. Et ma pauvre
Micheline toute dolente, pâle, amaigrie!.. Oh! mon bon petit Jean, quoi que tu puisses dire, j'ai le cœur comme dans
un étau... et je dissimule! Le pis serait que Micheline prît
peur! Et je me raisonne à perte de vue. Il y a des instants
où je ne peux plus prier, j'étouffe d'angoisse! Et cependant,

____

(1) Mme de Tugny éprouvait, à cette époque, des troubles cardiaques qui l'a-
vaient obligée à se soumettre à un traitement spécial.

ton observation si vraie sur le bienfait de la communion m'a ranimée! Oui, je veux essayer de ce remède divin, *pour notre Micheline*. J'ai tant besoin de la revoir ce qu'elle était! Prie donc énergiquement, mon bon chéri; il me semble que Notre-Seigneur n'a rien à te refuser, toi qui te donnes à lui si généreusement! »

Notre novice redoublait de zèle pour ranimer le courage maternel si tristement mis à l'épreuve. « Quoi que vous puissiez dire, je ne saurais approuver vos inquiétudes, qui me semblent vraiment excessives. A quoi bon vous tourmenter comme vous le faites, si j'en juge par les termes de votre lettre! C'est l'espérance qui guérit, ne l'oubliez pas; espérance de la part du malade; espérance de la part de ceux qui le soignent. Ne vous effrayez pas de l'avenir, attachez-vous au présent, et confiez-vous en la divine Providence. La jeunesse a des ressources incroyables de vie et de force; elle se relève tout soudain comme elle est tombée. »

Mais les cœurs des mères ont de ces pressentiments ou mieux de ces intuitions dont seuls ils ont le secret. La pauvre et chère malade, au lieu de reprendre des forces, déclinait graduellement, et son état de langueur devenait, de jour en jour, plus inquiétant.

Le Frère Marie-Adrien, toujours attentif aux intérêts de l'âme, ne cessait d'exhorter les siens à la confiance, tout au moins à la résignation. « C'est bien dans ce moment, leur écrivait-il, que je puis vous dire avec le P. de Ponlevoy : « Quand les épreuves montent jusqu'à vous, vous, montez « jusqu'à Dieu. » Comment cela? direz-vous. Eh! en supportant ces mêmes épreuves avec courage et confiance; elles vous serviront d'échelle pour vous élever lentement mais sûrement vers Celui qui donne la joie... Entrez dans les vues de Dieu; il sait mieux que vous ce qui vous convient. Tout ce que je vous dis là ne vous apprend rien, sans doute; mais ces choses-là ont besoin d'être *rabâchées* (c'est le mot) pour produire leur effet. Il y a si loin de la théorie à la pratique! Sitôt qu'on les unit cependant, elles deviennent les meilleures

amies du monde; elles ne se brouillent que quand on veut
les séparer. »

Divers traitements médicaux furent tentés sans que la jeune
malade en éprouvât aucune amélioration sensible. Vers le
milieu du mois de novembre, son état prit un caractère
plus grave, plus alarmant. Les médecins ne dissimulaient
plus le danger imminent de mort. Cette pensée jetait Mme de
Tugny dans une douleur d'autant plus torturante, qu'elle
devait la dissimuler, par ménagement pour son enfant bien-
aimée, et paraître espérer une guérison prochaine. « Je ne
me lasse pas, lui écrivait le Frère Marie-Adrien, de vous
exhorter à la confiance en la divine miséricorde ; mais si
vous n'étiez pas exaucée, souvenez-vous que Dieu ne fait
rien que pour notre plus grand bien. Mettez-vous en présence de l'éternité ; demandez au Saint-Esprit de vous éclairer de cette lumière surnaturelle qui jette sur la mort un
rayon de vie et d'immortalité. La mort n'est pas à craindre ;
il faut s'y préparer de son mieux, quand le bon Dieu le demande. Allons, espérons et prions ! Rien n'arrivera que Dieu
ne l'ait voulu ; « pas un cheveu de notre tête ne tombe sans
sa permission » ; il est bon, infiniment bon, ne l'oubliez pas.
Je voudrais parfois être auprès de vous, pour vous consoler,
vous soulager ; j'aurais plaisir à faire de petites lectures à
Miche, à la faire penser à Dieu en lui en parlant. Tenez son
esprit en haut ; c'est le meilleur moyen de soutenir son
moral ; je vous embrasse tendrement et tristement, avec une
affection doublée par votre chagrin. »

De telles pensées, de tels sentiments sont bien faits pour
relever des courages abattus et pour faire espérer contre
toute espérance. Aussi Mme de Tugny écrivait-elle à son fils :
« Tes chères lettres sont la manne tombant du ciel, qui
nous soutient dans notre douleur. Et pourtant, que je me
trouve faible, loin de ces mères chrétiennes qui *aiment*
leur croix, la trouvant bonne, salutaire !... Cependant je
comprends que ces croix que le Seigneur nous envoie,
nous sauvent, en nous élevant jusqu'à lui. Et je m'é-

lève tant que je peux en priant de tout mon cœur. »

Cependant, l'état de la jeune malade ne faisait qu'empirer. Les forces vitales diminuaient progressivement ; l'alimentation devenait insignifiante ; tout enfin en elle faisait pressentir une fin prochaine. Dans cette triste prévision, on lui proposa de recevoir les sacrements de ceux qui vont mourir. Elle accepta cette proposition de bonne grâce, sans toutefois soupçonner l'extrême gravité de son état. « Notre chère Micheline, écrivait à son fils M. de Tugny, va toujours s'affaiblissant, et devant cette situation, dont Dieu seul peut triompher, si telle est sa sainte volonté, j'ai résolu de la faire disposer par ta mère à recevoir, après une seconde communion en viatique, le sacrement de l'extrême-onction... Nous ne partageons pas l'avis du vulgaire qui est que l'administration de ce sacrement est la dernière étape avant le dénouement fatal. Au contraire, c'est un réconfortant physique et moral, et quand on le reçoit dans les dispositions où est ta sœur, il peut avoir l'effet le plus salutaire, si le bon Dieu le veut... Avant de renoncer à tout espoir, cher enfant, implorons le ciel : Dieu peut-être se laissera fléchir par tant de larmes et de prières ! »

Mais Dieu, dans ses impénétrables desseins, avait jugé meilleur de ne pas laisser plus longtemps ici-bas cette âme virginale. De la Maison-Dieu, le Frère Marie-Adrien suivait avec anxiété les dernières luttes d'une vie si précieuse et préparait ses parents à la douleur de la séparation. « Confiance et courage ! leur écrivait-il ; j'ai besoin de me le répéter comme vous et de faire appel aux plus fortes considérations de la foi pour me soutenir et me relever. Ah ! le bon Dieu nous éprouve bien douloureusement ! Sachons baiser et reconnaître la main qui nous frappe. La science de la croix est la vraie science du chrétien. Bien peu la possèdent, parce que bien peu sont vraiment chrétiens, animés de l'esprit de Jésus-Christ, qui n'est, en somme, venu sur la terre que pour nous apprendre à souffrir ! »

Cette lettre était accompagnée d'une autre adressée par
notre pieux novice à sa sœur. Elle est trop belle pour n'être
pas reproduite ici dans son entier.

« Ma chère petite sœur, disait-il, quand tu me demandes
de t'écrire, tu me fais le plus grand plaisir, car tu me prouves
que tu ne m'oublies pas, et que la distance et l'éloignement
n'ont point altéré ton affection fraternelle. Assurément, l'absence ne détruit pas les affections de famille ; elles sont innées
en nous ; mais qu'elle ne les augmente pas, cela est moins
certain, et ce n'est pas mon avis. Il me semble, pour moi,
que le cœur aime d'autant plus qu'il en sent davantage le
besoin ; et quand sent-il davantage ce besoin, que dans les
amertumes de l'absence, lorsque surtout les maux de la vie
viennent s'y ajouter? Ainsi, mon cœur, te sachant malade,
sent se réveiller son affection dans toute sa vivacité ; il
voudrait franchir les espaces pour aller te consoler et te rassurer, et, s'en trouvant empêché, sa sollicitude redouble
de tendresse et d'inquiétude.

« Sous cette forme tant soit peu poétique, je ne fais que
t'exprimer la peine profonde que me cause ta situation actuelle. Que ne donnerais-je pas pour être à ta place ! Dieu
le sait, et s'il le voulait, ma vie serait le prix de ta guérison et
de ta santé. Mais puisqu'il semble décidément vouloir t'é-
prouver, laisse-moi t'exposer quelques considérations qui
me sont venues à ce sujet.

« Dans l'essor de ta jeune imagination, qui se faisait de
l'avenir un idéal enchanté, tu n'as peut-être jamais songé
aux cruelles déceptions qu'il réserve à tous, ni envisagé le
problème de la vie dans son véritable jour. Beaucoup font
du bonheur le dernier mot du problème ; ils se trompent : la
vie est un moyen d'arriver au bonheur, mais elle n'est ni ne
peut donner le bonheur. La vraie définition de la vie serait
la souffrance ; parmi tous les hommes vivants sur la terre,
on n'en trouvera pas un seul qui soit heureux, c'est-à-dire
qui n'ait plus de désirs. Notre-Seigneur nous a enseigné
par lui-même comment il fallait comprendre la vie : toute

sa vie n'a été qu'une longue souffrance. Le bon Dieu, sans la permission duquel il ne tombe pas un cheveu de notre tête, destine à chacun une certaine somme de souffrances qui, s'il les supporte chrétiennement, lui procureront le salut. Il y en a qu'il frappe plus rigoureusement, le temps de leur faire faire leur purgatoire, puis il les enlève dans son paradis. La maladie est une expiation, un purgatoire, et souvent Dieu l'envoie comme une grâce de salut (1). Je te laisse répondre à cette question : si tu mourais maintenant à la fleur de l'âge, pure encore des souillures du monde, ton salut ne serait-il pas plus assuré qu'après une longue vie passée dans le monde corrompu et corrupteur de notre époque? Nous sommes chrétiens, nous devons avoir toujours sous les yeux l'éternité; elle doit être le principe et la cause de nos actions. Mets-toi en présence de l'éternité; toutes tes idées changeront du tout au tout. Tu me pardonneras, je l'espère, ces sévères aperçus de philosophie chrétienne, en y voyant l'expression de mon affection pour toi. Ne pas comprendre de telles vérités, c'est ne pas comprendre le christianisme, c'est ne pas avoir l'esprit de Jésus-Christ, qui en est l'essence. »

C'est en ces termes aussi pratiques qu'élevés, dignes de tous points d'un maître consommé dans les choses spirituelles, que ce jeune débutant dans la vie religieuse parlait à sa sœur et, avec un tact exquis, l'aidait à envisager la mort sans épouvante et sans regret.

Justement alarmée de la généreuse déclaration faite par son fils dans la lettre qu'on vient de lire, voulant à tout prix le détourner de s'offrir en victime à la place de sa sœur bien-aimée, Mme de Tugny écrivait au Frère Marie-Adrien :

(1) Dans une autre circonstance, il écrivait : « Pour moi, je vois dans cette épreuve une faveur de la divine Providence ; la souffrance est un grand maître. Miche sortira de cette crise avec des idées plus sérieuses, plus chrétiennes sur le monde et sur la vie. Pour certaines personnes, la souffrance est la condition de leur élévation intellectuelle et morale. On peut dire en ce sens que la prospérité est notre plus dangereux ennemi, tandis que l'adversité est notre sauvegarde, notre sécurité. Et cependant, nous avons toujours une inquiétude de bien-être qui nous travaille ; nous ne savons pas ce qui nous convient. »

« J'admire tes sentiments héroïques ; mais, bon chéri, tu ne songes donc pas que nous aimons nos enfants *également*, et que la guérison de l'un ne nous consolerait pas de la perte de l'autre? Non, laissons à Dieu le soin de jours si chers. N'interviens pas, bon et tendre enfant. Portons avec résignation la croix d'aujourd'hui ; partageons-en les amertumes ; mais je te défends les promesses héroïques. Si tu étais seul au monde, tu pourrais le faire, peut-être, dans une circonstance donnée, comme le fit, dit-on, une âme d'élite pour le P. de Ravignan ; mais tu es l'enfant chéri de parents qui demandent à Dieu de leur laisser leurs trois, leurs cinq enfants, tant qu'ils seront sur cette terre... N'en restera-t-il donc pas au foyer *un seul* pour être notre bâton de vieillesse?... »

Trouvant fort naturelle la substitution à laquelle il avait fait allusion dans sa précédente lettre, le Frère Marie-Adrien s'était contenté de répondre à sa mère : « Les sentiments exprimés dans ma lettre ne méritent pas le nom d'héroïques. Il est tout naturel, quand on aime vraiment, de se sacrifier, puisque l'amour est l'oubli de soi pour celui qui en est l'objet, et qu'il consiste essentiellement dans la générosité. D'ailleurs, les sacrifices matériels, comme est, par exemple, celui de la vie, ne sont pas toujours les plus héroïques. Renoncer à sa volonté propre est, dans certaines circonstances, un acte incomparablement plus héroïque que ceux-là qui, en fin de compte, viennent de notre fonds et répondent souvent à nos désirs secrets. Remarquez que, au point de vue chrétien et même humain, rien ne nous attache à la vie ; les hommes de devoir seuls la regardent comme un office important, bien qu'ils n'en voient pas toujours l'utilité. Combien y a-t-il de gens qui aiment la vie comme un devoir? C'est comme si on demandait combien il y a de gens qui aiment à souffrir. Ces considérations platoniques ne vont guère plus loin que la spéculation malheureusement ; elles sont trop élevées, nous ne voulons pas en descendre à la pratique, qui serait notre condamnation ».

L'heure de la crise finale allait sonner. Confiante et résignée, douce et patiente au milieu de ses grandes souffrances (1), Micheline voyait arriver cette heure comme celle
de l'union définitive avec le céleste Époux des vierges.
Seule la pensée du vide que son départ allait laisser dans ce
foyer si animé jusque-là de sa joyeuse présence, de l'inconsolable douleur dans laquelle sa mort allait plonger ses
bien-aimés parents, mettait par moments sur son front un
nuage de tristesse et sur ses paupières des larmes qu'elle
s'efforçait de dissimuler. De son côté, Mme de Tugny cachait
de son mieux les tortures de son propre cœur. Elle multipliait ses prières, faisait neuvaines sur neuvaines pour obtenir le retour miraculeux de sa fille à la santé. « Cher petit
Jean, écrivait-elle le 24 décembre, tu vois que je te réponds
pendant la veillée de Noël! je suis de garde toute cette nuit
près de notre chère malade... Elle a une fièvre qui la rend
rouge et oppressée; sa gorge est sèche; sa faiblesse est croissante... C'est affreux! Cher Jean, prie pour moi, que j'ob-
tienne force et courage! J'ai été ingrate, je n'ai pas assez re-
mercié Dieu des années heureuses, tranquilles; maintenant
c'est l'ère des douleurs... Ma chère mère demande sans cesse
un trait de plume ou de crayon de la main de Miche, sur un
bout de papier (2). Hélas! c'est impossible! Tout mouvement
la fatigue... Triste situation, pire qu'on ne peut l'exprimer.
Quel purgatoire, mon Dieu! »

Cette triste veillée de Noël devait être la dernière. Le 26
décembre, vers huit heures du soir, l'enfant si tendrement
aimée, après plus de huit mois de souffrances qui n'avaient

---

(1) « La sœur qui la garde, écrivait Mme de Tugny, est émerveillée de sa patience; jamais une plainte; un calme inouï! Et pourtant, elle souffre! suffoca-
tions, toux rauque, épouvantable à entendre — j'en ai le cœur saignant! — fièvre continue, faiblesse croissante... Hélas! quel calvaire, mon Dieu! »

(2) Écrivant à son petit-fils, Mme la comtesse de l'Écuyer disait : « Tu penses,
mon petit Jean, que j'ai aussi l'âme troublée et désolée par la maladie de ta
sœur... Que la volonté de Dieu s'accomplisse en chacun de vous, pour le bonheur éternel, mais aussi, mon Dieu! un peu pour le mien en ce reste de vie!
N'ayant jamais perdu d'enfant, ne me faites pas connaître cette douleur! »

« Je passe ma vie, à mains jointes, écrivait-elle à Mme de Tugny, pour demander à Dieu la guérison de notre enfant bien-aimée.

fait qu'épurer davantage son âme, s'endormait du sommeil qui s'achève dans le réveil splendide de l'immortalité. Laissons Mme de Tugny retracer elle-même, en des lignes comme seules en savent écrire les mères, les derniers instants de cette fille à jamais regrettée : « Elle s'est éteinte en pleine connaissance ; son dernier geste a été le signe de la croix avec de l'eau de N.-D. de Lourdes. Sa pauvre tête blonde s'est penchée sur son épaule comme celle de l'oiseau tombé du nid ! Son dernier souffle a été doux ! Mais la nuit et la journée avaient été cruelles. La pauvre bonne enfant souffrait sans se plaindre *jamais*. La sœur qui l'a soignée m'a dit qu'elle n'avait jamais vu pareille douceur ; que notre ange nous avait donné un grand exemple de vertu pendant ces terribles semaines, et qu'elle avait eu des mérites de tous les instants. Tous me répètent qu'elle est heureuse, qu'elle a sa récompense...

« Elle était d'une beauté resplendissante sur son lit de mort. Rien ne peut rendre l'expression du rayonnement céleste de ses traits chéris, embellis du secret de l'éternité. Tout Beaurieux a défilé en pleurant à ses côtés. Les jeunes filles en blanc avaient apporté une splendide couronne... Le vif de la douleur me déchire ; plus le temps marchera, plus le vide sera affreux !... »

On conçoit ce que la mort d'une sœur si tendrement aimée causa de douleur au cœur de son digne frère, et ce que l'éloignement des siens, la privation de ce dernier regard, triste et consolant à la fois, jeté sur la dépouille inanimée de ceux que l'on a chéris, durent ajouter à la vivacité de ses regrets. « Mes pauvres bien-aimés parents, écrivait-il sous le coup de la douleur, je n'essaierai pas de vous consoler, ce serait, hélas ! inutile ; j'ai, d'ailleurs, moi-même grand besoin de consolation, dans l'accablement où m'a plongé cette affreuse nouvelle. Pleurons notre chérie, oui, mais pleurons-la en chrétiens ; levons nos yeux et nos cœurs en haut ; bénissons la main paternelle qui nous

frappe; c'est l'unique moyen de nous réconforter un peu...
Si je n'écoutais que mon cœur, je serais déjà auprès de
vous; c'est un bien dur sacrifice; le bon Dieu nous en tiendra compte certainement. »

A quelques jours de là, revenu du saisissement produit
sur lui par la fatale nouvelle, le Frère Marie-Adrien écrivait à une de ses sœurs religieuses : « Depuis une semaine
ou deux, mes illusions étaient tombées, une à une, devant la
marche progressive de la maladie; mais il y a des choses
sur lesquelles on se fait toujours illusion.

« J'ai donc eu toute la douleur de la surprise en apprenant le dénoûment fatal, redouté, mais toujours repoussé
par mon cœur qui ne voulait pas en accepter même la
pensée. Après les premiers emportements de la douleur, je
me suis placé au point de vue de l'éternité, et j'ai senti
comme une rosée bienfaisante sur mon cœur en voyant la
bonté de Dieu pour notre chérie. Il l'a disposée par le travail d'une longue maladie à accepter le sacrifice; il lui a
fait la grâce de sanctifier ses souffrances par la patience et
la résignation; enfin il a consolé ses derniers instants par
l'administration des sacrements, et elle est morte comme je
voudrais mourir, la prière sur les lèvres, en faisant le signe
de la croix. Frappée par la mort, ses traits gardaient encore
leur sérénité et paraissaient illuminés de la lumière céleste, comme si, à ce moment suprême, elle eût vu les
cieux s'entr'ouvrir et lui découvrir le bonheur éternel qui
l'attendait. Oh! qu'elle est heureuse! et que Dieu est bon de
l'avoir arrachée au monde avant le temps! Irons-nous la
rejoindre un jour? C'est le secret de la prédestination; cependant, n'en faisons pas l'objet d'un doute, puisque notre
prédestination est entre nos mains. Vivons au présent; laissons de côté les vaines spéculations, et attachons-nous à la
pratique du devoir de chaque jour; c'est le meilleur moyen
et le plus certain d'assurer notre persévérance. Oui, je le
comprends, la perfection est une pure affaire de pratique;
une bonne femme qui ne sait ni *a* ni *b*, si elle sait bien ce

qu'elle a à faire, est au-dessus d'un moine érudit qui se
plonge dans de sublimes contemplations... et qui oublie ses
devoirs. L'extérieur de la perfection dépend de l'intérieur;
l'un ne va pas sans l'autre. Soyons unis dans la prière, et
dans le sacrifice de tous les jours que Dieu nous demande,
car la vie religieuse est une mort continuelle, dit saint Bernard. Prions pour nos pauvres parents, qui vont rester
seuls! C'est affreux!... »

D'autre part, il écrivait à sa mère et à sa grand'mère
réunies ensemble à Paris : « Ma bien-aimée petite maman,
ma grand'mère chérie, je vous réunis toutes les deux dans
une même étreinte d'affection et de douleur; je pleure
avec vous, je partage vivement, profondément votre affreux
chagrin; comme vous, je sens mon cœur brisé et déchiré,
et, dans mon accablement, j'ose à peine moi-même prononcer le mot de consolation. Il est de telles douleurs, que
les consolations les désolent... Et pourtant, si vous faisiez
taire un moment la voix de la nature pour laisser parler
celle de la grâce; si aux emportements de la douleur vous
opposiez les enseignements de la foi, n'en doutez pas, ce qui
n'est qu'un intolérable martyre deviendrait une croix patiemment portée, et votre pauvre cœur révolté retrouverait,
avec le courage, la paix et la résignation. A une affliction si
violente je ne sais qu'un adoucissement, dont l'efficacité
dépendra de votre foi, c'est la prière. Allez aux pieds de
Notre-Seigneur, ou plutôt pénétrez dans son cœur tendre
et compatissant; il mettra sur vos plaies l'huile qui adoucit
et le baume qui fortifie. Ne l'a-t-il pas promis? « Venez à
« moi, vous tous qui souffrez et qui êtes accablés de peines,
« et je vous soulagerai. » Oh! oui, « Vous qui pleurez, venez
« à ce Dieu, car il pleure » lui-même de tendresse et de compassion pour vous; il vous ouvre ses bras : jetez-vous-y; il
vous ouvre son cœur : entrez-y, « et vous trouverez le repos
« de vos âmes ».

« Après ces belles promesses de notre aimable Sauveur,
il ne nous est plus permis de nous plaindre, et je ne crains

pas de dire que le coup qui vous frappe est une marque
particulière de sa dilection.

« Comprenez les choses comme elles doivent être comprises
par une mère tendre et affectueuse, sans doute, mais avant tout
chrétienne, plus soucieuse de la vie éternelle de ses enfants
que de leur existence terrestre et éphémère. A ce point de
vue, vous verrez Dieu comme un père aimant qui enlève du
milieu des iniquités sa fille chérie, et qui se hâte de l'arracher au monde corrompu et à sa propre fragilité. Il lui
enlève quelques années de vanité, d'illusion et de danger
pour la mort éternelle, et il lui donne l'éternelle vie. Et
pourquoi? Mais parce qu'il l'aime et qu'elle est digne de
son amour. Loin de la plaindre, envions plutôt d'une sainte
envie sa glorieuse destinée. Qu'elle est heureuse! Qu'elle
est heureuse! Elle est sauvée, elle a fait l'unique chose nécessaire, elle a rempli la fin de sa création; et nous, sommes-
nous prédestinés? Effroyable incertitude! Dieu veut nous
sauver si nous le voulons, et voilà la condition du salut
dans un proverbe vulgaire : *Aide-toi, le ciel t'aidera.* Mais
le voudrons-nous toujours? Hélas! nous n'en savons rien.
Une chose est certaine, c'est que notre prédestination est
entre nos mains, puisque nous sommes libres. Notre meilleur
moyen et le plus sûr, c'est de vivre au présent, tout entiers
aux occupations et aux devoirs du présent, pour les bien
remplir et assurer ainsi l'avenir, qui nous donnera enfin
un présent éternel et inamissible pour notre bonheur ou
notre malheur. Il faut être si pur pour aller au Ciel, que
nous aurions témérité à l'espérer aussitôt après la mort;
l'âme se précipitera d'elle-même avec transport dans les feux
destinés à la purifier entièrement et à la rendre digne de
s'unir au Très Pur.

« N'oublions pas ces vérités, et quoique les souffrances
si méritoires de « notre ange » nous permettent d'espérer
qu'elles ont effacé toutes les taches de sa chère âme, il ne
faut pas laisser de faire dire des messes et de beaucoup
prier pour elle. Elle nous le rendra. C'est encore nous qui

serons les obligés; du haut du ciel, elle intercédera pour ceux
qu'elle a tant aimés sur la terre, et elle nous obtiendra miséricorde. Par vos larmes et vos regrets, ne cherchez donc
pas à rappeler ici-bas celle qui est arrivée au terme de son
voyage; laissez-la au bon Dieu qui l'a appelée et auquel elle
a répondu si amoureusement et si généreusement; ne faites
pas comme cette mère que la légende nous représente arra-
chant sa fille du ciel par ses prières et ses larmes, et qui la
voyait sous ses yeux languir et se consumer de nostalgie
céleste.

« Je m'arrête; si j'ai été assez heureux pour vous faire
partager ces sentiments, qui me sont venus après le premier accablement de la douleur, j'en remercie Celui que la
Sainte Écriture nomme si bien le Dieu de toute consolation.
Toutes ces considérations n'affaiblissent pas la peine, mais
elles la font supporter... Le bon Dieu nous donnera les
grâces nécessaires; peut-être a-t-il voulu vous détacher
de vous-mêmes par ce coup.

« Entrez dans ses desseins de sagesse et de miséricorde;
prenez courageusement la croix de vos affections brisées,
de vos espérances d'avenir trompées, et marchez à la suite
du divin Crucifié. Pensez-vous que la sainte Vierge n'ait pas
eu à souffrir — et quelles souffrances, mon Dieu! — après
la mort de saint Joseph et l'Ascension de Notre-Seigneur?
Se voyant seule, après avoir goûté si longtemps, si délicieusement le bonheur de leur ineffable compagnie. L'Écriture
nous dit qu'elle persévérait dans la prière et dans les bonnes
œuvres. Ces mots contiennent tout un programme, qu'il est
en votre pouvoir de remplir. Allons! relevons-nous ensemble; aimons-nous davantage, resserrons encore les liens
si étroits qui nous unissent en les divinisant par l'amour de
Notre-Seigneur. Je vous embrasse de toute la tendresse de
mon cœur, et suis, avec une affection doublée par le malheur, votre très dévoué fils et petit-fils.

« Fr. Marie-Adrien. »

On nous pardonnera de nous être ainsi étendu sur la maladie et la mort de Mlle de Tugny. Il le fallait, croyons-nous, pour reproduire, en les mettant dans leur vrai cadre, les admirables sentiments de son frère et pour les faire mieux apprécier du lecteur.

CHAPITRE VII

(Suite.)

(1891-1892)

Ainsi que nous l'avons dit plus haut, les deux années et demie passées par Jean de Tugny à la Grande-Trappe n'offrent aucun événement saillant. Tout entier à l'œuvre de sa sanctification personnelle, loin des bruits et des distractions du monde, il nous apparaît dans l'austère et monotone uniformité de la vie conventuelle, accomplissant, au jour le jour, sous le regard de Dieu, les divers exercices déterminés par la règle monastique.

Toutefois, du fond de sa retraite, où il n'est pas complètement enseveli, le novice n'oublie pas ceux qu'il a laissés dans le monde ; et, sous la sanction d'une autorité intelligente et paternelle, il peut correspondre avec les siens et entretenir de douces et édifiantes relations avec sa bien-aimée famille.

Nous avons déjà reproduit, dans le chapitre précédent, une partie de cette correspondance. Elle a permis au lecteur de juger de l'élévation d'esprit, de la sagesse de vue, de la délicatesse de sentiment, du zèle apostolique de ce débutant dans la vie parfaite. Rien ne fait mieux connaître quelqu'un que ces épanchements simples et spontanés de l'âme, que ces conversations confidentielles destinées, en principe, à être recueillies dans l'intimité et que des circonstances ultérieures rendent publiques. Aussi croyons-nous bien faire en continuant, dans ce chapitre, à faire de larges emprunts à cette correspondance dont on a pu apprécier la haute valeur.

La mort de leur fille Micheline avait été pour M. et Mme de Tugny, pour cette dernière surtout, un coup dont la blessure devait longtemps faire souffrir leur cœur. Le Frère Marie-Adrien, qui s'était montré leur ange consolateur, en cette douloureuse circonstance, continua d'en exercer le rôle lorsque, les premières émotions passées et le train de vie ordinaire repris, l'absence de l'enfant pleurée et le vide immense produit par son départ, se firent sentir plus douloureusement encore. Rien n'est touchant, affectueux et édifiant comme les sentiments exprimés par le pieux novice dans ses lettres d'alors à sa famille.

« Vous me demandez une longue lettre; hélas! à la pensée de votre poignante douleur que la solitude va encore accroître, ma plume s'arrête impuissante; mon cœur cherche en vain des consolations dont il sent trop la faiblesse. La douleur d'une mère est toujours la douleur inconsolable de Rachel; il faudrait des paroles venues du ciel pour l'adoucir. Comment moi, pauvre mortel, aurais-je la présomption de le tenter? Adressez-vous au cœur de Notre-Seigneur, épanchez-vous dans son sein; lui seul sait l'art de guérir les cœurs ainsi blessés. C'est lui qui vous a frappés, c'est lui qui vous consolera. »

La réception d'un souvenir mortuaire accompagné du portrait de Micheline lui inspirait les lignes suivantes :

« J'ai reçu avec la plus douloureuse émotion l'image mortuaire et les photographies de notre pauvre chérie, seuls souvenirs qui nous resteront d'elle, après ceux qu'elle a laissés dans nos cœurs.

« Mes yeux ont peine à s'en détacher; ils se mouillent de larmes en contemplant sur son lit de mort cette chère petite sœur qu'ils ont vue si exubérante de vie et de jeunesse, si pleine de force et de santé. Quant à l'image mortu.aire, le sujet et les paroles ne pouvaient être mieux choisis : « Sa mémoire est restée comme uñ doux parfum et son souvenir ne s'effacera jamais. » Non, jamais ! que c'est tristement vrai ! Dans votre solitude, tout vous rappellera celle qui l'égayait autrefois : ce piano qui résonnait harmonieusement sous ses doigts agiles ; ces albums remplis de dessins d'un talent facile et charmant ; ces jolies étagères, ces mille riens de son invention, dont la disposition occupait ses loisirs... Le vide est immense ; affligez-vous, mais craignez d'être égoïstes dans vos regrets ; songez qu'elle ne vous a quittés que pour être *plus heureuse*. En ce moment, rien ne trouble sa félicité ; rien, dis-je, pas même la vue de vos larmes, car elle y voit une occasion de mérites pour ce beau ciel où elle vous attend. Profitez de l'épreuve que le bon Dieu vous envoie, détachez-vous entièrement de cette vie et de vous-mêmes, et ne vivez plus que pour Dieu. Alors seulement vous trouverez le bonheur dans vos souffrances. »

Après un séjour de plusieurs semaines à Paris auprès de sa mère, Mme de Tugny avait dû revenir à Beaurieux et se résigner à revoir cette maison, naguère si animée, devenue si morne et si triste par le départ de sa fille.

« J'attendais de vos nouvelles avec anxiété, lui écrivait le Frère Marie-Adrien ; vos dernières lettres si sombres, si désolées en face de la redoutable solitude qui allait enfin se refermer sur vous, après avoir été retardée autant que possible par l'affection des nôtres, m'avaient fait craindre, un moment, que l'épreuve ne fût au-dessus de vos forces ou, du moins, que vous ne vous laissiez trop envahir par cette tristesse qui vous enveloppe de toutes parts, et que vous rencontrez à chaque pas dans ces lieux pleins de souvenirs funèbres. Grâce à Dieu, chers parents, vous vous montrez chrétiens, et, sans être encore tout à fait résignés, vous vous efforcez de l'être. Ces efforts se trahissent çà et là dans vos lettres ; vous dites que « les desseins de Dieu sont impénétrables ! Quand pourrais-je dire qu'ils sont adorables ? » Et vous craignez de ne le pouvoir jamais... Mais je vous répondrai ce qu'on répond ordinairement à ceux qui craignent de ne pas aimer le bon Dieu. Désirer d'aimer Dieu, c'est déjà l'aimer; ainsi du reste, car Dieu ne demande que la bonne volonté; *Deus autem intuetur cor* (1). S'affliger d'un malheur qui vous a frappé, malgré vos efforts pour le conjurer, n'est nullement agir contre la volonté de Dieu. Dieu n'est pas l'auteur du mal, il le permet seulement, et toujours pour notre bien. Puisque vous lisez la vie du saint homme de Tours, vous aurez certainement remarqué le touchant récit de la mort de sa fille, et des admirables sentiments de résignation qu'il fit paraître dans un moment si cruel pour la nature. Il prévoyait pour elle de grands dangers dans le monde; comme autrefois Blanche de Castille, il préféra pour elle la mort au péché; il la demanda à Dieu comme une grâce, et il l'obtint. Vous-mêmes, au fond de votre cœur, ne faisiez-vous pas les mêmes vœux, et s'il vous eût été donné, comme à ce saint homme, de pénétrer les secrets de l'avenir, ne l'eussiez-vous pas imité? Eh bien! il en est ainsi; c'est pour assurer le bonheur éternel de notre petite Miche que le bon Dieu vous a demandé le sacrifice de votre bonheur domestique. Et maintenant, voyant son salut attaché à la fin prématurée de son existence, pourriez-vous murmurer, oseriez-vous regretter?... Non assurément; faites donc comme ce père héroïque, bénissez Dieu de vous avoir donné une fille si chère, et, puisqu'il ne se pouvait autrement, de vous l'avoir enlevée. Il faut bénir Dieu dans ce qu'il nous enlève comme dans ce qu'il nous donne; l'un et l'autre sont des marques de sa bonté. »

A quelque temps de là, la mort de Mme la comtesse de Sachs, amie de la famille de Tugny et tout particulièrement de Micheline (2), venait raviver la douleur causée par le dé-

----

(1) « Dieu regarde le cœur. »

(2) « La pauvre chère comtesse, écrivait Mme de Tugny, a suivi de bien près sa petite amie Micheline... Puissent-elles s'être retrouvées déjà! Dans son délire des dernières nuits, notre pauvre enfant pensait à l'autre malade, et elle disait qu'il fallait lui faire une place à côté d'elle. Pendant ce temps, Mme de Sachs

part de cette dernière. Toujours empressé à prodiguer les consolations religieuses dont son âme avait le secret, le Frère Marie-Adrien écrivait, en cette circonstance, à sa famille : « Pour elle encore, je puis dire : heureuse mort ! Sa vie n'avait été qu'une longue et douloureuse préparation au dernier passage ; sa mort est une délivrance du terrible purgatoire que le bon Dieu lui avait miséricordieusement infligé dès cette vie, et surtout une récompense de la constance héroïque, de la résignation admirable qu'elle puisait dans sa foi et dans sa piété vraiment étonnantes.

« Devant un si bel exemple, rougissons de notre faiblesse, de notre lâcheté à porter les croix que le bon Dieu nous envoie, et animons-nous à le suivre. Si nous réfléchissions qu'il ne nous arrive rien sans l'ordre de la Providence, à ce point qu'il ne tombe même pas un cheveu de notre tête sans sa permission ; si, ajoutant à cette considération déjà consolante pour une âme chrétienne, celle plus consolante encore de l'amour infini de Dieu pour nous, nous songions que toutes nos épreuves sont des marques particulières de cet amour, qu'il ne nous les envoie que par nécessité, pour notre bien, qu'il les a adoucies, ajustées à notre faiblesse, et enfin qu'il les souffre avec nous et pour nous ; nos peines seraient bien diminuées, n'en doutez pas. La croix est douce, mais il faut la porter, il faut l'accepter, il faut l'aimer ; sans cela, on souffre le double, et on a encore la croix à porter.

« Je connaissais de longue date les belles strophes que vous me citez ; bien des fois je les ai lues et relues avec un plaisir toujours nouveau (1). Elles expriment d'une manière saisissante le néant de la vie ; elles sont la traduction fidèle de la grande parole de l'Écriture : « Vanité des vanités, tout « n'est que vanité. » Voilà le dernier mot de la philosophie chrétienne et même païenne. Socrate ne disait-il pas : « Phi-

disait rosaire sur rosaire, pour notre enfant, pendant ses longues insomnies. Leurs prières l'une pour l'autre s'entre-croisaient... et les voilà parties pour toujours, réunies, nous pouvons le croire, dans la béatitude céleste. »

(1) L'ode de Malherbe à du Périer.

« losopher, c'est apprendre à mourir » ? Si l'on réglait sa conduite sur ces principes, la face du monde changerait bientôt : mais nous sommes tellement esclaves de ces vanités qui
font notre vie, que la mort seule pourra nous en désabuser
complètement. On ne pense qu'au temps, on ne s'occupe que
du temps, on ne travaille que pour le temps, on ne vit qu'en
vue du temps, et on oublie ce qui le suivra ; et ceux même
qui croient à la vie future vivent comme les autres, tant
notre nature est corrompue ! »

Plusieurs fois déjà, au cours de cette biographie, nous
avons eu occasion de citer des lettres échangées entre Jean
et sa vénérable grand'mère, Mme la comtesse de l'Écuyer.
Ces lettres, déjà si remarquables, d'une part comme de l'autre, prirent, à partir de l'époque où Jean entra à la Trappe,
un caractère éminemment surnaturel. Après la mort de son
mari, la comtesse se sentant trop isolée dans un milieu où
tout lui rappelait des années d'union douce et sainte, prit le
parti de se retirer, comme pensionnaire, dans une maison
annexée à quelque communauté religieuse. Là elle pourrait
trouver, avec l'agrément d'une société choisie, les avantages d'une vie calme et toutes les satisfactions religieuses
réclamées par son âme chrétienne. Elle arrêta son choix sur
la communauté des religieuses du Saint-Sacrement de Va-
lence, demeurant à l'avenue Malakoff, sur la paroisse Saint-
Honoré d'Eylau, à Paris. Voici en quels termes son petit-
fils répondit à l'annonce de cette résolution : « Ma bien
chère grand'mère, dans le dessein que vous vous proposez
présentement de dire adieu au monde et de vous retirer
entre les bras de Dieu qui semble vous appeler plus intimement à lui, par ce désir de retraite et de solitude qu'il vous
inspire, j'aperçois des marques nouvelles de sa bonté, dont
vous portez déjà en vous de si beaux caractères. Comment,
en effet, ne pas reconnaître la tendresse paternelle de Notre
Père dans cet éloignement du monde où il vous attire pour
vous rapprocher de lui ?

« Je suis assuré que vous trouverez en lui la paix et le bonheur dont vous avez besoin après la cruelle épreuve qui a
tant affligé et brisé votre cœur. Mes prières et mes pensées
vous suivront dans votre béni séjour ; nous ne ferons qu'un
cœur et qu'une âme, unis et liés par les mêmes aspirations. »

La comtesse de l'Écuyer répondit par la lettre suivante à
celle que nous venons de citer : « J'ai reçu, mon cher petit-
fils, ta pieuse et tendre lettre. Continue à m'associer à tes
hautes pensées, à tes généreux élans. Tu es mon point de
mire dans la tension de toutes mes facultés vers cette vie
supérieure dont Dieu nous a donné les révélations ; à toi
tout jeune, à moi toute vieille, il dit également : « Venez à
« moi ! » Toi, par de longs chemins, de longs labeurs ; moi
par le dernier éclair d'une petite lampe qui s'éteint. Quel
bonheur si je parvenais à contempler de là-haut le bien
que tu feras pendant ta longue vie sur la terre, et, en con-
versant avec les anges, leur dire : Celui-ci qui parle, qui
prie, qui agit si bien... c'est mon petit-fils, préparez-lui une
place dans l'Éternel ! car c'est l'Éternel qu'il a aimé et servi,
dès son plus jeune âge. »

« Ces belles aspirations, ajoutait-elle, ne m'aveuglent pas
sur mes imperfections si nombreuses, et c'est sur tes prières, bien plus que sur les miennes, que je compte pour
atteindre le paradis. Peut-être te fais-tu une trop grande
idée de ma prochaine entrée au couvent. Bien des petites
passions humaines logent encore sous ces toits bénis ; mais
c'est presque un paradis, comparé à cet infernal monde
dont tu as un si juste dédain. J'aurais voulu ne rien emporter de ce fatras d'inutilités qu'on appelle un mobilier,
mais cela ferait de la peine à mes enfants. J'emporterai donc
quelques tableaux, portraits de famille, le tien, — un ancêtre
dans l'Éternel, — car pour moi tu es au sommet dans le séjour
de l'âme où il n'y a ni passé, ni présent, ni mesure, mais
Dieu seul auquel l'être aspire jusqu'à ce qu'il s'y confonde
sans cesser d'être soi, comme le grand Dieu personnel et

vivant, et non le Pan chimérique de l'antiquité. Pan est à
Dieu ce que le bloc de marbre est au sculpteur ; créateur
ne peut être créature...

« Je fais avec toi ma petite oraison du soir, m'essayant
à ce pieux exercice d'après les instructions des grands
saints, osant même appeler à mon aide sainte Thérèse.
Mais que j'en suis loin ! tout près par le sentiment, à mille
lieues par les mérites (1) !... »

La retraite de la comtesse de l'Écuyer chez les sœurs du
Saint-Sacrement s'effectua dans des conditions particuliè
rement édifiantes. Ainsi que la lettre citée le donnait à entendre, la vénérable septuagénaire fit spontanément le sacrifice de la plupart des commodités que les habitudes de
sa position et surtout son grand âge rendaient, en quelque
sorte, nécessaires. Par esprit de détachement, par amour
pour les vertus évangéliques, elle se défit de la partie la plus
considérable de son mobilier, qu'elle partagea à ses trois
enfants.

Dans l'édification que lui causait cette disposition généreuse, le Frère Marie-Adrien écrivait à sa famille :
« Grand'mère prend très au sérieux, je le vois, sa nouvelle
existence ; la voilà, du premier coup, au sommet du détachement qui mène à Dieu ! Ce n'est pas, cependant, sans étonnement que je la vois, à son âge, avec ses habitudes de vie,
renoncer si entièrement à toutes sortes de commodités,
presque nécessaires pour elle. Je vous dirai même que je
suis là-dessus de votre avis. La mortification intérieure
conviendrait beaucoup mieux présentement ; l'esprit souffre
déjà assez par lui-même, sans y ajouter des souffrances matérielles. Vous lui ferez passer cela en l'embrassant bien affectueusement pour moi. »

A quelque temps de là, le Frère Marie-Adrien écrivait à sa
grand'mère, à l'occasion de sa fête. « Les lettres de maman

____

(1) A l'occasion de cette lettre, le Frère Marie-Adrien écrivait à ses parents
« Grand'mère m'a répondu une lettre d'une élévation et d'une beauté à la
hauteur de ses sentiments. Quelle belle âme. Qu'elle est forte et généreuse ! »

me parlent souvent de vous ; l'une d'elles me disait que vous
n'aviez pas trouvé dans votre retraite toute la tranquillité
que vous veniez y chercher, ce qui, d'ailleurs, ne m'a point
fort étonné. Mais c'est de vous-même que je désirerais avoir
des renseignements sur votre nouveau genre de vie. Je
pourrai ainsi vous suivre plus facilement du cœur et de la
pensée, et nous pourrons être en communion plus intime
d'idées et de sentiments, malgré la diversité de nos états
respectifs. Le monde des idées est toujours fécond pour les
intelligences actives et élevées comme la vôtre ; il offre un
fonds inépuisable d'où l'on peut tirer de véritables trésors
intellectuels et moraux. La solitude et la réflexion, en séparant le cœur des choses extérieures, lui rendent peu à
peu les lumières véritables qu'il avait perdues au contact du
monde, et le rapprochent de Dieu en lui rendant la paix et
la liberté de l'esprit. Sous ce rapport, nous sommes tous
deux bien partagés ; si vous avez parfois à vous plaindre
du tumulte des relations extérieures, il est toujours en votre
pouvoir de vous retrancher en vous-même, car, comme le
dit saint François de Sales, les hommes peuvent bien être
autour de notre corps, mais ils ne sont pas autour de notre
cœur. »

Les lettres de son petit-fils n'étaient pas sans réjouir et
consoler le cœur de la digne comtesse, qui ne se lassait pas
d'admirer ces « élans d'une foi généreuse et d'une vocation
sublime ». « Oui, j'admire, écrivait-elle, et avec moi tous ceux
qui s'intéressent à toi, j'admire les vues particulières que
Dieu semble avoir sur toi en t'appelant, dans un si jeune
âge, à ce concours céleste que je nomme l'ascension du
Thabor. On raconte, en ce moment, les ascensions des savants pour observer les astres ; toi, c'est dans le rayonnement même de la Transfiguration divine que je te place,
entre Moïse et Élie, à côté des apôtres émerveillés, et ta
jeune figure est baignée dans la lumière raphaëlique de ce
tableau qui surpasse beaucoup de chefs-d'œuvre de l'im-
mortel peintre.

« Je regarde ensuite la photographie en costume de novice (1), et je touche des yeux ton capuchon et tes gros
sabots pour bien m'assurer que tu n'en es qu'au début de
la route et que j'ai, en chair et en os, un petit-fils à la Trappe
de Mortagne; l'apothéose viendra plus tard, Dieu merci...
Peut-être vivrai-je assez pour juger des espérances de ton
avenir religieux ! »

Le ciel en avait décidé autrement, et cette noble et vertueuse existence allait s'éteindre sans qu'il fût donné à la
vénérable comtesse de voir la réalisation de ses pieux désirs. La mort prématurée de sa petite-fille Micheline avait
été pour son cœur un coup qui avait eu son retentissement
sur la santé, d'ailleurs délicate, de Mme de l'Écuyer. On se
souvient de ces paroles, écrites dans une lettre citée plus
haut : « Mon Dieu, n'ayant jamais perdu d'enfant, ne me
faites pas connaître cette douleur. » Après la mort de Micheline, elle écrivait : « Je la vois, je la suis dans sa disparition de la terre, notre belle et florissante enfant, qu'un mal
inexorable et rapide nous a enlevée ! Je la vois toujours et
ne cesserai de la voir comme nous l'avons vue, de seize à
vingt ans ! J'avais un grand espoir. Le coup a été terrible (2) ! »

En effet, à quelque temps de là, Mme de Tugny écrivait
au Frère Marie-Adrien : « Je suis presque inquiète de ma
bonne mère. Sans être malade, elle se plaint d'une fatigue
générale et d'une somnolence continuelle. Ceci n'est pas

(1) Photographie du Frère Marie-Adrien en tenue de travail champêtre, envoyée de la Grande-Trappe.

(2) Elle écrivait encore à M. et Mme de Tugny : « Comme vous, je sens, de
plus en plus, le vide immense que laisse cette enfant chérie à laquelle se
rapportait tout dans la maison et qui la remplissait de sa jeune vie si occupée
de douces et bonnes choses... Quel silence ! Quel deuil ! Dieu permettra que
le temps apaise ces cuisants regrets, mais ce sera long. Si j'ai peu profité en
réalité des talents et des dons charmants de Micheline, combien j'en prenais
ma part en imagination et par cette vie du cœur, qui ne connaît ni lieux ni
distances; et, encore maintenant, crois-tu, chère Suzanne, que je ne ressente
pas le vide de là-bas? comme je ressentais en idée les plaisirs, les succès,
mais aussi les sollicitudes, hélas!... Seulement l'âme se cramponne à ce fil
d'or de la foi... On y est suspendu! Que Dieu le solidifie et nous attire là-
haut ! »

bon. A l'âge de ma chère mère, rien n'est indifférent. Je recommande à tes prières cette santé qui nous est si précieuse ; que Dieu nous conserve, de longues années encore, cette mère et grand'mère incomparable ! Le Seigneur ne voudra pas tout nous prendre ! Nous sommes là, au pied de la Croix, brisés, meurtris !... Qu'il nous regarde en pitié ! »

Un instant, les forces de la vénérable septuagénaire parurent se ranimer. Mais ce n'était, comme elle l'avait dit naguère, que « la dernière lueur de la lampe près de s'éteindre ». « Je ne pense jamais à l'âge de ma pauvre grand'mère, écrivait notre novice, je ne songe jamais à l'incertitude de la revoir, sans que de tristes pressentiments ne viennent assombrir mon âme. Le cœur a ses raisons, que la raison ne connaît pas. On essaie vainement de se consoler avec la raison, le cœur est plus fort qu'elle. »

Cependant, la comtesse de l'Écuyer s'acheminait vers la mort avec des intermittences de relèvement et de défaillance. « Cela va, écrivait-elle sur ce ton spirituel qu'elle savait donner à son style, cela va cahotant comme une pauvre brouette que poussent des esprits malins. Cela verse à droite, à gauche ; il semble que Dieu veuille nous faire trouver bon ce repos qu'il nous promet en lui, si nous sommes patients. Dieu merci, je sens chaleureusement encore les chères amitiés, sans cela tout serait froid et mort bien vite. »

L'année 1891 s'acheva sans laisser l'espoir de voir se prolonger une vie encore si précieuse. En adressant à sa grand'mère ses souhaits de nouvel an, le Frère Marie-Adrien lui disait : « Avant tout, je demande au bon Dieu de vous conserver longtemps encore à notre affection ; mais si sa volonté nous imposait ce sacrifice, qu'il comble de paix et de consolation les derniers moments d'une aïeule dont la vie tout entière aura été l'image de sa belle âme. Il vous a fait la grâce de venir finir votre carrière sous le même toit que Notre-Seigneur ; c'est un grand bienfait, dont il faut le remercier. Vous êtes ainsi plus près du bon Dieu, et à même de le recevoir plus souvent dans la sainte Communion. Combien j'aurais désiré de pareilles grâces pour mon pauvre grand-père ! »

Vers la fin du mois de janvier, le comtesse de l'Écuyer fut atteinte de l'influenza compliquée de bronchite. A peine commençait-elle à sortir du danger de cette double indisposition, que se déclarait une maladie de cœur des plus caractérisées et des plus inquiétantes Sur son désir, on lui administra les derniers sacrements qu'elle reçut avec un calme, une sérénité, une piété qui remplirent d'édification les témoins émus de cette touchante cérémonie. Au milieu de ses crises douloureuses, elle ne cessait de répéter : « Je vais aller rejoindre ma petite Micheline, » et encore : « Heureux ceux que Dieu prend!... »

Pour préparer sa mère et les siens à ce nouveau douloureux sacrifice, le Frère Marie-Adrien leur écrivait : « L'heure du suprême sacrifice n'est pas encore venue : mais elle n'est peut-être pas éloignée. L'état de grand'mère doit l'avertir de songer plus que jamais à l'éternité. Qu'elle trouve donc en vous, ma chère maman, un bon ange visible, et qu'elle entende votre voix lui parler des joies éternelles qui seront la récompense de ses souffrances. Inspirez-lui cet acquiescement de la volonté *qui change les souffrances en mérites*. Quand je pense à elle, je n'ai que des pensées du ciel, parce que je l'aime comme je dois l'aimer, c'est-à-dire en Dieu. Je l'ai recommandée particulièrement au cœur de Jésus, à ce cœur dont chaque battement a été un battement d'amour pour les hommes, dont le dernier soupir a été un soupir d'amour pour les hommes. Que chaque battement de son cœur souffrant soit un battement d'amour pour Dieu, et si ce Dieu veut l'appeler à lui, que son dernier soupir soit un soupir d'amour pour Dieu. Voilà des considérations qui me font envisager la mort comme le plus heureux moment de la vie (1). Grand'-

____

(1) Cette idée, familière à Jean, revenait fréquemment sous sa plume. Dans une lettre, écrite à une date antérieure, il disait : « La mort est assuré-

mère est capable de les comprendre et digne, par conséquent, de les recevoir. »

En effet, en grande chrétienne qu'elle était, la comtesse
de l'Écuyer voyait arriver sa fin sans crainte. Aux personnes qui la visitaient elle parlait de son prochain départ
avec une tranquillité inouïe. Sans cesse elle priait, redi-
sant les formules latines des prières liturgiques, pour
lesquelles elle avait une préférence marquée. Une seule
préoccupation venait, de temps en temps, troubler la sérénité de son âme ; c'était la pensée de son cher « ancêtre
dans l'Éternel », de ce Jean bien-aimé dont elle avait suivi
avec tant d'amour les sublimes « ascensions au Thabor » de
la sainteté monastique. On l'entendait murmurer, à travers
ses prières, avec un accent mélangé de désir et de regret :
« Et mon petit Jean ! mon petit Jean ! mon petit Jean ! »

Enfin, le 21 février, s'éteignait, au milieu de ses enfants,
après de grandes souffrances supportées avec une admirable résignation, cette femme de bien, cette « grande dame »
aussi distinguée par l'esprit que noble par le cœur ; à la
fois écrivain, artiste, poète (1) ; restée jeune malgré ses
soixante-dix-sept hivers ; dont la mémoire prodigieuse se
manifestait encore, peu de jours avant sa mort, par des ré-
miniscences littéraires et de longues citations empruntées
à Racine, Corneille et autres maîtres ; disparaissant « bien
complète », pour employer une expression consacrée, et
terminant sa longue et brillante carrière dans la plénitude

ment le plus beau jour de la vie si elle nous trouve en état de grâce, car elle
nous met en possession de notre fin, qui est Dieu. C'est pourquoi elle ne devrait point nous affliger, ni pour nous, ni pour les nôtres, mais plutôt nous
réjouir. Malheureusement la faiblesse de la nature ne sait pas s'accommoder à
ces vues supérieures de la foi. Notre-Seigneur a voulu ressentir cette faiblesse,
pour nous prouver qu'il y compatissait : *Et lacrymatus est Jesus.*

(1) La comtesse de l'Écuyer a écrit et dédié à son petit-fils Jacques de Tugny la vie de Jacques II, roi d'Angleterre. Elle a publié de belles traductions
des tragédies de Shakspeare ; composé un drame historique, « Marie-Antoinette », d'innombrables pièces de poésie de circonstance. Elle a longtemps
collaboré au *Bibliophile* du prince Galitzin. Artiste consommée en dessin,
peinture, travaux d'aiguille, réunissant tous les talents et tous les charmes,
elle sut toujours s'oublier elle-même, se montrer simple et bonne à tel point,
que son incontestée supériorité ne lui fit pas d'ennemis.

de ses facultés. On eût pu dire d'elle en toute vérité
ces paroles que Fénelon a écrites d'une illustre prin-
cesse : « Elle a passé au milieu des siens, versant la paix,
élevant tous les cœurs, toujours aimable, toujours égale à
elle-même, toujours bonne et indulgente, toujours tendre
et dévouée. »

Au milieu de la douleur où le plongeait la mort de sa
vénérable aïeule, ne songeant qu'à consoler les siens et
qu'à leur faire entendre des paroles d'espérance chrétienne,
le Frère Marie-Adrien écrivait à ses parents : « C'est ici
l'heure de l'épreuve... Que le bon Dieu, qui la permet,
nous soutienne et nous fortifie. Élevons nos cœurs vers lui ;
ne nous laissons pas aller à l'accablement qui suit, d'ordinaire, les grandes douleurs, et si l'angoisse nous déchire
le cœur, qu'elle ne nous empêche pas de vaquer à nos
devoirs, de rentrer dans le mouvement de la vie active,
alors même que nous n'y pourrions trouver ni un intérêt,
ni seulement une consolation.

Puis, s'adressant plus particulièrement à sa mère, il la con-
solait en ces termes : « Pauvre maman, ces dernières paroles ne sont que la trop faible image du vide immense que
cette mort va faire dans votre existence. Ne vous laissez pas
abattre ; appuyez-vous sur le bon Dieu ; appuyez-vous sur
tant de cœurs qui vous sont dévoués et qui s'efforceront de
remplir ce vide (1). »

Nous n'avons rien ou presque rien dit, jusqu'ici, des rapports épistolaires de notre pieux novice avec son père. Les
lettres déjà citées, le lecteur l'a deviné sans peine, étaient
simultanément adressées à M. et à Mme de Tugny. Toutefois, comme cette dernière suppléait ordinairement son
mari pour la correspondance, les lettres de Jean et, plus

______

(1) Nous avons cru plus intéressant pour le lecteur de réunir dans les
pages qui précèdent, sans tenir compte des dates, tous les détails relatifs à la
mort de Mme la comtesse de l'Écuyer. Nous aurons, néanmoins, à citer plusieurs fois encore dans ce chapitre des lettres de cette dernière, se rappor-
tant chronologiquement aux événements relatés dans la suite.

tard, du Frère Marie-Adrien, semblent plus spécialement s'adresser à sa mère.

Quoi qu'il en soit, en diverses circonstances, le père et le fils correspondaient, et leurs lettres, d'un caractère plus intime, laissent voir ce qu'il y avait de foi, d'esprit chrétien, de sens pratique dans l'un; de piété, de zèle, de confiance filiale dans l'autre.

M. de Tugny fut toujours un chrétien dans le sens le plus vrai du mot, profondément croyant et fidèle aux pratiques religieuses, très pénétré de l'obligation, dans les temps actuels surtout, de prêcher d'exemple et d'affirmer hautement ses croyances. Son noble et généreux acquiescement au départ de ses deux filles aînées pour le couvent, puis de son dernier fils pour la Trappe, montre suffisamment la trempe chrétienne de son âme. « Avoir trois enfants appelés par Dieu, écrivait-il, n'est pas pour moi un médiocre sujet de fierté, quasi d'orgueil, malgré ma propre indignité. Appuyé sur un pareil faisceau, j'espère arriver en paix au but qui est, après tout, la seule fin de l'homme, puisque le catéchisme le dit en termes exprès dont aucune éloquence ne dépasse la sublime et simple concision énergique. » Qu'un tel langage est différent de celui que tiennent aujourd'hui la plupart des pères de famille !

A l'époque où Jean avait sollicité de ses parents l'autorisation d'entrer à la Trappe, M. de Tugny lui avait écrit : « Je m'en remets entièrement à la sagesse de ceux qui, mieux que moi, sont capables d'apprécier les motifs qui te guident, la vocation qui t'attire. Ceux qui auraient aisément compris que tu entres au Séminaire et, de là, dans le clergé séculier, ne peuvent savoir tes motifs, d'un ordre trop élevé pour leur intelligence, insuffisamment éclairée par une foi médiocre. Pour nous, cher enfant, nous te comprenons et sommes résolus à te laisser faire un essai complet de la vie de la Trappe, en attendant que la Providence décide de ta voie. Nous nous conformerons à sa volonté et prierons pour que tu sois bien éclairé. »

Durant plusieurs années consécutives, M. de Tugny se rendit à la maison de retraites des Pères Jésuites à Braisne, près de Soissons, pour s'y recueillir et se renouveler spirituellement dans les exercices d'une retraite de trois jours. Répondant à une lettre que son père lui avait écrite au sortir d'une de ces retraites, et dans laquelle ce dernier lui faisait part de ses impressions et réclamait les prières de ses enfants pour obtenir la persévérance, « point difficile, lent à atteindre et où l'on ne peut arriver que soutenu par la grâce », le Frère Marie-Adrien lui disait : « Il y a dans votre chère lettre un parfum de piété qui me ravit. En attendant les fruits à venir, vous avez recueilli de ces trois jours de retraite, avec la joie du Saint-Esprit, une fermeté de courage et une générosité de cœur qui sont la meilleure garantie de votre persévérance dans la voie épineuse du renoncement et dans ce rude travail de perfectionnement, toujours à recommencer, puisque nous avons toujours notre mauvaise nature à combattre. Je n'ai donc que des félicitations à vous adresser, et que des remerciements à vous faire pour le compte rendu si intéressant de vos impressions. » — Puis, dans son désir de voir sa mère se retremper elle-même dans ces exercices salutaires, il ajoutait, avec une discrétion égale à son zèle : « Maman me satisfait moins sous le double rapport du physique et du moral. Le ciel de son âme toujours si noir redeviendrait bientôt lumineux et serein, sous la douce influence des rayons de la grâce que Notre-Seigneur verse toujours avec plus d'abondance dans les âmes qui lui consacrent quelques jours de prière et de recueillement. Souvent déjà, elle a manifesté ce désir; aujourd'hui, dans les tristes circonstances où elle se trouve, les mêmes empêchements ne s'opposent plus à sa réalisation. »

Quoi de plus touchant et de plus édifiant que ces souhaits adressés à son père à l'occasion de sa fête? « Mon bien cher papa, j'ai toujours cru que les souhaits de fête portaient bonheur, parce qu'ils sont une sorte de reconnaissance im-

plicite des droits que nous avons acquis à la protection du
ciel, et tout ensemble — car les droits et les devoirs sont
corrélatifs — des obligations que nous avons contractées
envers lui par le saint baptême. Il est, en effet, nécessaire
pour notre bonheur de ne jamais oublier les droits que
nous avons, comme chrétiens, à la grâce, nécessaire pour
suppléer à notre faiblesse dans l'accomplissement de nos
devoirs. Nous les rappeler, c'est nous rendre le devoir, non
seulement possible, mais facile, et, par conséquent, c'est
assurer notre bonheur; car qu'est-ce que le bonheur? sinon la conformité de nos actes aux prescriptions de la raison,
qui est ce qu'il y a de plus excellent dans l'homme. Et voilà
comment on peut dire, sans superstition, que les souhaits de
fête portent bonheur.

« Qu'il en soit ainsi pour vous, mon cher papa, et que le
souvenir du puissant protecteur que vous avez dans le ciel
vous encourage à persévérer constamment dans la pratique de
vos devoirs de chrétien. Tout le reste vous sera donné par
surcroît ; c'est la parole de l'Évangile dont l'efficacité dépend
de vous. Amen ! »

Cependant notre novice venait d'atteindre sa vingtième
année. Écrivant à ses parents, à cette occasion, il leur
témoignait ainsi sa filiale reconnaissance pour les soins
chrétiens qu'il en avait reçus depuis son entrée dans la
vie. « Je suis très touché de la pieuse pensée que vous
avez eue de faire célébrer le saint sacrifice de la messe à
l'intention de ma vingtième année. Aux yeux de parents
chrétiens, la naissance d'un enfant est avant tout la naissance d'une âme, et chaque anniversaire qui en ramène le
souvenir leur rappelle en même temps la responsabilité qui
leur incombe pour le temps et pour l'éternité. De tels sentiments vous ont toujours animés, je le sais, et je ne puis
me rappeler sans une vive reconnaissance vos soins vi-
gilants pour que la religion présidât à tous les détails de
notre éducation. En ces temps d'indifférence et de scepti-

cisme, une éducation chrétienne est un bienfait inappréciable dont on ne saurait trop remercier Dieu et, après lui, ceux qui ont été les instruments de sa miséricorde. Je ne doute pas que ces réflexions vous viennent à l'esprit; pour ma part, il me semble qu'on ne peut en faire d'autres dans une telle circonstance. »

« Vos pieux récits, leur écrivait-il dans une autre lettre, ont rempli mon âme d'une émotion toute religieuse, en me rappelant le temps, déjà éloigné, où, avec vous et au milieu de vous, dans le premier épanouissement de la jeunesse et de la piété, je prenais part à ces joyeuses solennités qui accompagnent toujours le pèlerinage vénéré de sainte Eutropie (1), et qui coïncident si heureusement avec la grande fête de la Pentecôte. De tels souvenirs sont le parfum de l'âme; cela n'est-il pas vrai surtout de ceux qui touchent à ses premières, à ses plus chères affections? Tout le reste peut nous manquer; la religion seule ne nous fera jamais défaut et, après avoir été la joie de nos premières années, elle sera la consolation de nos derniers jours. Ne l'éprouvez-vous pas vous-mêmes à présent? »

Au milieu du calme de la vie monastique, une préoccupation venait, de temps en temps, faire battre d'émotion le cœur du pieux novice; c'était celle de l'obligation dans laquelle il allait bientôt se trouver, pour satisfaire aux exigences de la loi militaire, de quitter momentanément ce cher monastère de la Trappe dans lequel il eût tant aimé vivre, ignoré des hommes, sous les yeux de Dieu seul.

On sait quelle profonde aversion avait pour la vie de caserne ce jeune homme à la nature distinguée, délicate, aux grandes et nobles idées, aux manières aristocratiques,

---

(1) Enfant de douze ans, martyrisée en Orient, au quatrième siècle; ses reliques, transportées de Palmyre à Rome, furent accordées par le Pape Innocent XI au cardinal d'Estrée, évêque de Laon, lequel en fit don à la paroisse de Beaurieux, où elles sont en particulière vénération. La fête de sainte Eutropie se célèbre avec grande solennité le lundi de la Pentecôte. De nombreuses faveurs spirituelles et temporelles sont obtenues par l'intercession de la sainte patronne de Beaurieux.

quoique simples et sans apprêt. Aussi, la seule pensée du
contraste si grand entre cette vie et sa vie actuelle lui
inspirait-elle une appréhension qu'il manifestait fréquemment dans les lettres à sa famille. Parlant de l'engagement
de son frère Jacques, il disait : « Je lui souhaite tout le
courage nécessaire pour continuer le rude métier qu'il a
entrepris... *sponte sua* (1). Il n'en sera pas ainsi de moi
quand l'âge m'appellera sous les drapeaux en dépit de ma
volonté et de mon état. D'ici là, le gouvernement peut
tomber, c'est vrai; mais tombera-t-il? »

« S'il me fallait servir comme soldat, écrivait-il encore, je
vous déclare sans ambages que j'éprouverais *la plus grande*
et *la plus invincible répugnance* à aller m'enfermer dans
une caserne au milieu de ces infects troupiers, pour le bon
plaisir de la... sainte République. En outre, étant donnés
mon caractère et mes goûts, la vie de campagne me conviendrait essentiellement mieux. Je demanderais, par conséquent, avec votre consentement, une place parmi les tirailleurs du Sénégal ou de l'Algérie, ou encore je m'embar-
querais pour le Tonkin, en admettant que la guerre durât
encore. De cette manière, j'échapperais aux dangers moraux très grands et très préjudiciables qui m'atteindraient
infailliblement en France, au sortir d'un vie si différente.
Nous avons le temps d'examiner ensemble le pour et le
contre de la question; mais je vous dévoile ici toute
ma pensée, que je crois très légitime et très raisonnable. »

Répondant à l'envoi que ses parents lui avaient fait du remarquable mémoire du vice-amiral des Touches relativement à la loi sur le service militaire (2), il faisait les sages
réflexions suivantes : « Le beau mémoire de l'amiral des
Touches m'a vivement impressionné; je n'ai pu lire ces graves et nobles paroles, si dignes d'un gentilhomme chrétien

____

(1) « De son plein gré. »
(2) Rapport présenté à l'assemblée générale des catholiques, le 8 mai 1890,
par le vice-amiral Gicquel des Touches.

et français, sans être remué jusqu'au fond de l'âme. Quel
tableau saisissant de la situation! Il est bien vrai, la loi militaire est le dernier coup porté par la franc-maçonnerie à
la France catholique; c'est le signal de cette lutte à mort
entre la Religion et l'État, annoncée et préparée depuis si
longtemps par les mesures de plus en plus oppressives que
n'ont cessé de commander à un gouvernement sans force et
sans autorité les loges maçonniques. Si l'on considère, d'un
côté, la faiblesse, l'incurie, la désunion du parti catholique,
et, de l'autre, la puissance active et audacieuse, l'union et le
nombre de ses adversaires, on a bien sujet de craindre.
Puissent les prières et les supplications qui, de toutes parts,
vont s'élever vers le ciel, à cette heure décisive, faire descendre sur nous les bénédictions célestes et nous donner la
victoire! Dans cet état de choses, il me semble que le clergé,
ainsi mis à même de se montrer, ne peut pas rester inactif
sans trahir sa cause. Comme le dit M. des Touches, le clergé
devra donner à la caserne tout ce qu'il peut donner pour y
introduire l'amour et le respect de la religion; s'il est possible, il joindra à la grande prédication de l'exemple celle de
la parole, sagement et discrètement distribuée. En un mot,
le séminariste-soldat se souviendra toujours qu'il est prêtre,
ou, au moins, destiné à le devenir, et que, comme tel, il doit
se sacrifier tout entier, donner son sang, s'il le faut, pour
remplir la mission que Dieu a semblé lui confier. C'est vous
dire que j'approuve les prières à la chambrée, avec prudence toutefois; « faire le coup de poing » ne convient pas
à un prêtre; en tout cas, il ne devrait le faire que s'il était
sûr d'avoir l'avantage. La personnalité doit disparaître dans
le prêtre; il ne s'appartient pas, il n'est que l'instrument
de Dieu, il ne doit regarder que l'intérêt de la religion.
Qu'on le maltraite, qu'on le tue, peu importe, pourvu que la
religion y gagne! Au reste, tout cela n'a pas trait à la question d'une manière assez précise; je veux savoir dans
quelles conditions se trouveront les séminaristes au service;
s'il est vrai qu'ils n'ont qu'un service auxiliaire, et en quoi il

consiste, et s'il est encore exact qu'ils soient réunis tous
ensemble, etc. »

Cette préoccupation à l'endroit du service militaire ne
provenait pas, il est aisé de le voir, d'un manque de patriotisme; elle était inspirée, d'un côté, par la pensée générale des inconvénients que le séjour au régiment pourrait
offrir au recrutement du clergé et à la conservation de l'esprit ecclésiastique, et, de l'autre, par l'inutilité personnelle,
pour lui, de la vie de caserne venant brutalement remplacer
la vie de travail et de prière du cloître.

M. de Tugny, en chrétien qui met la sagesse et la puissance de Dieu bien au-dessus des desseins fragiles et du
pouvoir éphémère des hommes, écrivait à son fils : « Ne te
mets pas d'avance *martel en tête,* mon bon enfant; d'ici un
an, il y aura du changement et des modifications profondes
dans cette loi dont l'application va susciter une foule de réclamations, objections, etc., auxquelles il faudra bien faire
attention. Qui sait si les radicaux ne vont pas être furieux
en voyant ce qui se passera, si, comme je le crois, la ma-
jeure partie des séminaristes ou religieux demeure ferme
dans sa foi, dans sa façon d'être, servant bien le pays à la
caserne, n'oubliant pas Dieu, qui soutiendra ses serviteurs.
Un grand bien pourra surgir d'un piège tendu par les francs-
maçons. Si le moral et la morale s'améliorent dans les casernes, quelle rage chez nos ennemis d'avoir justement
facilité cette amélioration, tandis qu'ils tablaient sur tout le
contraire ! »

Le Frère Marie-Adrien était loin de partager les réflexions
optimistes de son père sur ce sujet qui préoccupait tant son
esprit. « J'aurais tort, il est vrai, répondait-il à la lettre
qu'on vient de lire, de me tourmenter sur le sort qui m'attend, si mes craintes étaient moins fondées ; mais je sais
trop, et vous n'ignorez pas vous-mêmes, à quels dangers de
toute sorte m'exposera une situation si différente et si opposée, dans un milieu si corrompu et si corrupteur. Sans
insister davantage, pour ne pas exagérer le mal, je ne sau-

rais voir d'un œil tranquille des dangers si graves pour mon
âme et ma conscience, et encore moins les oublier, alors
qu'ils sont imminents, que chaque jour les rapproche davantage de moi !... C'est avec consolation que je répète ces
paroles de saint Paul, au milieu de mes alarmes : *Omnia
possum in eo qui me confortat; — cum infirmor, tunc potens
sum* (1); c'est-à-dire que la grâce fait triompher de tous les
obstacles, et qu'elle est en proportion des besoins, en sorte
que la faiblesse même devient une force. En voilà bien assez
sur ce sujet; je ne fais toujours que me répéter, parce que
ma manière de voir est toujours la même, en dépit de vos
exhortations. »

Sous l'influence de ces graves pensées, notre novice se
préparait à l'épreuve du service militaire en appliquant toute
l'énergie de son âme à l'œuvre de sa formation religieuse,
comme il l'avait toujours fait, du reste, depuis son entrée
à la Trappe. Dans un de ses voyages à Paris, le Révérendissime Père abbé de la Maison-Dieu, Dom Marie-Étienne,
avait eu, avec Mme de Tugny et la vénérable comtesse de
l'Écuyer, au cours de l'année 1891, une entrevue dans laquelle le prélat avait fait le plus grand éloge du Frère Marie-
Adrien. « Mon cher petit-fils Jean, lui avait écrit la comtesse,
je ne t'ai pas écrit depuis l'intéressant entretien qu'il nous
a été permis d'avoir avec le R. P. abbé de la Grande-Trappe.
J'espère que ce ne sera pas lui manquer de respect de te
dire l'impression qu'il m'a faite par la franchise, la droiture
enjouée et sérieuse à la fois de sa conversation. Il nous a
parlé de toi si paternellement, a si bien calmé nos anxieuses
sollicitudes, si bien mis à notre portée les grandes choses
qu'il nous a dites, et si habilement entremêlé les choses de
la terre et celles du ciel, que nous l'avons quitté entièrement
conquises et convaincues qu'on est le plus heureux du monde
à la Grande-Trappe et que le plus grand malheur c'est d'être
obligé d'en sortir. Ce malheur momentané te menace, mais

____

(1) « Je puis tout en Celui qui me fortifie. Lorsque je suis faible, c'est alors
que je suis fort. » (Philip., IV, 13).

le Père abbé semble compter sur ta vocation et sur le bel exemple que tu donneras de l'impuissance du démon à détourner ceux que le Seigneur a appelés et marqués de son sceau. »

Vers Pâques de cette même année, M. et Mme de Tugny, impatients de revoir, après une séparation d'environ deux années, cet enfant que la mort de leur Micheline n'avait fait que leur rendre plus cher, étaient venus passer une semaine à la Grande-Trappe. Bien que logés à l'hôtellerie Saint-Joseph, à quelque distance du monastère, ils avaient eu toutes les facilités désirables de voir cet enfant si tendrement aimé, et d'oublier, pour quelques jours, ou tout au moins de sentir moins vivement auprès de lui le vide affreux causé par la disparition de leur virginale Micheline. « Il me semble, leur écrivait le Frère Marie-Adrien, quelques jours après, il me semble que ces huit jours de réunion ont rajeuni mon affection pour vous. » — « Durant l'insomnie de cette nuit, lui répondait Mme de Tugny, j'ai repassé toutes nos conversations qui me sont restées *dans* le cœur et *sur* le cœur aussi, regrettant les omissions, m'en voulant de n'avoir pas insisté sur ceci, élucidé cela!... Ces journées ont passé comme l'éclair! Que de choses restées dans l'ombre, d'autres mal définies, tout, en somme, à revoir, considérablement augmenté, non corrigé, mais additionné de nouveaux éclaircissements!... Nous t'avons quitté au moment où nous commencions à retrouver notre Jean d'autrefois, douce éclaircie trop vite attristée par la séparation, dont je reste tout accablée! »

Cette courte entrevue avec son fils ne fit, en effet, que raviver les regrets de Mme de Tugny, à son retour à Beaurieux, que lui faire sentir plus douloureusement la privation de ceux qu'elle aimait plus qu'elle-même. « Chaque jour, écrivait-elle au Frère Marie-Adrien, j'ai l'âme navrée de ne plus avoir cette chérie que je ne quittais pas plus que mon ombre! Tout s'est effondré autour de moi... N'avoir vécu que pour ses enfants, et tomber ainsi dans le vide! Amertume sans fond de cette triste vie, qui nous anéantirait sans les espérances de la foi !... Je me replie vers le passé, vers les années d'accalmie... J'en jouissais comme d'un dû presque... Il faut expier cela : c'est la loi de souffrance, de pénitence. »

Sous l'influence de ces tristes pensées, aveuglée par la nuée de « papillons noirs » dont elle parlait dans une de ses lettres, la pauvre mère en vint à s'imaginer que le régime rigoureux de la Trappe userait prématurément la constitution de son fils et que le même sort que celui de Micheline lui était réservé dans un prochain avenir. De plus, il lui avait semblé comprendre, par certains mots échappés au Frère Marie-Adrien dans les conversations des jours précédents, que son âme souffrait de quelque peine secrète et que la vie monastique, celle, du moins, de la Trappe, ne devait pas lui convenir. A son retour de la Maison-Dieu, s'étant arrêtée à Paris, Mme de Tugny avait fait part à sa mère, qui les avait partagées, de ses craintes, de ses alarmes au sujet de son « petit saint ».

Obéissant à ce qu'elle croyait être un devoir de conscience, la vénérable comtesse avait adressé au R. P. Odilon, en l'absence du Père abbé, la lettre suivante dont la lecture aidera à comprendre ce qui sera dit plus loin.

« Mon Révérend Père, je viens vous parler à cœur ouvert et comme je le ferais au confessionnal, de l'impression pénible que j'ai ressentie aux récits que m'a faits ma chère fille, Mme de Tugny, de son séjour auprès de mon petit-fils Jean.

« Nous étions très confiantes dans sa vocation et nous voulons l'être encore ; c'est donc de sa santé seulement que je veux vous parler aujourd'hui. Il a avoué à sa mère qu'il avait fréquemment de la courbature, des maux de tête, et comme elle le questionnait sur les rigueurs du régime alimentaire, il lui a répondu : « Les souffrances matérielles « ne sont rien, on les domine. Il n'en est pas de même *des* « *souffrances morales.* » Sur ce mot grave elle n'a pu obtenir d'explications; vous seul, mon Révérend Père, pouvez juger de la portée de cette parole, accentuée par sa main appuyée longuement à son front. Ma fille a remarqué que Jean marchait très courbé, la tête penchée en avant du corps; il a dit que c'était le poids de ses vêtements.

« Toute son attitude, pendant ces journées, accusait une extrême lassitude, et son visage trahissait une dépression et une sorte de dépérissement contre lequel ce courageux enfant semble lutter de toutes ses forces.

« Triomphera-t-il de cette crise avec l'aide de Dieu? Je pense, mon Révérend Père, que vous pouvez peut-être tirer quelque utilité de ces observations et impressions de mère et de grand'mère, dépourvues de tout caractère de faiblesse féminine et de sensiblerie maternelle.

« En présence de l'affreux malheur qui nous a frappées dans Micheline, nous nous sentons obligées à une prévoyance plus grande, à l'approche de cet âge si critique pour la jeunesse. Quelques adoucissements sont-ils possibles et surtout quelques encouragements à ce jeune esprit qui semble en langueur? Votre haute direction y pourvoira. »

Puis, dans sa préoccupation maternelle et son désir du bien simultané de l'âme et du corps de cet enfant si cher, la vénérable comtesse sollicitait de l'ancien Maître des Novices la permission d'envoyer à son petit-fils quelques livres choisis, pour faire diversion à ses pensées habituelles, et quelques « petites denrées pour réveiller son estomac ».

« J'espère, ajoutait-elle en finissant, que vous aurez la bonté de me répondre un mot sur un sujet dont nos cœurs sont si pleins. Porter remède à des tendances qui ne nous semblent pas bonnes, n'est-ce pas le devoir des parents et des supérieurs? »

A cette lettre alarmée le R. P. Odilon répondit par une lettre rassurante, attribuant au régime du Carême l'air de fatigue que Mme de Tugny avait cru remarquer dans son fils, et donnant les meilleures nouvelles sur la santé de ce dernier.

« Au reste, si votre cher petit-fils se plaint, nous serons
les premiers à lui prescrire une nourriture plus confortable
que celle du réfectoire. Vous avez pu apprécier la bonté
d'âme et la charité exquise de notre Très Révérend Père
abbé ; ces qualités, il les exerce surtout auprès des novices. »

« Pour les peines intérieures, ajoutait le Père Odilon, il me
semble que vous avez assez l'expérience des hommes et des
choses, pour savoir qu'il est impossible qu'il en soit autrement ; dans le monde on en a de très grandes. Votre
petit-fils, au milieu des passions de son âge, à la veille de
prendre une détermination qui doit décider de tout son avenir, s'il ne sentait rien, si son cœur ne pleurait pas parfois, si
son cerveau ne bouillonnait pas de temps à autre, s'il ne se
posait pas cette question : « Mon Dieu, que voulez-vous que
« je fasse ? » le reconnaîtriez-vous pour vôtre ?

« Nous sommes faits pour lutter contre les tempêtes,
comme le matelot ; devons-nous nous plaindre de notre
sort ?... Il n'y a qu'un remède, il n'y a qu'une réponse à donner immédiatement. Prier, prier beaucoup, prier encore.
Madame, je crois qu'il ne faut pas s'inquiéter, dans l'état
actuel, de mon Frère Adrien ; ce qui m'inquiète le plus pour
lui, c'est cette année de service militaire qu'il devra faire,
l'année prochaine. Mais encore là, confions-nous dans le bon
Dieu, il saura tirer le bien de l'épreuve. »

Cette réponse du Père Prieur fut bientôt suivie d'une
lettre du Frère Marie-Adrien à Mme de Tugny, lettre austère,
dans laquelle il paraissait regretter les confidences intimes
qu'il avait faites à sa mère, lors de sa visite à la Trappe, et
déclarait nettement son besoin de rester étranger aux choses
de la vie extérieure afin de se mieux conformer à l'esprit et
à la règle monastiques, et de conserver toute son indépendance par rapport aux choses de sa vocation.

« Ta lettre, lui répondit Mme de Tugny, m'a donné l'impression d'une douche réfrigérante ; mais, en même temps,
la force d'entrer dans la voie que tu m'indiques... Rassure-
toi donc pleinement.

« Poursuis en toute liberté le temps d'épreuve pour lequel nous t'avons donné un consentement, peut-être imprudent, mais, à coup sûr, inspiré par le désir du bien ; aucun humain n'a le droit d'intervenir présentement. Le débat est entre Dieu et toi ; j'en ai toujours jugé ainsi et te l'ai prouvé. Ce n'est pas agir si en maman que j'en ai peut-être l'air parfois, mais en vraie mère chrétienne, que d'avoir cédé à tes juvéniles élans vers le cloître, les élevant à Dieu pour qu'il t'éclairât sur ta vocation ; je crois avoir agi en femme forte, ennemie de toute sensiblerie, par la façon dont j'ai accompli mon sacrifice, et ma conscience me donne le témoignage de n'avoir jamais cherché à te détourner de la voie où tu as voulu t'étudier. Ce que je veux toujours bien fermement, mon cher Jean, c'est que tu sois entièrement libre, inaccessible à aucune pression humaine. L'homme s'agite, et Dieu le mène. Ayons donc confiance en ce bon Père : soyons des cœurs de bonne volonté. »

Malgré la sincérité de ces protestations généreuses, la pauvre mère ne parvenait pas à éloigner de son esprit des pensées inquiétantes, à chasser « du ciel noir de son âme » les sombres nuages qui s'y amoncelaient. Son cœur, selon qu'elle l'écrivait, « restait tendu vers son bon petit sphinx dont Dieu connaissait l'énigme, avec une fixité qui aurait voulu lire dans le sien à travers l'espace ». En vain se disait-elle, avec un penseur : « Voyons tout en Dieu et avec Dieu. On ne voit rien au vrai, si on ne le voit de haut (1). » Malgré tous ses efforts, pour en arriver là et rassurer son âme, elle ne pouvait envisager l'avenir de son fils sans ressentir une sorte d'angoisse. La réserve, selon elle excessive, du Frère Marie-Adrien ne faisait qu'autoriser et accentuer, de jour en jour, cette angoisse douloureuse. « Mon cher enfant, lui écri-

---

(1) De son côté, la comtesse de l'Écuyer écrivait à sa fille : « Tu me désoles de te tant préoccuper de l'état d'âme de Jean. Sois sûre qu'il est bon. Le jour dont tu parles, et même la lumière éclatante se feront sur tout cela au moment indiqué par la situation. Laissons-le tranquille, et que son épreuve s'achève. Dieu est certainement avec lui ; il est entré là enfant, il en sortira homme. Ayons confiance ! »

vait-elle, nous sommes comme deux instruments désac-
cordés qui ne savent plus reprendre l'accord… »

Dans les nombreuses conjectures que lui inspirait cette
incertitude anxieuse, elle en vint, et cela se conçoit, à supposer que son fils subissait peut-être une sorte de pression
inconsciente de la part de ses supérieurs, et que s'il était
resté à la Trappe, c'était par force, y prolongeant une épreuve
inutile et douloureuse. Profitant donc de l'annonce que lui
faisait le Frère Marie-Adrien d'une décision prise par ses
supérieurs, décision d'après laquelle « les novices suscepti-
bles d'être appelés sous les drapeaux ne prendraient aucun
engagement religieux (1) avant leur service fini », Mme de
Tugny crut pouvoir proposer à son fils un moyen naturel de
recouvrer sa liberté. L'année qui devait s'écouler entre le
tirage au sort et l'appel sous les drapeaux devant être em-
ployée par lui à compléter les notions acquises en philosophie et même à aborder l'étude de la théologie, pourquoi ne
passerait-il pas cette année dans un séminaire ou à la maison, appliqué à l'étude et recevant les soins nécessaires
pour refaire sa santé qu'elle soupçonnait être plus ou moins
éprouvée par le régime de la Grande-Trappe? C'est dans ce
sens qu'elle écrivit au Frère Marie-Adrien, en l'absence de
M. de Tugny qui, par une discrétion louable, n'avait pas
voulu intervenir sur « ces terrains réservés ».

Voici en quels termes pleins de dignité surnaturelle le
novice répondit à la proposition qui lui était faite.

« Si grande que paraisse la force de vos raisons, et quelque foi que j'ajoute au désintéressement de vos intentions
et à l'impartialité de vos vues, je n'oserais m'aventurer à
vous confier la responsabilité d'une intervention décisive
dans l'une des plus graves questions qui puissent intéresser
les destinées éternelles de mon âme. Assurément, je ne veux
rien exagérer; et je puis vous donner l'assurance que ce
que je viens de dire n'a pas pour objet de blâmer votre idée

---

(1) C'est-à-dire ne seraient pas admis à la profession, ne prononceraient pas
de vœux.

ni de la rejeter ; j'ai parfaitement le sentiment de la situation que vous m'exposez. Toutefois, étant donnés l'extrême difficulté de la question et le peu de temps que j'ai eu pour l'examiner, vous comprendrez ma réserve, dictée par la prudence, et vous voudrez bien patienter en attendant ma réponse, ou plutôt l'exposé de mes idées personnelles sur un sujet si délicat. »

A une autre lettre dans laquelle sa mère faisait valoir des raisons nouvelles, en faveur de sa proposition, il répondit ainsi : « J'apprécie comme il convient ce que vous me dites ; vous n'avez fait que réveiller dans mon esprit des idées anciennement mûries ; en sorte que, à part quelques légers détails, nous nous trouvons d'accord sur les considérations *contre*, mais non sur les considérations *pour*, que vous semblez oublier complètement, au grand préjudice de votre cause. On n'a cependant le droit de se prononcer sur une question qu'après en avoir examiné les raisons *pour* et les raisons *contre*, après en avoir reconnu tous les tenants et aboutissants ; alors, mais alors seulement, on peut se décider légitimement, en toute connaissance de cause, selon les lumières qui résultent de cette élaboration préalable. D'ailleurs, comme vous le remarquez fort justement, « si le « temps fait naître les résolutions, il les détruit aussi bien « souvent ». La force des circonstances est une loi qui s'impose nécessairement à tout esprit sérieux, raisonnable et sans parti pris. Il est donc sage, très sage, de laisser au temps et aux circonstances le soin de mûrir les réflexions et de les changer, s'il y a lieu. Vous voyez que je ne marche point à l'aveuglette ; la raison toute sèche me sert de guide en tout ceci, et c'est sa décision que je suivrai. Remarquez toutefois que la raison humaine a souvent tort dans les affaires du salut, qu'elle embrouille et empêche le plus ordinairement. Telles considérations humaines, en apparence favorables aux surnaturelles, leur sont, en réalité, contraires et opposées. Ainsi, la sagesse est parfois folie, et réciproquement. »

Les extraits que nous venons de mettre sous les yeux du lecteur montrent avec quelles vues surnaturelles notre novice envisageait la question de son avenir et avec quelle force d'affection il tenait à persévérer dans le service de Dieu, sans vouloir rien concéder à la nature. A quelques jours de là, il écrivait à Mme de Tugny : « La question qui vous préoccupe vient de se décider à la suite de quelques jours de réflexions et de prières, dans l'issue desquelles vous devez reconnaître manifestement la main de Dieu et la volonté d'en-haut. J'en ai examiné consciencieusement tous les points de vue, tels que vos dernières lettres me les ont présentés; j'en ai recherché toutes les conséquences, scruté tous les détails, apprécié tous les arguments, et je demeure convaincu qu'il n'y a, pour la liberté et pour la sûreté de ma vocation religieuse, comme pour la solution des nombreuses difficultés matérielles, inévitables sans cela, d'autre issue possible que celle-ci : *la liberté de ma vocation et la liberté de mes études placées sous la garantie loyale du cloître monastique.* La voilà, cette réponse que je vous ai promise; la voilà *définitive, irrévocable,* et propre à calmer toutes vos inquiétudes, toutes vos agitations, si vous savez l'accepter comme venant de Dieu même, par la bouche de ses représentants les plus autorisés. Je ne vous en dis pas davantage, et je ne vous parlerai plus désormais de cette question; *causa finita est!* »

Toutefois, le cœur maternel, sans se rebuter de ces austères déclarations, se croyait en droit de faire valoir, avec une particulière insistance, des motifs, selon lui légitimes et respectables. Mais le cœur du fils, soutenu par une foi invincible, résistait à ces assauts multipliés et conservait toute son indépendance surnaturelle. « Pour ce qui est de votre idée, écrivait à Mme de Tugny le Frère Marie-Adrien, il n'est plus besoin d'en parler. Vous avez une lettre de moi, datée du 13 juillet, où, répondant à vos insistances, je vous déclarais que j'avais la volonté de rester... J'ai dit ce que je devais, et j'ai, autant que j'ai pu, rendu manifeste le tort que

vous auriez de me troubler dans mes bonnes résolutions.
Soyez persuadée que quelque sollicitude que vous puissiez
avoir pour le salut de mon âme, elle n'égalera jamais la
mienne. Et quand même je me tromperais, je ne compte
pour rien de me tromper en le faisant avec droiture et simplicité sous la direction de ceux qui *ont autorité de Dieu
sur moi*. Le pire de tous les partis serait d'abandonner im-
prudemment ma vocation dans l'incertitude de l'avenir.
Qu'adviendrait-il si mon cœur, ébranlé par vos sollicitations
et par vos instances, allait accueillir la tentation de regarder
en arrière et de douter de la voie dans laquelle il est généreusement entré?... Encore une fois, jamais les intérêts
éternels de mon âme n'ont été plus en cause qu'en ce moment. Avec vos illusions, ne voyez-vous pas que, bien éloignée de les servir, vous ne faites que compromettre ma
vocation, en supprimant les moyens capables de l'entretenir et de la conserver? Je vous dis les choses en général,
et je vous en laisse faire l'application, suivant que le bon
sens vous l'inspirera. Mais assez sur ce sujet énervant.
N'espérez plus une réponse; non, non, n'en espérez plus;
voulez-le, ne le voulez pas, je ne vous en parlerai plus désormais. Je remets tout entre les mains de mes supérieurs;
ce n'est plus à moi qu'il faut vous adresser. »

En parcourant les pages qui précèdent, en assistant à cette
sorte de débat entre un amour maternel quelque peu aveu-
glé et intéressé et un amour filial quelque peu défiant et
prévenu, le lecteur aura peut-être eu la tentation de blâmer
la mère et le fils, la première pour être intervenue d'une
façon indiscrète dans la grave affaire de la vocation du second, et celui-ci pour l'austérité de son attitude vis-à-vis
d'un être aussi digne de confiance et d'affection qu'est une
mère. Ne blâmons pas; s'il y a eu, de part et d'autre, quelques excès, ils trouvent leur justification dans les intentions
très pures, dans les motifs très droits, très respectables qui
inspirèrent la conduite de l'une comme celle de l'autre.

M. de Tugny, selon que nous l'avons dit plus haut, avait
jugé plus conforme à la prudence chrétienne de s'abstenir
de toute intervention directe dans cette grave question. « Je
reçois ce matin, cher enfant, écrivait-il le 17 juin 1891, copie
de ta lettre adressée mardi à Paris (1). Je vois avec joie que
tu es enfin sorti de la période d'incertitudes, d'hésitations
que, selon moi, n'avaient pas peu contribué à faire naître
et entretenir les lettres de mère et de grand'mère, avec les
meilleures intentions du monde. Pour moi, je trouvais et
trouve encore qu'en ces questions, entièrement du ressort de
la conscience et de l'âme intérieure, il était sage de ne pas
intervenir. Dieu parle dans la solitude : *in silentio Dominus;*
rien de plus sacré que sa parole dite à l'âme; d'ailleurs,
sa voix n'empêche pas d'entendre celle des supérieurs pru-
dents, avisés, habitués à ces luttes intérieures, à donner
les conseils que leur inspirent avec certitude leur longue
expérience et leur habitude de manier les ressorts délicats
du cœur humain, sans les froisser ni les fausser. J'ai donc
pleine, absolue confiance en eux, en toi, mon cher enfant;
puisque la maturité de l'esprit a devancé de beaucoup chez
toi celle de l'âge, je ne puis concevoir nulle inquiétude raisonnable sur ton compte... »

« Votre lettre, mon bien cher père, répondit le Frère
Marie-Adrien, est parfaite, à mon avis et à celui du Révérend
Père, qui l'appelle un modèle de bon sens, de sagesse et de
religion. »

Dès ce moment, les lettres de notre novice à sa mère ne
furent plus qu'une exhortation affectueuse et pressante à
entrer dans les desseins de Dieu sur lui, à acquiescer au
bon vouloir divin. « Je ne cesse de demander à Dieu pour
vous, ma bien chère maman, la soumission à sa volonté
par-dessus toutes choses, même par-dessus vos affections. »

La remerciant de remèdes qu'elle lui avait envoyés, il disait : « Je ne saurais exprimer combien je suis touché,

______

(1) Mme de Tugny était, à ce moment-là, auprès de sa mère, la comtesse de
l'Écuyer, malade.

malgré leur heureuse inutilité, des remèdes que vous m'avez
envoyés. Ils me disent si bien votre affection ! Ils me rappel-
lent si délicieusement les mille et mille petits soins du temps
jadis, tous ces riens charmants auxquels l'amour maternel
donne tant de prix ! Que le cœur aime donc à se sentir ainsi
aimé et chéri ! Mais il ne faut pas de mollesse dans cet
amour. Qu'il soit, avant tout et par-dessus tout, chrétien,
c'est-à-dire courageux, généreux jusqu'au sacrifice ; quand
Dieu le demande, qu'il sache dire avec soumission, avec
larmes aussi : « Mon Père, que votre volonté soit faite !... »
Encore une fois, ne soyez pas égoïste, et laissez-moi au bon
Dieu tout entier ! »

Une lettre du Père Maître des novices (1), en rassurant
M\ :sup:me de Tugny sur la santé de son fils, vint achever de la
fixer sur l'avenir de ce dernier, tout au moins sur ses dispositions actuelles. « Le Frère Adrien, disait-il, commencera
tout prochainement l'étude de la philosophie ; il a préféré,
et cela en toute liberté, faire cette étude dans le monastère
où la grâce de Dieu l'a conduit ; et, aujourd'hui plus que jamais, il sent le besoin de rester fidèle à sa vocation. Ses
deux années d'épreuve n'ont fait que le confirmer dans ses
bonnes résolutions, et il voit arriver avec peine le moment
où il sera obligé d'interrompre les exercices de la vie religieuse. Aussi ne veut-il quitter le monastère qu'au dernier
moment. En cela il ne subit que l'influence de la grâce,
persuadé que cette fidélité attirera sur vous et sur lui d'a-
bondantes bénédictions. De notre côté, nous nous faisons
une obligation de le laisser parfaitement libre ; seulement la pensée de son éternité le fait réfléchir, et il tient
avant tout à sauver son âme ; du reste, plus il demeurera
près du bon Dieu, plus il se montrera affectueux pour les
siens. »

Notre étudiant s'était donc mis à la philosophie avec un
entrain qui lui aurait volontiers fait oublier son corps,

(1) Le R. P. Jean-Marie, successeur, dans cette charge, du R. P. Marie-Odilon,
élevé à la dignité de Prieur de la Maison-Dieu.

« cette guenille », comme il l'appelait plaisamment, si de fréquentes indispositions, peu graves heureusement, ne l'eussent rappelé à la triste réalité des misères et des exigences terrestres.

De temps en temps, il s'arrachait à ses chères études, pour faire entendre à sa mère la grave et opportune leçon du détachement : « Ne revenez pas sur le sacrifice accompli... Ne retournez pas vous-même le fer dans la plaie. C'est une faiblesse commune à ceux qui souffrent; mais il faut vous élever au-dessus du commun. Demandez à Dieu la force nécessaire pour soutenir cette pénible lutte; priez, priez sans cesse, et il mettra dans votre âme la paix et la consolation. »

On approchait de l'époque à laquelle le Frère Marie-Adrien devrait quitter momentanément la Grande-Trappe pour aller se présenter au Conseil de revision. Il fut convenu entre ses supérieurs et lui qu'il passerait, à cette occasion, dans sa famille un mois entier, après lequel il reviendrait reprendre ses saintes occupations, sa vie de prière et d'étude à la Maison-Dieu, en attendant le moment de son départ pour le service.

M. de Tugny avait fait des démarches pour obtenir que son fils, s'il était accepté par le Conseil de revision, fût incorporé à Laon, dans le même régiment et la même compagnie que son frère aîné, Jacques. « Je ne vous parle, écrivait le Frère Marie-Adrien à ses parents, ni de la revision ni des démarches à faire auprès du Général de F., pour mon transfèrement à Laon. Je suis purement passif dans toute cette affaire et me borne à attendre en paix la manifestation de la volonté de Dieu. »

De son côté, le Révérendissime Père abbé, Dom Marie-Étienne, avait entrepris diverses démarches dans le but de faire exempter le Frère Marie-Adrien du service militaire. « Les démarches que j'ai faites, écrivait-il à Mme de Tugny, reposent principalement sur la vocation du sujet et l'impiété de la loi qui la combat injustement; mais n'allez pas croire que je veuille gêner la liberté de votre fils et me mettre en dehors des voies providentielles. Quand le moment du Conseil de revision sera venu, il s'y rendra et le résultat sera accepté, quel qu'il soit, comme l'expression de la volonté de Dieu. »

CHAPITRE VIII

SORTIE DE LA GRANDE-TRAPPE — L'ANNÉE DE SERVICE
MILITAIRE.

(1892-1893)

Ce fut le 28 mars 1892 que le Frère Marie-Adrien quitta
la Grande-Trappe pour se rendre à Beaurieux, auprès de sa
famille, et de là, au Conseil de revision. « Je ne vous dis
rien, écrivait-il à ses parents, la veille de son départ, je ne
vous dis rien de mes impressions en quittant pour la première fois, depuis deux ans, une maison où le bon Dieu
m'a si providentiellement amené après les mille incertitudes de ma vocation. Nos cœurs seront plus à l'aise, quand
il n'y aura plus là ce glacial papier pour les séparer. »

Nous n'avons pas à dire combien fut émouvant le retour
de ce fils si tendrement aimé, auquel la vie de silence, de
recueillement et de pénitence avait donné, au physique et
au moral, un cachet de gravité et de maturité qui contras-
tait avec sa grande jeunesse.

Toutefois, la joie que ce retour apportait à la famille de
Tugny ne devait pas être sans mélange. On ne fut pas
longtemps à s'apercevoir, à la maigreur du visage et à
l'allure exténuée du Frère Marie-Adrien, de l'état précaire
de sa santé. De prime-abord, on pouvait bien n'attribuer cette maigreur, cette fatigue qu'à la vie recluse et
austère de la Trappe; mais, après un examen plus attentif, on était amené à craindre quelque désordre orga-

nique. Nul, plus que Mme de Tugny, ne fut impressionné de cet extérieur maladif, et n'en conçut des inquiétudes. Pressé de questions, le Frère Marie-Adrien finit par avouer à sa mère qu'il avait presque continuellement souffert des intestins, durant les deux années et demie passées à la Maison-Dieu. Bien des fois, Mme de Tugny, dans ses lettres à son fils, avait multiplié les recommandations relativement aux soins à prendre dans les affections de ce genre. De leur côté, avec une sollicitude toute paternelle, les supérieurs du courageux novice l'avaient obligé, en diverses circonstances, à user des adoucissements réclamés par son état de santé; mais ni eux ni le Frère Marie-Adrien n'avaient cru devoir donner une grande importance à ce qui paraissait n'être qu'une simple indisposition.

Dans la surprise pénible que lui causait le délabrement extérieur de la santé de son fils, craignant l'existence d'un mal latent, peut-être irrémédiable, et n'écoutant que la prudence maternelle, plus facile à s'alarmer depuis la mort de sa fille Micheline, Mme de Tugny conduisit le Frère Marie-Adrien à Laon, chez un médecin des plus estimés. « Celui-ci, rapporte-t-elle, sans toucher une question qu'on ne lui posait pas, insista pour que mon fils fût soumis à un régime réconfortant; il prescrivit tout un traitement à suivre, qui n'a été abandonné qu'au départ de Jean pour le régiment. Peu à peu, il reprit des forces et son air devint meilleur. Mais j'étais persuadée que s'il retournait à la Trappe, les entrailles et l'estomac se retrouveraient malades, et je l'engageai fortement à se tourner vers le séminaire, dans la pensée que si Dieu l'appelait à être prêtre — et combien son père et moi le désirions! — nous pourrions mieux nous occuper de sa santé, pour la soutenir et la fortifier. En somme, nous laissions à Jean toute liberté de retourner à la Trappe. Nous nous serions fait un cas de conscience d'exercer une pression sur ses idées. Je n'ai jamais songé, pour ma part, à reprendre mon sacrifice; mais j'ai cru de mon devoir de mère de presser mon cher fils de s'*étudier* sérieusement,

avant de se lier pour toujours, pendant le temps d'arrêt
forcé, entre son noviciat à la Trappe et le parti à prendre
après le service militaire... »

Les préoccupations de ses parents, l'avis du médecin consulté, ajoutons aussi ses craintes personnelles, décidèrent le
Frère Marie-Adrien à soumettre son cas au jugement d'un
arbitre désintéressé. Cet arbitre, quel fut-il? Aucun des documents, retrouvés après sa mort, aucun des renseignements
fournis par la famille n'ont pu nous le faire connaître. Mais
il est évident, par le texte d'une lettre adressée, vers cette
époque, par notre novice au Révérendissime Père abbé de
la Grande-Trappe, qu'une décision, ayant à ses yeux une
valeur souveraine, était intervenue. Dans cette lettre il annonçait sa résolution, accompagnée des plus vifs regrets, de
ne plus retourner à la Trappe. « J'ai lieu de croire, disait-
il, que vous serez surpris d'une telle résolution. Mon initiative passée, l'accomplissement intégral de mon noviciat,
sont un appoint avec lequel vous pouviez raisonnablement
compter sur ma persévérance. » Puis venait l'exposé des motifs qui avaient inspiré sa détermination, et dont le principal
était celui « des inconvénients physiques », conséquence du
régime de la Trappe. Ce motif, prévoyait-il, ne laisserait pas
de surprendre ses supérieurs. Dans sa réserve excessive et,
plus encore, dans son amour pour la pénitence, il leur avait
ordinairement caché, il avait, tout au moins, enduré sans
les laisser soupçonner, les souffrances qui lui rendaient hu-
mainement très dure la vie trappistine. « Si ma réserve à cet
égard, ajoutait-il, ne vous a pas permis d'apprécier toute
la gravité de ces inconvénients, laissez-moi vous dire aujourd'hui qu'ils sont assez graves pour ne me faire envisager
la perspective de mon retour à la Trappe qu'avec une répugnance invincible... J'ai consulté des hommes éclairés (1),

(1) Dans une lettre écrite vers la même époque, il disait plus explicitement
encore : « Durant mon séjour dans ma famille, j'ai exposé à *des ecclésiastiques
éclairés* les inconvénients physiques et moraux qui avaient été pour moi la

j'ai consulté Dieu, et je puis me rendre le témoignage que mes réflexions et mes prières ont suivi une marche également sage et prudente. Ne croyez pas que quelque considération, quelque influence humaine, soient pour quelque chose dans ma détermination ; mais croyez qu'en présence d'une détermination aussi redoutable, les illusions disparaissent... »

En terminant, il disait : « Je connais trop votre amitié pour moi, mon Révérendissime Père, pour ne pas croire à la joie de votre cœur de savoir le mien délivré d'une incertitude aussi cruelle. »

L'annonce de cette décision inattendue, faite presque à l'insu de M. et de Mme de Tugny, ne laissa pas, ainsi que l'avait prévu le Frère Marie-Adrien, de surprendre le Révérendissime Père abbé.

Néanmoins, ce dernier montra, par sa réponse à la lettre dont nous venons de reproduire quelques passages, qu'il acceptait les motifs invoqués et qu'il voyait dans cette résolution autre chose qu'un acte inspiré par l'inconstance ou la peur du sacrifice. « Mon cher enfant, écrivait-il à Jean, — c'est le nom que reprenait le novice d'hier en rentrant dans la condition séculière, — mon cher enfant, la conscience est un domaine sacré. Quand on agit sincèrement selon son *dictamen*, on fait toujours bien, quand même on se tromperait. Vous avez cru obéir à Dieu en venant à la Trappe que vous ne connaissiez point. Expérience faite, vous jugez que ce n'est pas là votre place. Vous auriez tort d'y rester. C'est vous dire, mon cher enfant, que, malgré le déplaisir de ne plus vous posséder, je suis loin de me plaindre de votre décision. »

« J'espère, ajoutait paternellement le Prélat, que les deux ans passés dans la prière et l'exercice de la pénitence ne seront pas perdus pour votre avenir et pour votre éternité.

conséquence du régime de la Trappe ; *et tous, d'un commun accord, les ont jugés assez graves pour me faire renoncer à une vocation au-dessus de mes forces.* » (Lettre à M. Icard, supérieur général de Saint-Sulpice. 15 sept. 1892.)

Notre affectueux souvenir et notre prière vous accompagneront partout. Vous avez le cœur trop bon et trop sensible pour ne pas penser, de temps en temps, à la Grande-Trappe, et peut-être éprouverez-vous quelquefois le besoin de venir vous y reposer. Cédez à ce besoin quand il se manifestera; nous serons toujours heureux de vous aider à le satisfaire. »

Cette lettre toute paternelle était bien faite pour rassurer l'âme craintive de Jean. Toutefois une question nouvelle se posait dans son esprit, dont la solution allait le préoccuper, durant les quelques mois qui devaient s'écouler avant son départ pour la caserne; car, malgré l'état délabré de sa santé, le Conseil de revision l'avait déclaré apte au service militaire. Quelle voie devrait-il suivre désormais, puisqu'il renonçait à suivre celle qui l'eût conduit à la consécration perpétuelle et totale de lui-même dans l'état monastique? Se contenterait-il de rester dans la condition laïque et, dans ce cas, son temps de service fini, quelle carrière embrasserait-il?

La question, ainsi posée, ne pouvait point ne pas avoir sa solution immédiate. Du monde, il ne voulait à aucun prix. Le monde, il l'avait en horreur; c'est à Dieu qu'il voulait être, c'est Dieu qu'il prétendait servir, à lui qu'il éprouvait un irrésistible attrait de s'attacher et de se consacrer. Dieu n'avait-il pas été la pure vision, la douce et tendre affection de son enfance; puis, la passion souveraine de son adolescence? Et présentement, pouvait-il dire autrement que comme le Roi-Prophète : *Quid mihi est in cœlo, et a te quid volui super terram? Deus cordis mei, et pars mea Deus in æternum* (1).

Ces pieuses aspirations étaient, du reste, encouragées par tous ceux auxquels Jean les découvrait pour savoir si elles n'étaient point l'effet de l'illusion ou d'une effervescence juvénile (2). Aussi lui fut-il conseillé, pour échapper à la

(1) « Qu'y-a-t-il pour moi dans le ciel, et hors de vous qu'ai-je voulu sur la terre, ô le Dieu de mon cœur et mon partage pour l'éternité? » (Ps. LXXII, 25-26.)

(2) « Une retraite chez les Jésuites, écrivait-il, les avis d'hommes consommés dans l'étude des vocations, m'ont enfin à peu près tiré d'incertitude. »

dure obligation de trois années de service militaire, d'aller, au préalable, passer quelque temps dans un grand séminaire et de faire valoir, en vue d'une exemption de deux ans, sa qualité d'élève ecclésiastique (1). Des démarches furent faites dans ce sens auprès du Supérieur général du séminaire Saint-Sulpice, à Paris; et, le 29 septembre, Jean était admis au séminaire d'Issy, pour faire, comme il l'avait écrit à M. Icard, « une station d'un mois » avant de partir pour la caserne, « station qui me sera, disait-il, comme un appui moral de la plus haute importance au milieu des terribles épreuves que je vais être appelé à subir ».

De ce court séjour de Jean au séminaire d'Issy (2) nous ne dirons que peu de chose. Comme tous les séminaristes, il prit part à la retraite annuelle qui a lieu aussitôt après la rentrée. Il suivit ensuite le cours de philosophie scolastique; « étude très sérieuse, écrivait-il, et qui demande une grande somme de travail intellectuel ». « Cependant, disait-il encore dans une autre lettre, les études ne font pas oublier les exercices de piété. On ne vient pas tant au séminaire pour acquérir de l'instruction, que pour perfectionner son éducation morale et religieuse. Le séminaire est surtout une école de discipline religieuse. En partant de ce principe, et en considérant l'influence considérable exercée sur la formation religieuse et morale par la vie régulière du séminaire, on peut se rendre compte que l'excellence du clergé est en raison directe de la régularité des séminaires. Voilà pourquoi le clergé français tient dans l'Église le premier rang. Les évêques des deux Amériques, les évêques d'Allemagne eux-mêmes, dont le clergé compte tant d'hommes éminents, étudient en ce moment les réformes à faire dans leurs séminaires pour remédier précisément à ce manque de discipline qu'ils ont compris être la cause de leur infé-

---

(1) D'ailleurs, le seul fait de la présence de son frère aîné sous les drapeaux était pour Jean un titre suffisant à être dispensé de deux années de service. Le désir d'exempter son frère avait été le motif déterminant pour M. Jacques de Tugny de signer un engagement de quatre années, en novembre 1889.

(2) Du 1er octobre au 3 novembre 1892.

riorité relative. Chez eux, le côté intellectuel absorbe tout.
Mais si l'on comprend, à la rigueur, un prêtre sans la science,
peut-on comprendre un prêtre sans la sainteté? La base de
la sainteté est le renoncement à soi-même; et le moyen
le plus efficace d'acquérir ce renoncement est la régularité.
Qu'on ne dise pas qu'une telle manière de concevoir la formation aboutisse à la routine et à la ruine de la spontanéité.
Le règlement donne aux natures molles le ressort qui leur
fait défaut, en leur apprenant à vouloir. Les natures fortes y
trouvent leur perfectionnement. Napoléon exprimait un jour
à M. Émery son étonnement de le voir attacher tant d'importance à ce qu'il appelait des détails. M. Émery lui répondit : « Sire, s'il n'y avait pas dans votre armée des
« hommes pour veiller aux moindres détails, est-ce que
« vos soldats seraient les premiers soldats du monde? »
N'avons-nous pas eu dans la dernière guerre un lamentable exemple de la nécessité de la discipline? »

La « station d'un mois » terminée, Jean revint à Beaurieux dire adieu à ses parents avant de partir pour la caserne. En quittant le séminaire, il emportait le témoignage
flatteur du Directeur de la maison, M. Montagny, lequel,
dans une lettre à M. de Tugny, disait : « Votre cher enfant
nous a donné pleine satisfaction. Nous serons heureux de
rester en relations avec lui et de le recevoir de nouveau
après son service militaire. »

Jean fut incorporé au 45ᵉ de ligne, à Laon. Il y trouvait
un double avantage, celui d'être dans la même garnison
que son frère Jacques, sous-officier depuis quelques mois,
et celui d'être rapproché de ses chers parents. En mère
soucieuse avant tout des intérêts spirituels de ses enfants,
Mᵐᵉ de Tugny, au début de cette période d'épreuve pour
son fils cadet, fit inscrire Jean dans l'Archiconfrérie de
Notre-Dame des Armées (1), comme elle l'avait fait pour
son fils aîné, lors de son engagement militaire.

(1) L'inscription porte la date du 13 novembre 1892.

Les commencements de cette vie nouvelle, si différente de celle qu'il avait menée durant plus de deux années, furent pour Jean un temps de vraie souffrance morale : « Il y a vraiment de quoi être abruti, écrivait-il à ses parents, par tout ce que je fais, vois et entends. » Heureusement que l'étude, la fréquentation de quelques ecclésiastiques, la société de son frère, les visites périodiques à sa famille, les lettres encourageantes de sa mère, et, plus encore, la prière, le recours à Dieu, la réception des sacrements, le dédommageaient de cet « abrutissement » et l'empêchaient d'en subir la contagion.

« J'ai été me remettre un peu de toutes ces secousses morales, écrivait-il, en assistant à la sainte messe, dont j'ai suivi avec consolation les belles et fortifiantes prières. »

« Merci de vos bons encouragements, écrivait-il encore. Ils m'ont fait du bien, mais pas autant que ceux de Notre-Seigneur dans la sainte Communion. Dimanche matin, en effet, aussitôt libre, je me suis rendu à Saint-Martin, où j'ai pu m'approcher des sacrements. Victor Hugo a résumé dans des vers admirables les tendres appels du Dieu qui se fait tout à tous... Rien ne donne du courage comme de penser qu'un Dieu a souffert pour nous..... »

Dans une autre lettre, il exprimait ces beaux sentiments : « Nous ne sommes sur terre que pour nous exercer à la vertu. C'est ce que je me répète pour me consoler... Mais la tristesse ne se combat pas par des réflexions. Je suis donc allé demander au Cœur de Notre-Seigneur un peu des sentiments d'amour et de résignation qui l'animèrent, aux jours de sa vie mortelle, à l'égard de la volonté de son Père. Je dis maintenant comme lui : Mon Dieu, que votre volonté soit faite ! »

Traitant dans une de ses lettres la question finances, d'une si grande importance aux yeux de la plupart des troupiers, il écrivait : « J'estime qu'il est toujours préférable de ne pas s'exposer à la tentation de se sentir une forte somme en poche. L'argent brûle les mains des jeunes gens. Il semble qu'ils ne puissent en avoir que pour le jeter par la fenêtre. Cette précaution me préservera, je l'espère, de tomber dans les mêmes errements que je condamne. Je ne puis que l'espérer, car qui peut être sûr de ne pas faillir, et de ne pas commettre un jour les fautes qu'il reproche aux autres ? Saint Augustin disait, à ce propos, que la vue d'un grand pécheur, bien loin de nous enorgueillir, devrait nous faire craindre de lui devenir semblable, et remercier Dieu qui nous a soutenus dans le droit chemin. Ces considérations, que je ne fais que vous indiquer, me portent à l'indulgence pour les espèces de criminels inconscients que l'on rencontre au régiment. Je ne les absous pas ; ils sont coupables, parce qu'ils sont libres et, partant, responsables ; mais ce sont des coupables, en général plus pardonnables, parce qu'ils ont plus de difficultés à vaincre, pour rester dans le devoir. »

La vie toute matérielle de la caserne lui suggérait les réflexions suivantes : « L'influence du physique sur le moral est plus facile à constater à la caserne que partout ailleurs. La fatigue des exercices a son retentissement dans les facultés qui ne s'exercent qu'avec effort. Je me sens alourdi ; il me faut réagir vigoureusement pour contraindre l'esprit à ne pas se laisser dominer par le corps. Jusqu'ici, je n'ai pu encore travailler sérieusement, faute de tranquillité ». (1)

A quelque temps de là, il revenait sur l'écœurement produit sur lui par la vie de caserne : « Les premiers jours ne m'ont pas semblé trop pénibles. Je commence maintenant seulement à sentir toute l'amertume de ma situation. Ce milieu est intolérable. Quand les conversations ne sont pas ouvertement immorales, elles sont d'une grossièreté dégoûtante, révoltante. La Caserne est un vaste tripot. »

Ce malaise, ou plutôt cette souffrance morale, ne contri-

---

(1) Dans le but de lui procurer la facilité de se livrer à l'étude pendant les heures de liberté, M. et Mme de Tugny avaient mis à la disposition de leur fils une chambre retirée, chez deux anciennes servantes d'un de leurs parents qui, en mourant, leur avait laissé de quoi vivre pendant leur vieillesse. Mais, après expérience faite, Jean comprit que la fatigue physique du service rendait ce travail intellectuel impossible. Ce lui fut un rude sacrifice d'y renoncer.

buait pas peu à entretenir dans le cœur de Jean des aspirations vers le sacerdoce, et même vers la vie religieuse, mais dans des conditions moins austères et plus favorables à « ses tendances secrètes vers une vie plus active ». Cela ressort clairement d'une lettre adressée par Jean, à l'occasion de la nouvelle année 1893, au Révérendissime abbé de la Grande-Trappe. « Cette époque du nouvel an, y disait-il, revêt pour moi presque le caractère d'un anniversaire. Au moment où je vous écris, j'ai le cœur plein des souvenirs qui me représentent cette page de ma vie, déjà à demi effacée, dont les caractères expriment cependant avec netteté l'incertitude, entre des velléités de vocation religieuse et des tendances secrètes vers une vie plus active. Ces tendances l'ont emporté, les circonstances aidant. Dois-je le regretter? L'avenir le montrera. Quoi qu'il arrive, j'ai agi selon ma conscience, et si j'ai mal fait, le mal n'est qu'objectif. »

Une lettre écrite à Jean par M. Montagny, directeur du séminaire d'Issy, en réponse à une lettre dont nous ne possédons pas le texte, va permettre au lecteur de se rendre compte de la nature et de l'objet des préoccupations de notre séminariste-soldat. « La divine Providence vous a fait, au point de vue matériel, une situation qui n'est pas trop mauvaise, considérée au moins dans les circonstances où vous êtes.

« Au point de vue moral, je suis bien sûr aussi que le bon Dieu désire vous rendre plus heureux que vous ne l'êtes, et je crois que votre ennui vient de vous, de votre timidité, de votre délicatesse trop grande, et non de l'action du Saint-Esprit. Si vous aviez pu rester plus longtemps sous l'influence du séminaire, ces obscurités et ces angoisses eussent fait place à la lumière et à la paix. Vivez, au moins, de confiance et d'espérance : de confiance en la bonté de Notre-Seigneur qui certainement vous aime beaucoup et voudrait vous voir moins craintif à son égard; d'espérance, laissant à l'action du séminaire de régler vos incertitudes, ne vous occupant ni du passé ni de l'avenir, mais du présent. »

Docile à ces sages recommandations, Jean s'efforçait de
faire honneur à sa situation du moment, par le fidèle accomplissement de ses devoirs d'état. « J'ai été au tir ce
matin pour la première fois, écrivait-il. Je suis content du
résultat. Cinq balles sur six, et six points sur douze. Les
cibles, placées au pied d'un mamelon, se trouvaient à 150
mètres. Toute balle qui atteint le centre compte deux points,
les autres un point. On exige trois points au moins. J'espère réussir encore au prochain tir. »

Vers le milieu du mois de mai, aux fêtes de la Pentecôte,
Jean profita d'une permission de quarante-huit heures,
pour aller retremper son âme à cette Maison-Dieu qui
lui était restée chère. « J'ai été reçu littéralement à bras
ouverts par tous les bons Pères, écrivait-il à ses parents;
ils ne m'avaient pas oublié, malgré un an d'absence. Je
suis rentré ici avec une profonde impression de calme et
de repos d'esprit. »

Un pèlerinage qu'il fit, à la même époque, au sanctuaire de Notre-Dame de Liesse auquel le rattachaient de
pieux souvenirs d'enfance et d'adolescence, ne contribua
pas peu à le ranimer moralement et à lui faire supporter
avec courage les inconvénients de sa situation. L'un des
Pères qui desservent le célèbre sanctuaire de Marie (1) rendait ainsi compte à Mme de Tugny de ses impressions sur
Jean : « Dimanche, Notre-Dame de Liesse a vu dans son
sanctuaire votre fils Jean. Après sa visite à la Mère du
Ciel, ce cher enfant est venu me voir. Je l'ai trouvé aussi
aimable que généreux, réunissant dans sa personne toutes
ces belles qualités de notre vieille noblesse française. Il
veut offrir à Dieu tous ces dons, les employer à sa gloire.
Vraiment votre fils est digne d'une aussi sainte vocation... »

La pensée de se donner à Dieu, dominant toutes les autres, absorbait littéralement ce généreux jeune homme.
Il y ramenait toutes choses par un impérieux besoin de

____

(1) Le R. P. d'Aquin.

son âme, comme on en peut juger par la lettre suivante à ses parents : « Je vous écris au sortir de la messe que j'ai entendue à Saint-Martin, à votre intention, en union avec celle que vous entendiez à Beaurieux. J'ai prié pour vous, naturellement. J'ai surtout demandé à Dieu de vous pénétrer de cette pensée que nous sommes faits pour le servir, et que, par conséquent, toutes nos actions doivent se rapporter à cette fin. Les souffrances que l'on rencontre inévitablement dans la vie ne doivent pas plus nous décourager que nous étonner. L'homme est fait pour lutter; c'est la loi de son existence présente, qu'il faut envisager comme une expiation méritée et qu'il ne tient qu'à lui de rendre méritoire...

« Je crois que je tourne au sermon. C'est que, quelque sujet que je traite, je me sens toujours obligé de le ramener à ce point de vue supérieur qui est le seul solide, le seul important. »

Écrivant à Mme de Tugny, à l'occasion de sa fête, il lui disait, comme pour la préparer à une nouvelle séparation prochaine : « Ma bien chère maman, me permettez-vous de formuler un souhait qui me semble bien important pour vous dans le présent et dans l'avenir : la conformité à la volonté de Dieu, l'esprit de résignation et d'abandon à tout ce que la Providence peut vous demander, même de plus pénible, je devrais dire surtout de plus pénible? Pourquoi ce souhait? me demanderez-vous peut-être. Mon Dieu! parce qu'il me paraît le meilleur, étant données les circonstances où vous vous trouvez. »

Cependant, les mois s'écoulaient et notre « soldat malgré lui » voyait approcher le terme de son épreuve. « Encore vingt jours dans cette galère! » écrivait-il à ses parents. Mais avant de dire adieu sans regret à la caserne, il lui fallut subir l'inévitable épreuve des grandes manœuvres militaires. Contre mauvaise fortune, Jean sut faire bon cœur. « Nous voici à la troisième étape, près de Ribécourt (1), écrivait-il

(1) Dans l'Oise, arrondissement de Compiègne.

de Pimprez, dans un petit village de trois cents habitants, où, d'ailleurs, nous sommes bien reçus... La bataille s'est livrée ce matin, de sept heures à neuf heures et demie, sur les hauteurs échelonnées de Noyon, à la tour de Chiry. Ma compagnie a suivi le canal latéral de l'Oise, forcé un pont, et a pénétré au pas de charge dans le village de Chiry... Tout cela m'intéresse vivement, d'autant plus que je peux suivre tous les mouvements, ayant acheté les cartes d'état-major nécessaires. »

Quelques jours après, nouveaux détails. « Hier, 12 septembre, journée de repos à Cauby. Deux joies : celle d'assister à la sainte messe que j'ai servie, et l'autre, de lire votre bonne prose. Aujourd'hui, grand combat à distance, dans les immenses plaines de l'Oise. Ce soir, arrivée dans un pays assez misérable qui contient cependant un beau château, grand genre... La sainte Vierge et saint Joseph ne trouvèrent pas de place dans les hôtelleries. Pouvons-nous nous plaindre en pensant à ces mystères d'abaissement? »

Le 15, malgré la fatigue exténuante de la veille, Jean traçait au crayon les lignes suivantes : « Hier, combat interminable dans les immenses plaines de Prouleroy, Noroy et autres lieux. Après la bataille, marche non moins longue pour gagner les avant-postes qui nous sont échus. Nous ne sommes pas au centre des manœuvres; nous sommes sur les ailes, ce qui nous fait marcher davantage. Les hommes étaient harassés. J'estime que nous avons bien parcouru, dans cette journée, 36 kilomètres. A Rantigny, gros village au-dessous d'Ars, on nous a fait une véritable ovation. La rue principale était bondée de monde, des deux côtés. Partout des drapeaux, des inscriptions en l'honneur de l'armée et, par-dessus le marché, des applaudissements qui nous grisaient. Jamais je n'ai vu pareil enthousiasme sur le passage des troupes... Malheureusement, nous n'avons pas profité de ces bonnes dispositions, notre bataillon étant logé à trois kilomètres plus loin. Il n'en fallait pas tant pour achever

de nous casser les jambes. Mais ce n'est pas tout : arrivés
ici, on nous parque dans une bergerie étroite, où nous
sommes littéralement les uns sur les autres. Un cordonnier,
pauvre mais compatissant, offre le gîte à mon escouade.
Vite on quitte la ferme et l'on se traîne chez ce brave homme,
qui se met en quatre pour nous obliger. Nous allons repartir
tout à l'heure, Dieu sait où.

« Si l'espace et le temps me le permettaient, je vous dirais
mes impressions sur tout ce que je vois depuis quelques
jours. L'uniforme se tranfigure à mes yeux. C'est vraiment
le symbole du dévouement à la patrie, à l'honneur. Quelle
chose plus noble ! Mais aussi quels dessous de cartes !......

« Hier, fête de l'Exaltation de la sainte Croix, qui m'a rappelé les beautés du dogme de la souffrance. Il faut toujours
souffrir, toujours combattre, sans jamais défaillir. Voilà
toute la vie chrétienne. Que c'est beau ! »

Une dernière lettre de Jean, datée du 24 septembre,
venait annoncer à M. et à Mme de Tugny, avec la fin des
grandes manœuvres, la prochaine délivrance de leur fils.
« Saint-Paul. Nous venons de la revue. Dans quatre
heures, nous prendrons le train pour Laon. Les journaux
vous diront ce qu'a été la revue. Je vous fais donc grâce
de mes impressions personnelles, d'ailleurs insuffisantes à
vous donner une idée exacte de cet immense spectacle.
Comme on se sent petit au milieu de ces multitudes
d'hommes ! Ce sentiment ne devrait jamais nous quitter ;
il nous préserverait de bien des errements.

« Je suis tout entier à la joie de la délivrance qui arrive
enfin, après avoir été si longtemps attendue et désirée.
Nous n'arriverons sans doute à Laon qu'à huit heures du
matin. Le reste de la journée sera employé à verser au
magasin les effets. Le lendemain, on rendra les habits qui
restaient sur le corps et... libre alors de prendre « la poudre
d'escampette ! »

L'intention de Jean, en recouvrant sa liberté, sa décision,

comme il l'écrivait à ses parents, était de retourner à la
Trappe et de tenter, à nouveau, l'essai d'une vie pour laquelle, en somme, il se sentait un irrésistible et souverain
attrait. Mais cette décision ne fut pas agréée par ceux auxquels Jean la fit connaître, les directeurs de son âme.
A leurs yeux, c'était s'exposer à compromettre irréparable-
ment une santé que le régime claustral avait précédemment
altérée; c'était, en outre, reculer indéfiniment le sacerdoce
auquel ils le croyaient appelé. Dans cet état de choses, il fut
décidé que Jean irait suivre le cours de théologie au
grand séminaire de Montpellier. Ce séminaire, dirigé par
les prêtres de la Mission, avait alors pour supérieur
M. Dupuy, précédemment supérieur du petit séminaire
de Saint-Léger, à Soissons, ami intime de M. de Tugny
et prêtre aussi distingué par la sagesse de ses conseils et l'éminence de ses vertus que par l'étendue de sa
science. Consulté par M. de Tugny, il offrit à Jean de venir
étudier et mûrir sa vocation au séminaire. L'arrivée de
Jean à Montpellier coïncida avec le départ du vénérable
supérieur, transféré, pour cause de santé, dans une résidence des Lazaristes, à Prime-Combe (1). Après une courte
entrevue à Montpellier (2), M. Dupuy avait écrit à M. de
Tugny : « D'après mon conseil, votre cher enfant s'est dirigé sur Montpellier... Il va faire la retraite et prendre une
décision. Je lui ai conseillé de ne pas rentrer encore à la
Trappe, mais de faire son séminaire auparavant. Ce dont

(1) Par Sommières (Gard).
(2) « A peine Jean avait-il pris le train pour se rendre à Montpellier, qu'un
télégramme de M. Dupuy arrivait à Beaurieux pour l'arrêter; le lendemain, nous
eûmes l'explication de ce télégramme dans une lettre où M. Dupuy nous informait de son brusque départ du grand séminaire de Montpellier. Ne sachant
pas où rejoindre Jean, nous ne songeâmes même pas à l'arrêter. En arrivant
à Montpellier, grande fut sa déception de trouver M. Dupuy fermant ses malles,
et stupéfait lui-même de l'inutilité de son télégramme. Cependant, mettant les
circonstances à profit, il engagea Jean à rester quand même et à s'étudier en
faisant une année de théologie à Montpellier. Notre acquiescement, demandé
par dépêche, fut accordé de même, dans la pensée que la Providence avait
tout conduit et que nous n'avions qu'à nous incliner. » (Note de Mme de Tugny.)

il a besoin, ce n'est pas de se perdre dans les réflexions, mais de recevoir une direction à laquelle il sera docile... »

Avant de continuer ce récit et d'entrer dans l'exposé détaillé des trois années d'oscillation et de tâtonnement qui suivirent le retour de Jean de Tugny à Beaurieux, à l'expiration de son année de service militaire, il ne sera pas inutile, pensons-nous, de jeter un regard en arrière et d'apprécier, dans son ensemble, la conduite du jeune homme dont nous avons entrepris de faire connaître la vie.

Volontiers nous nous ferons l'écho de ces réflexions de Mme de Tugny au sujet de la vocation de son fils : « Jean n'a pas été compris ; on ne lui a pas laissé le temps de se reconnaître, de mûrir ses décisions, ou, du moins, de manifester ses aspirations avec toute la netteté désirable. Sa timidité, ses scrupules, l'empêchaient de s'ouvrir, du premier coup, comme il l'aurait voulu. Faute de le connaître assez, on le jugea d'une façon défectueuse... Il obéit... Mais les troubles de l'incertitude sur sa voie firent de sa vie une torture et un supplice. »

On a pu voir, dans les chapitres précédents, que ce qui manqua le plus à Jean, ce fut *une* direction. Le malheur pour lui, c'est qu'il en eut *plusieurs* et que chacune d'elles, sciemment ou non, l'engagea dans une voie distincte. Malgré le fond de générosité qui le caractérisa toujours, il ne parvint jamais à se défaire d'une certaine timidité, d'une défiance de lui-même allant jusqu'au scrupule, qui le portait à douter de ses aspirations personnelles et à accepter sans difficulté, à suivre docilement, aveuglément, celles des autres.

Comment, dès lors, s'étonnerait-on de voir ce malheureux jeune homme flotter, errer, s'engager dans des voies autres que celles où Dieu le voulait et, finalement, en sortir pour s'engager dans une voie nouvelle, qui n'était, pas plus que les autres, celle qu'il aurait dû suivre? Pour être bien comprise et dûment appréciée, la conduite de Jean de Tugny demande à être examinée à la clarté des indications qui viennent d'être fournies. Bien loin, alors, de trouver des motifs de blâme et de l'accuser d'inconstance, on sera porté à ne voir en lui que l'un de ces « obéissants » auxquels l'Esprit-Saint a promis « la victoire » définitive (1); un de ces « hommes simples et droits (2) » qui « plaisent à Dieu et sont aimés de lui (3) ».

(1) « Vir obediens loquetur victoriam. » (Prov., xxi, 28.)
(2) « Vir simplex et rectus. » (Job, i, 1.)
(3) « Placens Deo, factus est dilectus. » (Sap., iv, 10.)

CHAPITRE IX

(1895-1896)

Au grand séminaire de Montpellier, Jean reçut l'accueil
le plus paternel du digne successeur de M. Dupuy (1).
« Soyez assuré, écrivait le supérieur à M. de Tugny, que
j'aurai pour M. votre fils toute la bienveillance qu'il aurait
trouvée auprès de M. Dupuy. Jusqu'ici, il a l'air bien à son
affaire et ne paraît pas trop surpris ni par le climat ni par
le genre de vie du séminaire. Espérons que, le bon Dieu
aidant, M. votre fils connaîtra bien clairement la volonté de
Dieu sur lui et la suivra courageusement. »

De son côté, le directeur spirituel de Jean, originaire du
Soissonnais et ami de vieille date de M. de Tugny (2), écrivait à ce dernier : « Je suis heureux de vous donner de
bonnes nouvelles du bon et excellent abbé Jean de Tugny.
Sa santé s'affermit, grâce au climat du Midi et au beau temps
exceptionnel que nous avons cette année. Il s'adonne à l'é-
tude avec beaucoup de goût et d'application. Il paraît se
plaire au milieu de nous, et je pense que le contact de nos
natures méridionales ne sera pas sans produire sur lui un
heureux résultat. Nous n'avons qu'à nous louer de lui jusqu'à présent, et tout porte à croire qu'il en sera de même
dans l'avenir. »

Les lettres de notre séminariste manifestent clairement la

(1) M. Verdier.
(2) M. Merlu, professeur de théologie.

paix et le contentement de son âme, dans un milieu si différent de celui qu'il venait de quitter. Les exercices du séminaire, la nature des études auxquelles il se livrait, tout,
jusqu'au caractère ardent et expansif de ses confrères, semblait lui convenir à merveille. « Leur caractère, écrivait-il,
est, en général, ouvert et sympathique. L'intelligence est
vive, mais moins tenace que chez les hommes du Nord. Il
règne ici, sans interruption, en classe, à la chapelle, partout, un entrain que je qualifierais volontiers d'*endiablé*, si
l'expression ne dépassait ma pensée. »

Au séminaire, Jean trouva quelques condisciples dont le
caractère, les idées et les goûts s'harmonisaient mieux avec
les siens, et avec lesquels il contracta les liens d'une amitié
qui devait être durable.

L'un de ceux qui vécurent avec lui dans une plus grande
intimité (1), résumant les souvenirs de cette époque de la vie
de Jean, écrivait à Mme de Tugny, après la mort de ce dernier :
« J'aime à me représenter souvent votre fils dans sa vie
de parfait séminariste; j'aime surtout à me le représenter
lorsqu'il assistait à la sainte messe ou lorsqu'il était agenouillé au pied de l'autel. Son attitude était bien plutôt celle
d'un ange que celle d'un homme. Il était l'édification de
toute la Communauté, et les élèves qui l'ont connu sont tous
d'accord à dire que ce jeune homme à l'âme si grande et si
belle n'était point fait pour rester sur cette terre. »

Le même témoin de la vie de Jean ajoute : « Il n'était pas
seulement pour le séminaire un exemple de piété et de
vertu, il était, de plus, le modèle achevé du séminariste
laborieux et régulier; ses notes d'examen sont une preuve
de son savoir; je me souviens de l'avoir entendu féliciter
publiquement pour la netteté de ses réponses et la précision
de ses connaissances. »

Toutefois, pour être conforme à ses goûts, ce milieu ne
répondait pas entièrement aux aspirations de son âme vers

____

(1) M. l'abbé Jules Lauriac.

une vie plus exclusivement consacrée à la vie parfaite. Il
ne trouvait pas au séminaire cette solitude, ce calme extérieur et intérieur, cette vie entièrement étrangère aux choses
du dehors, qu'il rêvait depuis son adolescence. Aussi, arrivé
à la fin de l'année scolaire, hésitait-il, partagé entre le
désir de rester au séminaire et d'y continuer ses études
théologiques jusqu'à la prêtrise et le désir de se vouer
irrévocablement à la profession des conseils évangéliques.

En une telle situation, il semble que l'intervention du
directeur spirituel aurait dû, par une de ces décisions précises qui, pour les âmes timides et dociles, sont des ordres,
mettre un terme à cet état de pénible hésitation. Au lieu de
cela, c'est à Jean que l'initiative et la responsabilité d'une
décision étaient abandonnées, comme il ressort de la lettre
suivante adressée par son directeur spirituel à Mme de
Tugny : « Il m'est bien difficile de répondre aux questions
que vous me posez au sujet de M. votre fils. Tout ce
que je puis vous dire, c'est que je ferai tous mes efforts
pour que le bon abbé apporte dans sa décision, quelle
qu'elle soit, toute la réflexion et toute la prudence que
réclame une affaire aussi importante que celle d'une vocation sacerdotale. Priez et faites prier pour que le bon Dieu
éclaire ce cher abbé, le réconforte et lui fasse voir la route
à suivre. »

Ce fut dans cette indécision que Jean quitta, à l'époque
des vacances, le séminaire de Montpellier et revint à Beaurieux, dans sa famille. Il y passa deux mois, toujours animé
du même désir de se consacrer entièrement à Dieu. Selon le
conseil qui lui en avait été donné, il vint, au commencement
de septembre, à Paris, faire une retraite chez les prêtres de
la Mission. De Troyes, où il était venu consulter, il écrivait à ses parents la lettre suivante : « Quand cette lettre
vous parviendra, je serai à Saint-Lazare où M. le Supérieur
du grand séminaire m'a engagé à faire une retraite. Je
vous en ferai connaître le résultat dès que je le connaîtrai
moi-même. Dans l'hypothèse où ce résultat serait mon

entrée au noviciat (1), j'y entrerais immédiatement sans
retourner à la maison. Je viens d'y passer deux mois, ce
qui est une satisfaction suffisante aux exigences des affections de famille. Le sentiment pourrait peut-être s'insurger;
mais il ne s'agit pas de sentiment. Je me trouve dans une
situation d'où je ne puis sortir qu'en faisant appel aux seuls
arguments de la raison et de la foi. « Faites votre devoir,
« vous dirai-je avec Corneille, et laissez faire à Dieu. »

Ces dernières lignes, si fermes, ne permettent pas de
douter un seul instant de la droiture et de la générosité des
dispositions de notre aspirant à la vie parfaite. S'il y a de
l'indécision chez lui, elle est exclusivement dans l'esprit; la
volonté n'y a point de part: elle reste ce qu'elle a toujours
été, noble, forte, éprise d'un souverain besoin de dévouement et de sacrifice. « Connaître la voie pour la suivre » :
tout pour lui se réduit à cela. « Parlez, Seigneur, votre
serviteur écoute », tout disposé à accomplir votre volonté !
Et si ce n'est pas vous qui me parlez directement, que ce
soit, du moins, ceux qui, en votre nom, ont le droit et le
devoir de parler aux âmes et de les diriger dans leurs voies!
La vie tout entière de Jean de Tugny se résume dans cette
formule. N'est-ce pas, en définitive, celle des âmes magnanimes?...

Jean se trouvait, une fois de plus, à l'une de ces heures
solennelles et décisives où allait être tranchée la question
la plus grave qui puisse et doive préoccuper un chrétien
ici-bas, puisqu'elle se rattache si directement au salut
éternel (2). Durant la retraite qu'il fit à Saint-Lazare, il
écrivit à sa famille : « Vos lettres m'ont été remises ce
matin. Je n'ai à répondre rien de positif ni sur la décision
prise ni, par suite, sur la date de mon retour. M. A. ne
veut pas me donner son avis avant la fin de la retraite que

____

(1) Ce passage laisse supposer qu'on avait conseillé à Jean d'entrer dans la
Congrégation de la Mission. Nouveau directeur : nouvelle orientation!

(2) Saint Augustin a dit ces paroles mémorables qui, plusieurs fois, se trouvent sous la plume de Jean de Tugny : « *A vocatione pendet æternitas*, l'éternité heureuse ou malheureuse dépend de la vocation suivie ou négligée. »

j'ai commencée sous sa direction. *Quelle que soit sa décision,
je m'y tiendrai.* J'ai fait assez et trop de démarches, puisqu'elles n'ont abouti qu'à me jeter dans l'incertitude et le
trouble. Il n'y a, d'ailleurs, que deux hypothèses : ou j'en-
trerai à Saint-Lazare, ou je renoncerai à l'état ecclésiastique. Toute la difficulté est dans le choix entre l'une et
l'autre, et elle est assez grande pour expliquer la prudente
réserve de M. A.

« Ce n'est pas un homme à se prononcer à la légère ; il ne
le fera qu'en toute connaissance de cause ; je puis donc m'en
rapporter entièrement à lui. De votre côté, j'espère que
vous êtes disposés à faire de même. »

La retraite terminée, Jean faisait ainsi connaître à ses
parents la décision du Directeur dont il était question dans
sa précédente lettre : « Il est des choses que le confesseur
seul a le droit de savoir, parce qu'elles relèvent du domaine
sacré de la conscience. Or, quand il s'agit d'étudier une vocation, c'est, avant tout, sur ces choses que doit s'appuyer le
confesseur pour donner une décision. Voilà pourquoi les
décisions données par le confesseur, dans le secret de Dieu,
semblent parfois étranges aux parents qui ne jugent que
par les apparences. Voilà pourquoi aussi les parents, s'ils
sont chrétiens, ont le devoir de respecter les décisions qui
ne relèvent, en définitive, que de la conscience.

« Ceci posé, voici la décision de M. A. *Il croit de mon devoir, en conscience, de renoncer absolument à l'état ecclésiastique.* Cette nécessité m'apparaît aujourd'hui avec un caractère d'évidence tel, que je ne puis assez regretter de l'avoir
mise en doute si longtemps. »

Ici encore, le lecteur ne pourra, croyons-nous, se défendre d'un mouvement de surprise en présense d'une décision
que rien absolument ne pouvait faire prévoir. Que s'était-il
donc passé? Quelles pouvaient donc être ces « choses
relevant seules du confesseur » , et mettant Jean de Tugny
dans l' « obligation de conscience de renoncer absolu-

ment à l'état ecclésiastique »? Ceci restera toujours un
secret, dont la révélation ne nous est fournie par aucune des lettres ni aucune des notes personnelles de Jean.
Toutefois, nous ne pouvons nous arrêter à la pensée que
l'obstacle à son avancement vers le sacerdoce, soit venu
de l'insuffisance de sa vertu, d'inclinations ou d'habitudes
contraires à la sainteté de cet état. L'irréprochable réserve
de son maintien, son horreur, en quelque sorte instinctive,
pour le vice impur, son aversion profonde pour les plaisirs
mondains, sa constante fidélité aux pratiques religieuses,
qui sont la meilleure sauvegarde de la vertu du jeune homme,
la plus grande source de force morale à l'âge si justement
appelé critique, sont autant de garanties qui nous autori-
sent à repousser l'hypothèse émise.

Ce que nous sommes autorisé à supposer, dans l'incertitude où nous place la lettre que nous venons de reproduire, c'est que, dans un excès d'humilité qu'expliquerait
sa disposition, alors plus accentuée que jamais, aux scrupules, cette âme, si belle et si généreuse, aurait donné au
confesseur en question une idée défavorable d'elle-même;
peut-être sa timidité, disons le mot, sa gaucherie, résultant de la timidité, l'aurait fait paraître dépourvue des qualités requises pour arriver au sacerdoce et aurait mis sur
les lèvres du prêtre consulté la décision que l'on connaît.

Quoi qu'il en soit, cette décision ne laisse pas que d'avoir
un caractère inattendu et étrange, si l'on songe que dans cette
âme de jeune homme, une seule pensée, un seul désir
avaient dominé, jusque-là (comme ils devaient aussi dominer dans la suite), toute autre pensée, tout autre désir : se
donner à Dieu, appartenir à Dieu.

Mais, au lieu de nous attarder à disserter inutilement
sur l'étrangeté de ce fait, continuons d'exposer la suite de
ce que nous avons caractérisé plus haut d'un mot on ne
peut plus expressif : *l'odyssée d'une vocation.*

Le Directeur auquel Jean s'était adressé, tout en optant

pour l'abandon de l'état ecclésiastique, avait été d'avis que Jean « ménageât la transition » en acceptant une situation qui lui était offerte par l'autorité diocésaine de Soissons. Désireux d'utiliser les talents, la haute instruction de ce dernier, l'évêque de ce diocèse eut la pensée de l'envoyer, en qualité de professeur, à l'Institution Saint-Joseph de Vervins. Mais, auparavant, il jugea utile de le laisser quelque temps dans son grand séminaire. Jean y entra au début de l'année scolaire, en octobre 1894. Sous l'influence de la récente décision que l'on connaît, il y venait, par pur esprit d'obéissance, bien résolu à ne pas embrasser une vocation qu'on lui avait dit n'être pas la sienne. « La retraite s'ouvrira demain, écrivait-il à ses parents. Elle ne changera rien, je crois, à ma décision de renoncer à l'état ecclésiastique. Cependant elle ne laisse pas d'être très importante pour moi. » Cette déclaration montre tout le cas que faisait ce vrai « fils d'obéissance » de la décision donnée à Saint-Lazare.

La retraite de rentrée fut prêchée par le R. P. Charles Lacouture, dont Jean avait antérieurement fait la connaissance. A la fin des pieux exercices, le Père écrivait à M. de Tugny qui, lui-même, avait eu avec ce digne religieux des rapports spirituels et affectueux, à l'occasion de ses retraites à Braisne : « J'ai vu en particulier notre bon Jean ; je l'ai vu deux fois. J'ai été très content de lui et j'espère l'avoir laissé en bon *allage*. Ayons confiance ! Le Dieu que nous servons est meilleur que nous ne saurions imaginer, et il prend à cœur les intérêts de ceux qui nous sont chers. Sainte Thérèse se rassurait toujours par la pensée que Dieu sait tout, que Dieu peut tout, et qu'il nous aime. Imitons-la. »

De son côté, Jean écrivait aux siens : « J'espère que l'avenir tiendra les promesses du présent. En attendant, je vais me mettre à la besogne sans arrière-pensée. Que Dieu me conduise ! »

Vers la fin du mois de novembre, il fut envoyé, comme professeur de quatrième, à l'Institution ecclésiastique de

Fontaine-lès-Vervins. En annonçant cette nouvelle à **M.** de Tugny, le Supérieur du grand séminaire de Soissons (1) lui disait : « **M.** Jean sera là dans de bonnes conditions pour attendre que la volonté de Dieu sur lui se manifeste plus clairement... Vous n'avez aucun motif particulier de vous inquiéter ; l'étude d'une vocation est chose fort délicate. Le temps est quelquefois un élément utile pour arriver à la lumière. »

Jean prit à cœur ses nouvelles fonctions. « Je continue avec entrain et courage la tâche commencée, écrivait-il. Il faut se rappeler qu'on a été élève soi-même, pour ne pas trop s'étonner de la nonchalance de quelques-uns. Il faut les gaver, comme les oies, et encore, quand on les gave, les oies ouvrent le bec, mais eux, ils ne l'ouvrent même pas. La comparaison me semble assez juste... »

Le professeur improvisé se sentait assez mal à l'aise dans ce milieu de remuants écoliers. Écrivant à un ecclésiastique de Montpellier qui avait été, au grand séminaire, son ami et son confident, et l'entretenant de sa situation nouvelle, il lui disait : « Vous connaissez assez le dessus et le dessous de cette existence (2), pour me dispenser de vous en parler plus longuement. J'y ai trouvé et j'y trouve encore bien des mécomptes, ce qui est dans l'ordre des choses. Une de mes consolations est de me transporter par la pensée au grand séminaire de Montpellier, où je ne retrouve qu'agréables souvenirs et figures aimées. C'est ainsi que le passé m'aide à supporter, c'est-à-dire à oublier le présent. »

Vers cette époque, un événement important vint faire diversion aux préoccupations d'avenir qui tenaient l'esprit de Jean et celui de M. et Mme de Tugny dans une anxiété douloureuse : ce fut le mariage de **M.** Jacques de Tugny avec Mlle Georgette du Rostu. Après les quatre années de son

---

(1) Le R. P. Tirhard, Eudiste.
(2) Cet ecclésiastique était lui-même temporairement attaché à une maîtrise-école.

engagement militaire, écœuré de tout ce qu'il avait vu et
entendu, M. Jacques avait pris le métier des armes en dégoût et renoncé à en faire sa carrière. Du reste, les grands
vents du plateau de Laon avaient produit chez lui une inflammation du système auditif qu'il avait fallu soumettre à
un traitement spécial et qui aurait pu constituer un sérieux
obstacle à son avancement militaire. Le temps, que l'on a
si judicieusement appelé le grand médecin, amena la guérison, et, à ce moment, d'heureuses circonstances mirent
M. Jacques de Tugny en rapport avec la famille du Rostu,
l'une des plus distinguées et des plus chrétiennes de la
Vendée et de la Bretagne. Ses solides qualités d'esprit et de
cœur, ses sentiments religieux fidèlement gardés, sa conduite exempte de toute défaillance, le firent agréer de cette
famille et, en particulier, de la jeune fille qui, depuis, est devenue l'aimable et digne compagne de sa vie (1).

La joie de cet heureux événement fut bientôt troublée par
de nouvelles hésitations de la part de Jean ou, du moins,
par la décision prise par lui de renoncer définitivement à
l'état ecclésiastique. A la suite de cette décision, il quitta
l'institution de Vervins et revint auprès de ses parents. Diverses négociations furent engagées sans aboutir aux résultats désirés. Au milieu de ces tâtonnements, de ces déceptions, son cœur ne perdait rien de sa paix et de sa confiance
surnaturelles. « C'est dans ces *effondrements*, disait-il, qu'il
faut faire appel à sa foi. Tout peut nous manquer du côté
humain; Dieu seul ne fera jamais défaut au cœur qui se
tourne vers lui. »

Un instant, M. et Mme de Tugny s'attachèrent à l'idée que
si leur fils s'était trompé sur ce qu'il avait cru sa vocation à
la vie religieuse et au sacerdoce, il devait tourner ses idées
vers le mariage et qu'il trouverait peut-être dans cet état
l'apaisement de ses préoccupations et le terme de ses incertitudes. Jean ne se prêta que mollement au désir de ses pa-

(1) Le mariage eut lieu le 17 avril 1895. — Voir, à la fin du volume, les notes
généalogiques sur la famille Lévesque du Rostu de la Bajonnière.

rents, ne se sentant aucune inclination marquée vers le mariage, et persuadé, comme il l'écrivait, que « les mariages concertés à l'avance ont moins de chance de réussir ». « La sympathie, ajoutait-il, est un sentiment tout spontané qui naît à l'improviste, et il est rare qu'elle se trouve d'accord avec les combinaisons destinées à la faire naître. »

Écrivant à sa mère, à l'occasion de sa fête, il lui disait, après lui avoir exprimé ses vœux : « Je voudrais pouvoir combler les vôtres et je ne me croirais pas éloigné d'y réussir s'il m'était donné de soulever le voile qui enveloppe la destinée de ceux qui vous sont chers et de vous les montrer heureux, au moins autant qu'on peut l'être sur cette terre de malédiction. Notre liberté fait de nous les maîtres de notre destinée heureuse ou malheureuse, et la manière dont nous en usons dans le présent peut nous aider à prévoir ce que nous moissonnerons dans l'avenir. Jusqu'ici, mes débuts dans la vie n'ont pas présenté de caractères assez marqués pour permettre d'asseoir à cet égard un jugement sérieux. J'appartiens encore à la catégorie de ceux *qui se forment,* dans tout le sens du mot. Je n'ai qu'à m'y appliquer de mon mieux. »

Cependant de nouvelles négociations avaient été engagées entre la famille de Tugny et un peintre-verrier de Paris, en vue d'une association commerciale pouvant offrir à leur fils un avenir avantageux. Mais les renseignements fournis à ce sujet obligèrent M. et Mme de Tugny à abandonner ce projet.

Ainsi ballotté en tous sens, brisé dans son corps, malgré sa fermeté d'âme, par les préoccupations et les émotions qui l'avaient continuellement assailli, depuis deux années, « le pauvre enfant, écrit Mme de Tugny, tomba malade, dans le courant du mois d'octobre 1895; et, pendant plus de trois semaines, je le soignai avec inquiétude, malgré les affirmations rassurantes du docteur. Enfin la fièvre, l'angine, les douleurs de tête passèrent; il se remit, mais nous le gardâmes au repos à la maison pendant plusieurs mois ».

Ce fut durant cet intervalle de souffrance et de réflexion,
que ses idées primitives de vie religieuse, ses aspirations
vers le sacerdoce se réveillèrent avec une impérieuse vivacité. Malgré tout, une voix intérieure lui disait que sa place
n'était point dans le monde. Tournant ses regards vers cette
Maison-Dieu où il avait passé plus de deux années, en
somme, si douces pour son âme, il sollicita du Père abbé la
permission de venir s'y retremper dans une retraite de
quelques jours. Voici en quels termes il avait fait connaître à ses parents, dans une lettre écrite le 30 janvier
1896, de Soissons où il se trouvait de passage, les motifs
de cette retraite à la Grande-Trappe. « Quoique la prolonga-
tion de mon séjour à Soissons ne puisse être de nature à
vous inquiéter, je veux cependant, à tout événement, vous
en donner l'explication. Elle est bien simple : je tiens à voir
le P. Tirhard (1); et comme il ne rentrera que ce soir, force
m'est, pour contenter mon désir, de rester jusqu'à demain.
Le Père Tirhard est, vous le savez, un homme de très grande
expérience, à même de me donner un bon conseil dans l'im-
passe à laquelle je me vois acculé. Comme l'a dit M. V..., il
n'y a pour moi que ces deux partis à choisir : la carrière
militaire et la carrière ecclésiastique. La première ne répond pas à mes goûts et aptitudes. *M'y engager, serait un
parti extrême, auquel je ne veux recourir qu'après m'être
assuré une dernière fois de la volonté de Dieu.* J'ai écrit au
Père Étienne pour avoir son avis. Au besoin — Sœur
Claire (2) m'y engage — j'irai le trouver afin d'en conférer
avec lui plus facilement. »

A la Grande-Trappe, Jean fut reçu comme un enfant de
la maison. « J'ai reçu, écrivait-il, du P. Étienne et de tous
le meilleur et le plus cordial accueil. Je suis donc dans les
meilleures dispositions de confiance et de calme pour commencer, sous la direction de ces bons Pères, l'examen de ma
situation présente et du parti à prendre pour la modifier. »

(1) Supérieur du Grand Séminaire de Soissons.
(2) Sa sœur aînée, en résidence à Soissons.

Le 7 février, il écrivait à ses parents : « Tous ces jours-ci se sont passés en conférences... contradictoires avec le Père Maître et les Pères Étienne, Odilon et Pierre. Les réflexions du P. Étienne l'ont enfin amené à conclure, d'accord avec le Père Maître, que je trouverais plutôt chez les *Bénédictins* la satisfaction de mes goûts d'étude... Ce projet n'est pas encore réalisé ; peut-être y aura-t-il lieu de le modifier, comme je vous le dirai en son temps. »

Ce projet, en effet, ne devait pas aboutir. Il semble, toutefois, lorsqu'on a étudié, analysé le caractère, les goûts, les aptitudes de Jean de Tugny, que de toutes les vocations, la vocation bénédictine eût été celle qui lui aurait le mieux convenu au physique et au moral, et vers laquelle il aurait dû être primitivement dirigé. Si l'on s'en souvient, c'est dans ce sens que le vénérable curé de Jumigny, M. l'abbé Charlier, pensait que Jean devait orienter sa vie... Que ne s'en est-il tenu à l'autorité si recommandable du premier guide spirituel de son enfance !...

M. de Tugny, obéissant à des influences bien intentionnées, sans doute, mais indiscrètes, persuadé qu'il fallait à Jean l'épreuve du régiment pendant quelques années, ne voulut pas laisser son fils faire l'essai conseillé de la règle bénédictine ; mais il exigea qu'il prît dans l'infanterie de marine, un engagement de trois années. En fils habitué à l'obéissance, Jean se soumit, quoi qu'il lui en coûtât. Une personne qui se trouvait dans le Bureau de recrutement de Laon, en même temps que M. de Tugny et son fils, le matin de l'engagement, fut frappée d'entendre Jean dire solennellement à son père : « Vous en prenez la responsabilité ? » Et M. de Tugny, croyant agir dans le meilleur intérêt de son fils, répondit : « Oui, je la prends ! » Alors Jean signa son engagement... En fait, c'était son arrêt de mort qu'il venait de signer (1).

(1) Ces détails n'ont été connus que depuis la mort de M. de Tugny et celle de Jean.

Le nouvel engagé fut dirigé sur Toulon, dans les premiers jours d'avril 1896, et incorporé dans le 4e régiment de l'infanterie de marine. D'obligeantes démarches (1) lui avaient ménagé un bienveillant accueil de la part de hauts personnages qui lui avaient promis leur protection en vue des adoucissements compatibles avec sa situation nouvelle. Situation douloureuse pour sa noble nature et son âme chrétienne ; plus douloureuse encore que celle qu'il avait précédemment connue, durant son année de service militaire. « Il faut, selon le témoignage d'un de ses amis, sous-officier dans l'infanterie de marine, il faut connaître ce régiment (le 4e), y avoir vécu, pour se faire une idée des gens qu'on y coudoie, de ce milieu atroce et *unique dans l'armée française....* »

Qu'on juge donc de la déception, de la stupeur, de l'immense chagrin de ce gentilhomme à l'âme si haute et si fière, quand il se vit, pour trois ans, en pareille compagnie !...

Nous ne nous arrêterons pas aux tristes débuts de cette existence toute de souffrances morales, auxquelles devaient venir s'ajouter, dans un avenir prochain, les souffrances physiques : vrai martyre où l'âme de Jean allait s'élever jusqu'à la hauteur de sa sublime destinée. Redisons plutôt cette protestation généreuse qu'il faisait à ses parents dans une de ses lettres : « Je ferai de mon mieux, comme si je devais faire de la carrière militaire ma carrière définitive » ; et ces autres paroles qu'il écrivait à son ancien précepteur, M. le Curé de Pargnan : « Dans ma situation présente, j'aime à me rappeler la parole de saint Paul : « *Diligen-* « *tibus Deum omnia cooperantur in bonum* (2). » Oui, cette

(1) Citons, entre autres, celles de Mme la vicomtesse du Bern de Boislandry, sœur de Mme de Tugny, qui témoigna à son neveu, en toutes circonstances, mais particulièrement durant son séjour en Indo-Chine, le plus tendre intérêt. Lettres encourageantes, envois d'argent, démarches multipliées pour adoucir la situation de Jean, rien ne fut épargné par cette parente, au cœur aussi bon que noble.

(2) « Tout contribue au bien de ceux qui aiment Dieu. » (Rom., viii, 28.)

dure épreuve, elle tournera à mon avantage, c'est mon espérance, c'est ma volonté ! »

Grâce aux bienveillantes protections dont il a été parlé,
Jean fut admis dans la compagnie d'instruction des élèves
caporaux, au fort du Cap Brun, près de Toulon. Cette compagnie, composée d'un personnel spécialement choisi, était
pour lui un milieu plus conforme à son éducation et à ses
qualités d'esprit. Mais, à peine était-il installé dans sa nouvelle résidence, qu'un ordre supérieur le désignait, ainsi
que sa compagnie, pour aller prendre part aux exercices
des tirs de combat, à Signes (Var).

Ses lettres de cette époque à sa famille contiennent d'intéressants détails sur la vie de campagne. Mais on sent, à leur
lecture, que « les choses de l'âme » sont la principale préoccupation de ce « soldat malgré lui ». « Je goûte beaucoup,
écrit-il à sa mère, les pieuses réflexions dont vous accompa-
gnez vos conseils. Je suis privé ici de tout plaisir intellectuel ;
ne craignez donc pas de me parler souvent des choses de
l'âme, en faisant, au besoin, des emprunts aux grands maîtres de la pensée. Ce sera pour moi, à la fois, un plaisir et un
soutien moral. »

« Je goûte vivement, disait-il dans une autre lettre, les
développements que vous avez joints à vos propres pensées,
surtout ceux de Bossuet, le grand maître ès-science spirituelle. Le découragement, la tristesse, le dégoût, sont des
sentiments qui viennent, en effet, souvent assombrir l'âme
dans toutes les situations de la vie, mais particulièrement
dans celles où elle est privée de son aliment. Les fatigues et
les souffrances physiques ne font qu'accroître et pousser à
l'extrême cette disposition. Après les deux jours de repos
physique et moral dont je viens de jouir (1), j'éprouve
comme un anéantissement en face de la vie dure à reprendre.
J'appartiens à la « classe de septembre » ; l'épreuve ne sera

____

(1) Jean était allé à Montélimar avec un camarade qui l'avait emmené passer quarante-huit heures dans le château de ses parents, voisin de la ville.
« J'ai passé ici, écrivait-il, des heures agréables, auxquelles il n'a manqué que
d'être plus longues. »

pas trop longue heureusement ; je tàcherai de réagir contre les impressions pénibles que me cause la perspective des peines à endurer pendant cette courte période. L'avenir me console du présent ; je souffre pour ne plus souffrir ou, plutôt, pour souffrir moins ensuite. Il faut suer, peiner pour arriver au but. »

Malgré sa bonne volonté et les espérances que lui permettaient de concevoir les hautes protections dont il se savait entouré, une crainte inquiétait Jean, crainte exagérée, mais persistante : c'était celle de rencontrer dans sa timidité, dans la faiblesse de sa voix un sérieux obstacle au commandement des manœuvres et, par suite, à son avancement hiérarchique. « Chaque jour, écrivait-il, je me rends mieux compte, par moi-même et par les observations des gradés, de mon inaptitude, soit à exécuter la manœuvre, soit à la commander. J'ai une voix faible, qui se fatigue aisément : cela me nuira beaucoup pour le commandement. Je ne vois pas, pour le moment, d'avenir à espérer. »

Et il ajoutait : « Quoi qu'il advienne, il y a toujours les colonies, beaucoup moins effrayantes qu'on ne se l'imagine de loin. »

Quelques jours plus tard, il reprenait l'idée d'un départ pour les colonies. « J'ai causé dernièrement, écrivait-il, avec un soldat qui a séjourné à Saïgon. Le service y est organisé, à peu de chose près, comme en France... Pourquoi n'irais-je pas chercher là-bas ce que je n'ai pas de chance de trouver ici (1)? C'est une idée à creuser. »

La seule pensée d'un départ pour une destination si lointaine alarma, on le conçoit, Mme de Tugny déjà si affligée par l'éloignement de son fils. Aussi fit-elle à ce projet des oppositions qui ne cessèrent que devant cette déclaration de Jean : « Ma situation de rengagé de trois ans m'impose un séjour colonial de deux années. » A quelques jours de là, le com-

____

(1) Depuis le 26 juin, Jean avait, sur sa demande, quitté le Cap Brun et abandonné le cours des élèves caporaux. Il fut versé dans la 6me compagnie au Mourillon, faubourg de Toulon.

mandant-major Lamiable, duquel relevaient les désignations coloniales, faisait annoncer à Jean son départ pour Saïgon (Cochinchine), départ fixé au 1er septembre.

Une permission de trente jours lui fut accordée pour aller voir sa famille à Beaurieux, et la préparer à la longue et douloureuse séparation. Cette entrevue, à la fois douce et déchirante, permit à Jean de donner aux siens, une fois de plus, l'édification de sa vie vertueuse et la consolation de son attachement filial. Le mardi, 25 août, il s'arrachait à leurs étreintes émues et, de Toulon, à peine arrivé, il leur adressait les lignes suivantes : « Fidèle à ma promesse, je m'empresse de vous donner des nouvelles de mon voyage : il a été excellent; il aurait été agréable, sans la tristesse de la séparation.

« En voyant le chagrin de maman, ses larmes, j'ai compris soudain toute la portée d'une si longue absence, d'un si grand éloignement; et moi aussi, je me suis pris à verser des larmes. La réflexion, le mouvement et les divers incidents du voyage, les ont bientôt arrêtées. Ce matin, un pèlerinage à Notre-Dame de la Garde, à Marseille, a achevé de me rasséréner, de rétablir l'équilibre entre le cœur et la raison, ces deux sœurs qui ne se brouillent que quand on veut les séparer. Le cordial accueil du colonel Boyer et surtout ses sages réflexions m'ont fait grand bien aussi. Somme toute, je suis, actuellement, dans les meilleures dispositions, prêt à sacrifier l'agréable à l'utile, le présent à l'avenir. »

Le dimanche, 30 août, il écrivait encore à sa famille : « Je me suis approché des sacrements ce matin. Dieu récompensera cet acte de bonne volonté, j'en ai la confiance, par des grâces de force et de préservation au milieu des dangers qui m'attendent. *Deus, Deus fortitudo mea*, mon Dieu, mon Dieu, vous êtes ma force (1) ! »

Le lendemain, nouvelle lettre touchante : « Bien chers

(1) Psalm. XLII, 2.

parents, me voici donc arrivé à la veille du départ! Mon
cœur se serre douloureusement à la pensée que cette lettre
est la dernière qui vous parviendra de France avant deux
ans! Deux ans, ce n'est qu'un point dans l'existence, si
l'on s'en tient au langage de la raison; mais pour le cœur,
ce sont deux siècles, deux éternités! Je n'ai pas le temps
de m'attendrir, ce qui, d'ailleurs, ne vaudrait rien ni pour
vous ni pour moi. Je vous embrasse de tout mon cœur.
Adieu! Adieu! courage et confiance! »

Enfin, le 1er septembre, un dernier mot, écrit de Marseille,
annonçait le départ, sur le *Chéribon* de la Compagnie Nationale. L'effectif des soldats de partance était de cent
quatre-vingts hommes. Aucun d'eux, peut-être, n'était animé
de dispositions surnaturelles aussi parfaites que ce troupier,
aux allures timides, qui allait achever de tresser, dans l'Extrême-Orient, sa couronne de vertus et de mérites, destinée
à devenir une couronne de gloire et d'immortalité.

CHAPITRE X

Les lettres adressées par Jean de Tugny à sa famille vont nous permettre de le suivre au cours de cette longue navigation, d'en connaître toutes les péripéties et de recueillir les diverses impressions de son âme.

A peine parti de Marseille, en s'éloignant de cette « terre de France » qu'il ne devait plus revoir qu'au bout de deux ans, pour y venir mourir, il écrivait à ses parents : « Les renseignements pris auprès des *oracles* du bord me font espérer que nous arriverons à Port-Saïd lundi. Je prépare donc ma lettre d'avance. — Je n'ai guère à vous conter que les banalités insignifiantes qui composent la vie à bord... et ailleurs. Rien de monotone comme cette existence resserrée dans un étroit espace, avec toujours le même horizon d'eau et de ciel, les mêmes visages, les mêmes choses autour de soi. Dans un de ses plus jolis ouvrages, Rod se plaint agréablement du bleu « implacable » de la mer et du ciel. Mais combien plus implacable encore l'uniformité des hommes et des choses, dont celle du paysage n'est que le cadre ! Il est vrai, d'ailleurs, que l'uniformité se retrouve au fond de tous les changements et que nous ne pouvons pas plus lui échapper qu'à « l'inexorable ennui » qui en est la cause, et « qui fait le fond de notre vie », comme parle Bossuet.

« Pour faire plaisir à maman, dont la tendresse s'inté-

resse aux moindres détails, voici comme une sorte de journal
qui fera ressortir la monotonie dont je me plains.

Mardi 1er septembre. —Dès quatre heures du matin, dans
la demi-obscurité du petit jour, le détachement des partants
se forme dans la cour de la caserne sous les ordres de l'adjudant qui doit le conduire à Marseille. Pendant le trajet en
chemin de fer, j'ai le cœur serré ; la gaieté bruyante de mes
compagnons de route ajoute à ma tristesse un sentiment de
dégoût pour ces êtres grossiers, fermés à toutes les déli-
catesses du cœur, uniquement préoccupés de jouissances
sensuelles. A Marseille, on nous enferme entre les quatre
murs de la cour d'une caserne dite à la fois « caserne des
Incurables », et, plus exactement, « caserne des Passages »,
parce qu'elle reçoit, à leur passage, les détachements colo-
niaux en partance ou de retour. Nous y déjeunons. A une
heure et demie, nous la quittons pour nous rendre à bord
du *Chéribon.* Aussitôt arrivés, aussitôt installés dans les cabi-
nes de 3e classe, sous les cages à poules, qui se trouvent, elles,
sur cette partie du pont qui précède immédiatement le gaillard
d'avant. Le mot cabine exprime fort improprement la disposition des lieux : l'aspect est celui d'un grand carré divisé
en séries de couchettes superposées. Le peu de hauteur du
plafond (si on peut appeler plafond le plancher du pont)
ne permet pas de superposer plus d'une couchette. J'ai
choisi la couchette supérieure, et l'événement a justifié mon
choix. Mercredi soir, comme je réfléchissais aux avantages
comparés de la couchette du dessous et de celle du dessus
au point de vue de l'aération, tout à coup, j'entends un cra-
quement : une couchette supérieure voisine venait de s'effon-
drer sur celle du dessous, heureusement vide à ce moment.
Donc, rassurez-vous : si pareille chose arrive à ma couchette,
ce n'est pas son propriétaire qui en souffrira...

« Je reviens à mon récit. Tout le monde remonte vite sur
le pont, curieux d'assister à toutes les péripéties du départ.
C'est partout l'animation, le mouvement d'une fourmilière.
Une légion de petits marchands et marchandes encombrent

le pont, s'ingéniant à placer, qui des chaussettes, qui des bouteilles, qui des calottes, qui du pain, qui du vin, qui des fruits. Ce déluge de propositions me laisse absolument froid ; je me contente d'admirer la jobardise de ceux qui s'y laissent prendre, la plupart par sot amour-propre, et qui ne tarderont pas à le regretter. Je laisse plus volontiers ma vue errer dans le lointain du splendide panorama qui se déroule sous nos yeux. A droite, la colossale statue de N.-D. de la Garde se dresse au sein des nuées comme le phare de l'espérance et du salut ; au-dessous, les dômes de la cathédrale étincellent au soleil. Puis, voici les docks, les fabriques aux toits rouges, et l'infinité des constructions agglomérées qui constituent les différents quartiers. Sur la gauche, à l'extrémité de l'immense demi-cercle que je viens de parcourir ainsi des yeux, les montagnes apparaissent, noyées dans la brume, jetant sur le tout une teinte d'infinie tristesse qui me pénètre. Je reste un moment absorbé, perdu dans mes pensées. Mais déjà l'on commence à appareiller ; le coup de sifflet du départ déchire l'air ; il déchire aussi bien des cœurs. La foule, massée sur le quai, regarde le bateau s'éloigner lentement ; des mères, des épouses agitent leurs mouchoirs en pleurant. Plusieurs passagers ne peuvent retenir leurs larmes. L'émotion arrive au comble quand un trombone exécute *la Marseillaise* et l'hymne russe. Les *hourras* éclatent, mêlés aux cris de : Vive la France! C'est le dernier adieu à la terre de France, qui va disparaître à nos regards, et que plus d'un ne doit plus revoir. L'espérance du revoir n'est-elle pas suspendue à un fil léger comme la trame de l'araignée? Heureusement, ce fil est entre les mains de Dieu, et Dieu n'abandonne jamais ceux qui espèrent en sa bonté.

« *Mercredi 2 septembre.* -- Nous nous levons avec la pluie, une pluie fine et grise, qui augmente la monotonie de l'immense étendue d'eau et de ciel au milieu de laquelle nous sommes comme perdus. Le roulis est assez fort ; la nuit, il y a un peu de tangage, mais je n'éprouve aucun malaise.

« *Jeudi 3*. — La mer est redevenue calme, ses flots brillent au soleil, à peine agités par un léger souffle de brise. Nous apercevons les côtes de Corse jusqu'au soir.

« *Vendredi 4*. — A quatre heures du matin, tout le monde se trouve réuni sur le gaillard d'avant, pour admirer le détroit de Messine. Remarqué quelques jolis sites, les rochers de Charybde et Scylla.

« *Samedi 5*. — La chaleur est devenue accablante. Défense de paraître sur le pont sans casque. Hier soir, je suis resté sur le pont à prendre le frais, retardant le plus possible le moment de descendre dans l'étuve où nous couchons. Le matin et le soir sont les deux meilleurs moments du jour, on y respire. Que sera-ce donc dans la mer Rouge?

« Ma santé est d'ailleurs excellente. La nourriture est meilleure qu'à la caserne; aux deux repas, on a un quart de vin; le matin, un quart de café noir et une rasade de tafia... »

« *Lundi 7 septembre*. — Nous arriverons ce soir à Port-Saïd, et je ne résiste pas au plaisir de vous écrire encore un mot. L'occasion ne s'en présentera plus de sitôt, d'après ce que j'entends dire. Il n'est pas sûr du tout que le bateau fasse du charbon à Aden et à Colombo. Donc, mon silence ne devra pas vous inquiéter.

« Le détachement se compose d'une centaine d'hommes. Les uns vont au Tonkin, les autres à Saïgon. Parmi ces derniers, un certain nombre ne resteront à Saïgon que le temps de se reposer de la traversée, et seront envoyés dans quelque poste. Je ferai mon possible pour rester à Saïgon...

« Pour ranimer la gaieté, qui commence à s'éteindre, le commandant de Basire va organiser un petit orchestre : il y aura concert tous les soirs. Je crains que le succès ne soit vite usé; quel succès résisterait à trente jours de traversée dans ces conditions? Jamais je n'ai mieux senti la vérité du vers célèbre : « L'ennui naquit un jour de l'uniformité. »

« Pensez à moi demain en célébrant la belle fête du 8 septembre. Je suis réduit à une vie païenne, au moins pour ce

qui regarde la messe et les sacrements... Combien, parmi
ceux qui m'entourent, s'aperçoivent seulement de cette privation?

« La religion est l'objet des plaisanteries les plus ordurières. Ce que l'on entend et ce que l'on voit montre combien l'homme dégradé peut descendre au-dessous de la
brute. Il faut vraiment la grâce toute-puissante de Dieu
pour triompher de cette perversité... Je vous embrasse
du meilleur de mon cœur; l'absence et l'éloignement aug-
mentent mon affection en me faisant mieux apprécier le
prix de la vôtre.

« *Dimanche 13 septembre.* — On nous prévient ce soir
de préparer notre correspondance qui sera remise demain
au courrier, à l'île Périm, où le bateau s'arrête pour faire du
charbon. Il en fera encore à Colombo et à Singapour; de
plus, il s'arrêtera quelques heuree à Djibouti, la semaine
prochaine. Je remets à cette dernière occasion une longue
lettre; aujourd'hui, je suis pris au dépourvu; je vous
écris à onze heures du soir, debout, à la lueur vacillante
d'une bougie, bref, dans la position la plus incommode
qui puisse éprouver les nerfs d'un correspondant sou-
cieux de sa calligraphie et de son style. Le plaisir que
vous feront certainement ces quelques lignes me dédommage
déjà de cet ennui.

« Je vous dirai mes impressions sur Port-Saïd. Quant au
passage de la mer Rouge, il aura été des plus monotones et
des plus pénibles. La chaleur est vraiment accablante. Tous
les jours, à deux heures, il y a douches d'eau de mer.
C'est, avec la soirée, le seul moment agréable de la journée.

« Je suis lié presque intimement avec un jeune homme
charmant : du L. de P... Il est des plus distingués; mais le
régi ment a gâté quelque peu ses idées. »

Nous aurons l'occasion, plus loin, d'apprendre de la bouche
ou, du moins, de la plume même de Jean ce qu'était, en réalité,
ce « jeune homme charmant et des plus distingués ». Sup-

pléons ici à ce que l'esprit de charité de notre vertueux troupier l'empêcha de dire sur les incidents personnels de cette si méritoire traversée, qui allait être pour lui comme le commencement d'un silencieux et héroïque martyre.

Parmi les soldats embarqués à Marseille sur le *Chéribon*, se trouvait un jeune parisien de vingt ans, engagé depuis peu dans l'infanterie de marine et incorporé, comme Jean de Tugny, dans le détachement à destination de l'Indo-Chine. Appartenant à une honorable famille de commerçants de Paris, élevé dans des principes chrétiens, placé, vers l'âge de onze ans, dans une École apostolique, Paul G. avait manifesté le désir d'embrasser la vie religieuse et de parvenir au sacerdoce. Mais sa nature ardente, son tempérament fougueux, sa volonté mobile et capricieuse ne purent longtemps s'accommoder aux exigences d'une vie calme et régulière. Après divers essais infructueux, poussé par ses goûts aventureux et muni du consentement des siens, il avait pris un engagement de cinq années dans l'armée coloniale. En quittant la France, Paul G. emportait un fonds solide de foi chrétienne et la résolution de ne jamais abandonner les pratiques religieuses de ses premières années, de ne jamais être infidèle aux promesses de sa première communion, laquelle avait été des plus ferventes et des plus édifiantes.

Nous connaissions ce jeune homme depuis son enfance. Jamais nous ne l'avions perdu de vue; avant son départ pour Toulon, puis pour Saïgon, nous avions reçu de lui les protestations les plus sincères de rester toujours digne de notre amitié.

C'est lui qui allait devenir, loin de la terre française, l'ami véritable et, à vrai dire, l'unique ami et, dans une certaine mesure, le confident intime de Jean de Tugny. C'est de lui, par conséquent, que nous tenons les détails qui vont suivre et tous ceux qui, au cours de ce récit, viendront suppléer au silence d'humilité et de charité de notre jeune héros.

« Avant mon départ pour les colonies, écrit-il, j'avais aperçu à Toulon Jean de Tugny, très rapidement; sa seule vue suffit pour m'inspirer à son égard une subite estime. Il tranchait tellement sur les autres soldats, que je m'étais senti attiré vers lui; nous avions commencé à lier connaissance, puis nous nous étions perdus de vue... Le deuxième ou le troisième jour de mer, je le rencontrai sur le pont du *Chéribon;* nous ne fîmes que causer quelques instants... Pendant quelques jours, je l'observai; il passait la plus grande partie du temps, les yeux perdus dans l'infini des flots, l'air profondément malheureux. Puis une circonstance nous rapprocha. Je passais mon temps en compagnie de X., un pauvre déséquilibré, auquel j'essayais de faire un peu de bien. Jean causait souvent avec un nommé de P... Un soir, nous nous trouvâmes réunis tous les quatre, et la conversation se prolongea bien avant dans la nuit. J'avais été surpris du bon sens, de la droiture de jugement de Tugny; je compris qu'il avait une instruction très développée, des notions très précises sur une foule de questions. Bref, nous passâmes nos trente-quatre jours de mer tous quatre ensemble.

« Mais voici ce qui acheva de m'inspirer pour de Tugny une estime voisine de la vénération. X., abusant du bon naturel de Jean, ne savait quelle farce lui faire et prenait un malin plaisir à l'agacer. De P..., lui, passait son temps à le harceler par des théories ineptes contre la religion. Par une sotte idée, il avait causé de Jean à d'autres « imbéciles de son espèce » au sujet des idées religieuses de son camarade; et ce fut assez pour qu'on s'amusât à ses dépens, et que l'on décochât contre lui les quolibets les plus grossiers et les plus offensants. Je fus surpris jusqu'à l'admiration en constatant la sérénité avec laquelle Jean essuyait tous ces outrages; pas un mot de riposte, pas le moindre signe de rancune. Il conserva le même air de bonté, et se montra constamment plein de prévenance pour ceux-là mêmes qui le taquinaient le plus... »

Le même témoin, revenant, dans une autre relation, sur

cette période douloureuse de la vie de Jean, écrivait encore
les lignes qui suivent :

« A bord, sa timidité, son éducation, son nom, sa supériorité évidente l'avaient désigné à l'attention de tous, et
l'on s'occupait beaucoup de lui. Un individu qui le connaissait ou qui, du moins, connaissait quelque chose de sa vie, ra-
conta des absurdités sur son passé, sur ses principes religieux, et, dès lors, toute tranquillité lui fut défendue. Je le
vois encore, assis sur le gaillard du bateau, son endroit fa-
vori, muet sous les sarcasmes qui pleuvaient sur lui, offrant
sans doute à Dieu, dans un esprit d'expiation, les humiliations dont on l'accablait sans pitié. »

Selon que Jean l'avait annoncé, à Port-Saïd et à Djibouti
le *Chéribon* fit escale. Voici quelques détails rétrospectifs envoyés, quelques semaines plus tard, à ses parents qui les
avaient réclamés.

« Ce que vous appelez « mes impressions de Port-Saïd » se
réduit à quelques notes crayonnées çà et là, sans ordre et
sans suite, sous l'impression du moment. Elles sont nécessairement incomplètes, ayant été prises dans des conditions
d'observation défavorables, à quelques mètres du rivage,
au milieu du brouhaha, sur la foi de renseignements d'origine douteuse. D'ailleurs, Port-Saïd n'offre guère qu'un intérêt commercial, ce qui vous laisse assez froids, aussi bien que
moi. Je n'eusse pas manqué, selon le dire de M. du C., de vous
envoyer des descriptions enthousiastes de Colombo : c'est,
paraît-il, une superbe ville, plus belle que Singapour, voire
même que Saïgon. Malheureusement, comme je vous l'ai
écrit, le bateau ne s'est pas arrêté après Djibouti. Cette dernière ville est appelée à prendre un développement considérable. Des ingénieurs français étudient en ce moment
sur les lieux le tracé d'une voie ferrée qui relierait Djibouti
aux principaux centres des marchés abyssins. Obock, au
contraire, malgré les brillantes destinées qui lui ont été
prédites, est en pleine décadence. »

A l'escale de Djibouti se rattache pour Jean un trait de charité que l'on peut, sans exagération, qualifier de sublime. Qu'on en juge plutôt.

« C'était après l'escale de Djibouti, raconte M. Paul G. Un soldat des plus acharnés après de Tugny avait dissipé à terre une somme d'argent à lui remise par un capitaine pour divers achats. Cet individu, à son retour à bord, avait prétendu qu'il avait perdu une pièce de dix francs sur cette somme. On ne le crut pas, car, après enquête, on sut qu'il avait fait des dépenses à terre et qu'il n'avait pas d'argent en propre. On le mit donc aux fers, en attendant qu'il passât au conseil de guerre, une fois arrivé à Saïgon. Le soir même, Jean de Tugny va trouver le capitaine et lui dit qu'il vient de trouver une pièce de dix francs dans la cabine. Personne ne la réclamant, on élargit le coupable, à sa grande surprise.

« Deux jours après, cet homme, pris d'un bon mouvement, avoue au capitaine qu'il a réellement dépensé les dix francs et que ceux trouvés par le soldat de Tugny ne sont pas à lui. Le capitaine fait appeler Jean, l'interroge en particulier, le presse de questions, le force enfin à avouer qu'il a trouvé cette pièce... dans son porte-monnaie. Sublime vengeance de la charité! Personne ne connut ce trait, et moi-même l'aurais ignoré, si le médecin du bord auquel j'étais recommandé et qui me savait en assez bons termes avec Jean, ne m'avait demandé qui il était et, pour le savoir, ne m'avait mis au courant de ce fait, en me recommandant la discrétion. »

Après un mois et quelques jours de navigation pénible et pour plusieurs douloureuse, le *Chéribon* entra dans le port de Saïgon. A peine débarqué, Jean en informait sa famille.

« *Saïgon, 7 octobre.* — Le voilà enfin terminé, l'éternel et monotone voyage! Il n'aura pas duré moins de trente-trois jours, grâce à la lenteur du *Chéribon*, une *vieille charrette*, suivant l'expression pittoresque d'un passager de mauvaise humeur. Dimanche matin, nous entrions dans les eaux jaunes de la rivière de Saïgon. C'est moins une rivière qu'un fleuve ; elle se développe sur un cours de 60 kilomètres en sinuosités de largeur variable entre deux et trois cents mètres. A droite et à gauche, la verdure aux tons vifs des rizières qui sont, à cette époque de l'année, à demi noyées par les pluies continuelles. Çà et là, de pauvres Annamites conduisent la charrue, sans se douter de la loi du repos dominical, aussi *animaux* que leurs bêtes de somme... Mais je n'ai pas le temps de faire des réflexions ; aussitôt arrivés, aussitôt débarqués, conduits à la caserne et casés dans un des grands bâtiments détachés qui la composent. Toute la journée est prise par les corvées d'emménagement. Le lendemain, même programme. Le mardi, une variante ; je suis désigné pour prendre la garde à midi, précipitamment, à cause de l'arrivée du général Bichot, qu'on attend dans la soirée. Il n'est arrivé qu'aujourd'hui à midi ; à quatre heures, les troupes ont été lui rendre les honneurs d'usage à son débarquement. Enfin tout à l'heure, à six heures, j'ai été relevé, et le premier usage que je fais de ma liberté est de vous donner de mes nouvelles. »

Dès son arrivée à Saïgon, la principale préoccupation de Jean fut d'assurer à son âme l'indispensable secours des sacrements et celui d'une direction spirituelle. « J'ai été, tout à l'heure, écrivait-il, à la résidence des Missions Étrangères. Le R. P. Colson (1) n'est pas à Saïgon même, mais à Thânqui, à 20 kilomètres plus bas. Un Père français, qui est ici depuis vingt-cinq ans, m'a donné ce renseignement et d'autres... (2). Je retournerai le voir souvent. Il y a, en ce moment, de passage à la Résidence, plusieurs Trappistes de Septfonds qui vont faire une fondation au Japon. Curieuse

____

(1) Un Père missionnaire auquel il avait été recommandé.

(2) C'était le P. Dumas, dont il sera reparlé plus loin. Dans une autre lettre à sa famille Jean disait : « Je n'ai pas été encore à même d'étudier les particularités remarquables du pays. Je me propose de le faire sous la direction du Père Dumas, un bon missionnaire qui est ici depuis bientôt vingt-cinq ans. Malheureusement le service ne me laisse que très peu de temps. »

rencontre à une telle distance ! Que de souvenirs elle évoque pour moi !... »

A quelques jours de là, il écrivait encore : « Je suis donc à Saïgon depuis quinze jours. Jusqu'ici, ma situation n'a subi aucun changement. A part les légères modifications exigées par les précautions d'hygiène en usage dans les pays tropicaux, c'est toujours la même routine journalière du service militaire. Le milieu n'est pas meilleur qu'à Toulon, au contraire. Mon ami de P... est ma seule ressource ; sans parler du vicaire de la cathédrale, le Père Delignon, au cercle duquel je me rends régulièrement trois fois par semaine. Ma santé est excellente. Le moment dangereux est le mois de mai et de juin, paraît-il. La dysenterie sévit surtout pendant la saison des pluies ; la fièvre pendant la saison sèche. Il ne faut pas s'imaginer qu'une vie sobre, exempte d'excès, mette à l'abri de la maladie ; les excès donnent à la maladie plus de prise sur l'organisme, voilà tout. Cependant, on rencontre des individus que deux ans, trois ans de séjour ont laissés parfaitement intacts. Je souhaite, sans oser l'espérer, être du petit nombre de ces privilégiés. A la grâce de Dieu ! »

En Indo-Chine, comme en France, la vue de la dépravation de ses compagnons d'armes, leur société surtout, semble avoir été, plus que le climat, l'épreuve la plus pénible à la nature si élevée de Jean de Tugny. Ses lettres d'alors en contiennent le fréquent témoignage et traduisent, en termes indignés, le dégoût que lui inspiraient cette vue, cette société. Prenant occasion d'un extrait de discours chrétien dont Mme de Tugny, fidèle à ses habitudes d'autrefois, lui avait envoyé le texte, Jean écrivait : « Le vrai chrétien est toujours content. Il fait fortune de tout ; tout le mène à Dieu. Je voudrais être ce vrai chrétien. Je crains bien de ne l'être jamais, si pour cela il faut être content de vivre avec des brutes grossières, qui forment un dégoûtant composé de toutes les laideurs physiques et morales. Comment se plaire dans une atmos-

phère empoisonnée par les pourritures de ce milieu corrompu et corrupteur? Il y a quelques années, dans un
discours qui lui a valu l'exil, le Père Forbes stigmatisait les
vices engendrés dans le corps social par la plaie grandis-
sante du militarisme. D'autres, après lui, ont eu le courage
de soulever le reste du voile qui couvrait mal la turpitude
effroyable des mœurs militaires, et cette armée, que les préjugés nous représentent comme l'école de l'honneur et de
l'abnégation, est apparue ce qu'elle est réellement, l'école
du déshonneur et de l'immoralité. Je ne voulais pas, je ne
pouvais pas le croire : les témoignages d'hommes graves et
compétents, ma propre expérience, m'ont aujourd'hui convaincu. Si, du moins, les officiers étaient meilleurs que leurs
soldats! Mais non; les faits sont là, nombreux, brutaux,
écrasants, qui les ravalent au même niveau... Leur corruption est plus raffinée peut-être; en est-elle moins infamante?
Il ne se passe pas d'année où quelque scandale éclatant ne
vienne ajouter à la somme de honte de leurs détournements,
de leurs dilapidations. Un gros volume ne suffirait pas au
récit de toutes ces turpitudes. Est-ce donc à dire que la majorité des officiers ne soient pas à la hauteur de leur mission? Je ne voudrais pas aller jusque-là, mais je voudrais
que l'on me donnât les preuves du contraire (1). »

Il sera aisé au lecteur de comprendre qu'en écrivant ces
lignes, Jean de Tugny était sous l'influence de l'inévitable
pessimisme résultant d'un état aigu de souffrances morales.
Lui-même en convient, car il ajoute en *post-scriptum : « Je
viens de me relire, et je regrette ces violences de langage, incompatibles avec le calme nécessaire pour bien
juger. Il est dangereux parfois de laisser courir sa plume la
bride sur le cou. Retranchez donc de tout ce réquisitoire ce

____

(1) Il écrivait encore, vers la même époque : « La caserne a été enfin débar-
rassée ce matin d'un supplément d'hôtes fort incommodes : huit cents hommes, arrivés à Saïgon dimanche sur le *Cachar*, de la Compagnie Nationale,
comme le *Chéribon*. La plupart de ces individus ont une tenue *déplorable* à
tous égards. J'ai été témoin personnellement de certains traits odieux. Neuf
soldats sur dix sont des crapules... »

qu'il convient d'en retrancher, et gardez-vous d'en tirer
des conclusions trop sévères. Dites-moi ce que vous pensez
de la question? Ne trouvez-vous pas qu'en principe le militarisme est condamnable, comme la source d'inconvénients
très graves au point de vue moral, sans parler du point de
vue financier? C'est un mal nécessaire aujourd'hui, étant
donnés les progrès continus de l'armement chez les nations
européennes; mais c'est un mal, c'est contraire à l'ordre
normal des sociétés. »

Les réflexions qui précèdent, malgré leur caractère violent
et leur ton indigné, n'en démontrent pas moins, les dernières
surtout, l'esprit d'observation et la justesse de vues de ce
soldat de vingt-un ans qui, infime unité perdue dans la
masse de ceux qui se disaient ses semblables, mais auxquels il était de tous points si supérieur, se préoccupait, à
bon droit, d'une des questions les plus dignes de provoquer l'attention d'une âme patriotique, d'une âme française.

Cette préoccupation, toutefois, ne l'absorbait pas au point
de lui faire perdre de vue les graves questions de l'éternité.
Son âme s'y reportait sans cesse, par une sorte de besoin
surnaturel.

La date mensuelle de la mort de sa sœur Micheline lui
suggérait les réflexions suivantes : « Le 26 m'a rapproché
tout particulièrement de vous par la communauté des tristes
souvenirs qu'il évoque désormais pour nous. Faut-il cependant plaindre ceux qui nous ont quittés? Ce n'est pas
mon avis. *Beati mortui, qui in Domino moriuntur* (1). N'est-ce
pas, en effet, un bonheur, et le plus grand, de rendre son
âme à Dieu, doucement, dans le calme d'une conscience
pure? de quitter cette vie terrestre, toute de souffrances et
de mensonges, pour entrer en possession de la vie parfaite,
où l'âme, enfin délivrée des liens de la chair, doit goûter,
dans la vue et dans l'amour de Dieu, des délices telles, qu'il
n'est même pas possible de les concevoir ici-bas? »

____

(1) « Heureux les morts qui meurent dans le Seigneur. » (Apoc., xiv, 13.)

Il écrivait encore, au sujet d'une personne amie gravement
malade : « Je suis heureux des meilleures nouvelles de X. ;
mais ce mieux durera-t-il longtemps? Le vrai « mieux »,
c'est la mort, puisqu'elle est l'entrée dans la vie supérieure
à laquelle tous, consciemment ou inconsciemment, nous as-
pirons : « *Beati mortui!* » Quelle différence avec la doctrine
boudhiste qui aspire au néant, à l'anéantissement total de
l'être dans le Nirvâna! Quelle monstrueuse folie! »

Ces dernières lignes révèlent au lecteur l'étendue des
connaissances de Jean. A peine arrivé dans ce pays,
hier encore inconnu pour lui, il s'était procuré tous les
ouvrages pouvant l'initier à l'histoire de sa religion, de
ses mœurs, de ses traditions, de sa langue. Au milieu même de
ses occupations professionnelles, il savait trouver le temps
de se livrer à une étude approfondie de toutes ces choses
et de prendre des notes sur des cahiers *ad hoc!* Le travail
intellectuel était, là comme ailleurs, son attrait dominant,
son délassement de prédilection. Aussi enviait-il un poste
qui lui laissât assez de loisir pour vaquer en toute liberté à
ses chères études. Ce désir était sans cesse entretenu par la
société obligatoire et si contraire à ses goûts de soldats à
l'esprit terre à terre et aux mœurs dépravées.

« Mon ambition, écrivait-il à ses parents, serait d'être
employé comme secrétaire à la brigade... Ce serait le paradis! C'est la seule place qui puisse me convenir. Elle me
tirerait du milieu déprimant des brutes grossières avec
lesquelles j'ai le malheur de vivre, et elle me permettrait
de me livrer à des occupations en rapport avec mes
goûts. »

Répondant à une lettre de sa mère : « Vous me tracez,
lui disait-il, de vos soirées en famille, avec les ressources de
la lecture à haute voix, un tableau qui me fait monter au
cœur une pointe de mélancolie. Il est des heures de découragement morne, auquel les natures les plus fortes n'é-
chappent pas toujours. Les pensées de la foi ont perdu,
semble-t-il, leur efficacité consolatrice. Un grand nombre de

ces *nostalgiques* ont recours au remède chanté si souvent par le vieil Horace dans ses odes :

> ..... *Sic tu sapiens finire memento*
> *Tristitiam vitæque labores,*
> *Molli, Plance, mero* (1).

« Vous demanderez à Jacques la traduction, très facile, de ces délicieux vers que j'ai relus ces jours-ci. Car je reviens à mes classiques, comme diversion au sérieux de la philosophie. Le P. Delignon a l'obligeance de me prêter des ouvrages que je lui demande. En outre, je profite des ressources de la bibliothèque de la ville ; je vais, deux fois par semaine, lundi et vendredi, y passer deux heures et demie qui me paraissent toujours trop courtes. J'apprendrais l'annamite sans les difficultés de la prononciation, qui en sont le principal obstacle. J'ai, d'ailleurs, le temps d'y songer. »

C'est au milieu de ces préoccupations et de ces sérieux travaux que Jean apprit la nouvelle inopinée de son prochain transfèrement dans l'Annam, l'une des provinces de l'Indo-Chine orientale, détachée, depuis 1862 et 1867, de la Cochinchine, et placée, avec le Tonkin, depuis l'année 1883, sous le protectorat de la France. Tourane, l'un des ports principaux de cette province, était désigné comme résidence au détachement dont Jean faisait partie. Le 3 décembre, il annonçait en ces termes son départ à sa famille :

« Je pars demain matin pour Tourane, en Annam, où je suis envoyé en garnison avec la perspective d'y rester tout le temps qui me reste à faire, à moins qu'on ne m'envoie au Tonkin. Le P. Delignon croit que je serai très bien là-bas ; puisse-t-il ne pas se tromper ! ... J'ai besoin de courage pour supporter sans faillir la vie monotone et stupide que je dois mener encore vingt-neuf mois durant..... »

La navigation de Saïgon à Tourane fut moins calme que

---

(1) « O sage, souviens-toi de mettre un terme à la tristesse et aux soucis de la vie par le vin pur au goût exquis. »

ne l'avait été celle de France en Indo-Chine. Profitant d'une escale que faisait dans la baie de Nhantrang le bateau qui le transportait vers l'Annam, Jean écrivit au crayon les lignes suivantes à sa mère :

« Je vous ai laissée bien agitée sans doute sur le petit griffonnage qui vous apprenait mon départ pour Tourane. Nous n'y arriverons que demain, 8 décembre, à cause du mauvais temps, et aussi d'un arrêt de quelques heures dans la baie de Nhantrang. Ce *mauvais temps* est un euphémisme : c'est une véritable tempéte qui nous a assaillis depuis la rivière de Saïgon. Le bateau, le *Haïphong*, l'a assez mal supportée ; il tient beaucoup moins bien la mer que le *Chéribon*. Quant à moi, comme beaucoup d'autres, j'ai eu le mal de mer, avec toutes ses suites. Je me retrouve, ce matin, frais et dispos, prêt à affronter de nouveau les fureurs de la mer de Chine. Tout le monde se plaint du froid ; pour ma part, j'ai les mains et les pieds exsangues, tout comme en France, l'hiver. Il fait, dit-on, moins chaud à Tourane qu'à Saïgon, ou plutôt la température y est moins constante. Mais à quoi bon vous rapporter tous les *on-dit* qui circulent, et que très probablement la réalité démentira? Ce qui me manquera, ce sont les ressources intellectuelles : la bibliothèque de l'aumônier militaire, le P. Laurent, pourra peut-être y suppléer. Je lui ai été recommandé par le P. Delignon, dont je vous ai parlé. C'est à peine si, dans les lettres que je vous ai écrites de Saïgon, je vous ai parlé des beautés de la ville et de ses environs. Mes préoccupations étaient d'un tout autre ordre. Les contrastes me fourniront des éléments de descriptions, que j'aurai le temps de mettre à profit, dans la solitude de Tourane. »

« *Baie de Quinhone, mardi 8 décembre.* — Je m'étais un peu avancé en vous annonçant notre arrivée à Tourane aujourd'hui. Outre un nouvel arrêt dans la baie de Quinhone, le mauvais temps a tellement retardé la marche du bateau, que nous ne pouvons plus espérer arriver avant demain. Le roulis et le tangage sont d'une violence qui ne permet pas de se tenir debout sans appui. Ajoutez à ces agréments celui d'être inondé de temps à autre par des paquets d'eau qui embarquent brusquement, et vous aurez une idée de notre navigation depuis huit jours. Un bon repas et une bonne nuit répareront toutes ces fatigues. »

Arrivé à destination, Jean écrivait encore : « Il y a départ de courrier pour la France tout à l'heure. Je me hâte de vous annoncer mon arrivée à bon port, ce matin. L'Annam est considéré comme en état de guerre ; il compte comme campagne double... Je consacre les loisirs de cette première journée à relire plusieurs de vos chères lettres, je dirais presque : à les *méditer*. Elles sont si belles, si touchantes et si instructives, dans leur simplicité aimante !...

« Je note « au passage » quelques impressions d'arrivée. Le paysage est assez beau, d'une beauté triste et morne, qui pénètre l'âme de mélancolie profonde. C'est, le jour comme la nuit, un silence de tombeau ; jamais de bruit dans les villages indigènes qui nous entourent de tous côtés. De temps à autre, des Annamites passent, pieds nus, glissant comme des ombres à travers les chemins de sable. Dans la journée, des miliciens armés jusqu'aux dents, suivant l'expression consacrée, conduisent au travail des files de prisonniers, hommes et femmes, tous la cangue au cou. Nous ne portons pas, nous, cet instrument de torture, mais que de petits ennuis, de petites pointes d'aiguille qui ne cessent de nous tourmenter à chaque instant !

« J'ai été voir le P. Laurent, missionnaire attaché à la colonie et, en même temps, aumônier de l'hôpital. Il est chevalier de la Légion d'honneur ; mais il n'a pas, heureusement, que cette distinction ; il me paraît réunir toutes celles de l'esprit et du cœur. Vingt ans de séjour lui ont donné une connaissance approfondie des Annamites, de leur langue et de leurs mœurs. Ses appréciations sont loin d'être louangeuses ; les observations personnelles que j'ai pu faire me permettent d'y souscrire en connaissance de cause. Il a chez lui un baromètre à double pression, que lui ont confié les Jésuites de l'observatoire de Shang-Haï, avec mission d'enregistrer et de leur télégraphier, deux fois par jour, les variations atmosphériques. Ils se font renseigner de même sur plusieurs points de la côte, jusqu'à Manille, où ils ont aussi un observatoire; et les calculs faits sur ces données leur permettent de prévoir la direction probable du typhon (1). — Le P. Laurent est également en relations avec un naturaliste de premier ordre, le P. Heude, jésuite à Shang-Haï, qui est en Chine depuis des années, dans le but unique de faire avancer la science. Il a fait une découverte. qu'il a hésité longtemps à publier, et qui achève de renverser les hypothèses darwinistes : l'étude comparée des dents des animaux, les différences radicales de leur formation et de leur structure dans les diverses espèces, lui ont servi à prouver à l'évidence l'impossibilité absolue de la descendance simiesque de l'homme. Les travaux de Gratiolet, de M. de Quatrefages, de M. Blanchard, et d'autres éminents naturalistes, avaient déjà élevé contre cette ridicule hypothèse des objections irréfutables, au nom de la physiologie. La démonstration est, cette fois, complète, décisive. Il paraît que les savants auxquels le P. Heude a, dans un voyage à Paris, communiqué ses découvertes en sont restés « *baba* ». Il est étrange que l'Institut n'envoie pas dans ces régions, si riches en curiosités de toute espèce, une commission de savants. Depuis le P. Lorrero, Jésuite portugais du xviie siècle, il n'y a pas eu de travaux sérieux, à part ceux que je vous cite; mais ils regardent surtout la zoologie et la minéralogie. Les fleurs ne sont pas très variées, mais les plantes le sont à l'infini; la botanique aurait nombre de découvertes à faire.

« Le Père m'a appris la mort de Mgr d'Hulst, le grand philosophe, de science si éminente, trop éminente pour la

____

(1) Sorte de tempête violente qui s'élève, à certaines époques, dans l'océan Indien.

moyenne intellectuelle de l'auditoire qui se groupait autrefois, nombreux et intéressé autour de la chaire du P. Monsabré. Qui va le remplacer à Notre-Dame? et qui à la Chambre?

« Un télégramme du général Bichot, qui nous a été lu ce matin au rapport, nous a appris la mort de M. Rousseau, gouverneur de l'Indo-Chine. A en croire les journaux, il devait prochainement résigner ses fonctions et rentrer en France.. La mort l'a surpris, cette mort qui nous guette comme un voleur, *sicut fur*, selon le mot pittoresque et saisissant de l'Évangile. *Estote parati!* »

C'est ainsi que, toujours égal à lui-même, toujours supérieur par l'esprit, entièrement détaché de toute préoccupation grossière ou seulement inférieure, ce jeune homme, aux dehors timides, faisait partager de loin aux siens les jouissances intellectuelles qu'il recherchait, à l'exclusion de toute autre.

Et en même temps que son esprit se délectait dans ces questions scientifiques, d'un ordre si élevé, son cœur s'ouvrait pour épancher dans ceux de ses parents les trésors d'une affection que l'éloignement ne faisait que rendre plus tendre. « Bien chère maman, écrivait-il, avez-vous laissé à Paris le vilain rhume « qui vous aime trop »? Soignez-vous bien, vous aussi, conservez-vous, pour ceux qui vous aiment. Il n'y a guère que cette considération pour me faire prendre les précautions d'hygiène nécessaires ici à la conservation de la santé (1). » « Je suis affligé de voir que papa se guérit si lentement, écrivait-il encore. Je me rassure à son sujet à la pensée qu'il n'y a dans son état rien de grave (2). » « Je me

---

(1) Quoi de plus affectueux que ces simples lignes, tracées à la hâte au crayon sur une feuille arrachée à un carnet de poche et confiée à un paquebot de partance inopinée pour la France! « 20 décembre. Bien chère maman, je crayonne à la hâte ces quelques mots qui vous diront mon affection plus vive, à cette époque de tristes souvenirs... Voici quelques fleurs que j'ai recueillies à votre intention. Je vous embrasse de tout cœur. Jean. »

(2) M. de Tugny, affligé d'un eczéma, avait dû, d'après les avis de la Faculté, venir à Paris pour suivre un traitement spécial, à l'hôpital Saint-Louis.

suis associé, je vous l'ai dit, aux souvenirs du jour des Morts ;
je m'associerai très particulièrement à ceux du 26 décembre,
si cruels pour nos cœurs. Oh ! non, l'éloignement ne fait pas
oublier ceux qui nous ont précédés dans l'autre vie. Si les
séparations terrestres sont si pénibles, que sera-ce donc de
la séparation éternelle pour ceux qui auront le malheur
de ne point se trouver du petit nombre des élus ! »

Le séjour de Jean de Tugny à Tourane, d'une durée d'environ cinq mois, n'offre d'autre intérêt que celui des lettres
adressées par lui à sa famille. Toute sa vie se trouve résumée
ou plutôt détaillée dans ces entretiens auxquels l'élévation
des pensées, la variété des sujets, des questions traitées et la
noblesse de sentiments donnent un charme tout particulier.
C'est encore à cette correspondance intime, vrai journal
de sa vie, que nous allons emprunter les détails biographiques relatifs au séjour de Jean dans l'Annam.

Ses lettres nous initient d'abord à tous les détails topogra-
phiques de sa nouvelle résidence, avec une précision qui
ferait supposer un long séjour. « Je n'ai, écrivait-il, le 5 janvier 1897, à une de ses cousines, ni le temps ni l'espace nécessaires pour te parler de mes impressions. Le peu que je
sais d'une manière certaine, je le dois à l'expérience et à
l'esprit d'observation du Père missionnaire attaché à la con-
cession. Il reproche aux Annamites un manque complet d'intelligence, même en ce qui concerne la vie pratique ; leurs
qualités morales sont à peu près à la hauteur de leurs facultés intellectuelles.

« Quant au physique, qui ne connaît les traits si caracté-
ristiques, et si peu flatteurs, de la race jaune ? Leur langue
présente des difficultés de prononciation, ou mieux d'accen-
tuation très réelles. Elle est d'une grande pauvreté ; le même
mot désigne presque toujours un grand nombre de choses différentes, suivant les différentes manières d'accentuer telle
lettre ou telle syllabe. La rapidité du débit est telle, qu'au début, les étrangers ne peuvent saisir la moindre syllabe ; c'est

comme un gazouillement. Le paysage est plutôt monotone,
d'une monotonie d'ailleurs assez jolie.

« Quelques belles fleurs pour égayer les tons trop uni-
formes de la verdure. Les plantes surtout seraient intéressantes à étudier. Nous avons été dernièrement, en marche
militaire, à une plantation de caféiers située à 12 ou 15 kilomètres de Tourane; elle est très prospère, grâce à l'intelligente activité du propriétaire, un ex-lieutenant d'infanterie
de marine, M. de Pongerville. Voilà un succès de colonisa-
tion qui me donne à réfléchir! »

Il donnait à sa famille les détails qui suivent sur Tourane.

« Tourane n'est point une grande ville, et elle n'a pas
l'avantage de posséder une brigade. Sa garnison se réduit à
une compagnie. Cette compagnie appartient au onzième de
l'arme, qui forme à Saïgon, avec un régiment d'artillerie de
marine, la seule et unique brigade de l'Indo-Chine...

« Vous me parlez de la baie de Tourane. Elle est *magnifique*, très vaste, mais malheureusement peu profonde, en sorte
que les grands bâtiments sont obligés de mouiller presque à
l'entrée de la passe. Sans cela, ce serait un abri idéal contre
la tempête.

« Le climat de Tourane est sensiblement meilleur que
celui de Saïgon, grâce à la brise marine. Depuis notre arrivée, la température s'est maintenue plutôt basse; les nuits
et les matinées sont vraiment froides, d'un froid humide.
C'est le contre-coup des froids qui sévissent en ce moment
au Tonkin. Il paraît que, par compensation, la saison chaude
ne le cède en rien aux ardeurs de Saïgon. Encore une fois,
le grand facteur d'affaiblissement et d'anémie à Saïgon,
c'est la continuité de la chaleur. Même dans les nuits les
plus fraîches, elle ne descend que rarement à 18°; la
moyenne du jour varie entre 25° et 28°; en été, elle se tient
entre 35° et 40°.

« Vous ai-je dit que nous avions l'avantage de posséder...
des tigres dans le voisinage? Il n'était bruit dernièrement

que de l'enlèvement, par un de ces maraudeurs nocturnes ,
d'une jument appartenant à **M.** de Pongerville, qui possède
une superbe plantation de caféiers à 12 ou 15 kilomètres de
Tourane... J'applaudis aux prouesses cynégétiques de Jacques. Ici, il pourrait se procurer les émotions de la chasse
aux animaux sus-nommés.

« Il y a ici un grand nombre de corbeaux. A Saïgon,
c'étaient des charognards, toujours à l'affût dans l'immense
pourtour de la caserne. Tous les jours, matin et soir, à l'heure
de la soupe, on les voit tournoyer près des vérandas; les
soldats s'amusent à leur jeter des morceaux, qu'ils attrapent
très adroitement au vol. Les corbeaux sont moins familiers
et moins adroits. »

La situation politique dans l'Extrême-Orient, l'état déplorable de l'administration coloniale, offraient aussi à la plume
caustique et, par moments, impitoyable de Jean, des sujets
de réflexions qu'il ne sera peut-être pas sans intérêt de
mettre sous les yeux du lecteur.

« Notre vie à Tourane, écrivait-il à **M.** de Tugny, est
beaucoup plus occupée que vous ne pouvez le penser. Cependant, les exigences abusives du service ont diminué depuis la révolte à laquelle je dois de me trouver ici aujour-
d'hui. La tyrannie de l'adjudant, un butor et un sot, comme
le capitaine, avait tellement monté les têtes, que toute la
compagnie s'est mise en rébellion ouverte. Les principaux
coupables ont été envoyés à la section de discipline ou ver-
sés au 9e de l'arme (on nous a fait venir de Saïgon pour
les remplacer). L'ordre est maintenant rétabli. Mais, à mon
avis, comme à celui de N... qui suit le mouvement des esprits,
la seule garantie serait le changement du capitaine et de
l'adjudant. On n'entend que réclamations et murmures. Il
suffirait d'une étincelle pour mettre le feu aux poudres, et
cette fois, l'adjudant pourrait bien y laisser sa « peau ». Il
est vraiment regrettable de voir au commandement des in-
capables, qui gâtent les meilleures troupes qu'on a l'imprudence de leur confier. Le commandant, qui est à Hué, est

un brave homme, mais cela ne suffit pas. — Ne vous inquiétez pas à mon sujet; je sais me tenir en dehors, à l'écart des
indisciplinés. Je me borne à constater que la cause première
de tout ceci, c'est l'inintelligence de l'administration. »

« On attend M. Doumer mardi (1), écrivait-il à la date du
14 mars. Les troupes rendront les honneurs. Le résident,
dans une circulaire enflammée, a exhorté ses administrés à
faire un accueil enthousiaste au grand homme, au grand
ministre que la métropole leur envoie pour le bonheur et la
prospérité de la colonie. Mais où est le radical d'antan?...
Peut-être viendra-t-il en compagnie du roi d'Annam. Je le
désire pour ma part; je suis curieux de contempler les traits
d'une *Majesté* exotique, autrement qu'en peinture. L'autre
jour, j'ai regardé passer l'enterrement d'un de ses sujets. Le
spectacle est médiocrement curieux. En avant, des porteurs
d'étendards de diverses couleurs; j'en compte jusqu'à douze.
Le mort vient ensuite, dans une espèce de portentine bizarre,
au milieu d'un cortège des plus bruyants. A chaque instant,
les assistants témoignent leur douleur par des cris... à réveiller le défunt, cependant que le tam-tam fait rage. Toute
la nuit, nous avons eu les oreilles rompues par le tintamarre
de leurs instruments de cacophonie. Les Chinois sont de
bien pauvres musiciens!...

« On m'a conté dernièrement ce qui suit. Un fonc-
tionnaire a traîné devant le résident un Chinois qui avait
voulu *l'acheter*. Ses prédécesseurs étaient plus complaisants,
paraît-il. La confiance du pauvre Chinois l'a mal servi pour
une fois. Ce résident l'a fait incarcérer séance tenante. Il
sera plus heureux avec un autre, mais il fera sagement de
doubler « la forte somme ». Il ne s'agit que d'y mettre le
prix. Oh! l'incorruptibilité coloniale!... elle est au niveau de
celle de nos honorables. M. Doumer n'aura qu'à faire continuer les traditions parlementaires. Sous ce rapport, du
moins, il se retrouvera en pays connu. »

(1) Gouverneur général de l'Indo-Chine et du Tonkin.

« Voici de l'imprévu. Le *Canton* avait appareillé hier dans
l'après-midi, après avoir embarqué une trentaine de soldats
de la compagnie, pour les rapatrier avec 300 autres, descendant du Tonkin. Tout à coup, le bruit se répand que la chau-
dière a sauté, que la chaloupe douanière s'est transportée sur
le lieu de l'accident, à deux heures de mer. Et voilà l'hôpital
sens dessus dessous; on fait les lits qui ne sont pas prêts, on
installe des matelas par terre, et... on attend les nouveaux
hôtes, que la caserne ne saurait suffire à loger tous. Ils sont
arrivés dans la nuit, par *petits paquets*. Nous avons enfin
pu savoir ce qui s'était passé : le capitaine du transport,
pour gagner du temps, avait tourné trop court, et il a échoué
son bateau sur une roche, qui, pour comble, est indiquée sur
la carte! La côte était à quelques mètres, l'eau peu profonde,
en sorte que le débarquement a pu s'effectuer sans aucun accident. On a télégraphié à la compagnie nouvelle qui va envoyer
un nouveau bateau. Qu'en dites-vous? Mais, encore un petit
fait, qui vous édifiera sur le compte de l'administration. Il
y a deux jours, le sémaphore signale l'entrée en rade d'un
bateau français. Branle-bas habituel dans la colonie; on
équipe et on conduit à bord une dizaine de *rapatriables*,
parmi lesquels deux malades de l'hôpital : c'était un bateau
anglais. Il a fallu rebrousser chemin. N'est-ce pas typique? »

Jean n'ignorait pas que, dans cette dure épreuve de la
séparation, la plus douce consolation des siens, de sa mère
surtout, était de recevoir les missives du cher absent. Aussi
chaque courrier en partance pour la mère-patrie emportait-
il de longues lettres, toujours trop courtes, dont on se délectait au foyer familial, et qu'on savait, du reste, lui payer
d'un même retour.

« Je n'ai sous la main, écrivait-il à sa mère, que ce papier
défraîchi et incorrect; vous ne m'en voudrez pas d'en faire
usage pour répondre, oh! longuement, très longuement, par
compensation à vos chères et charmantes lettres, qui m'adou-
cissent un peu l'amertume de l'éloignement... La première m'a

causé une certaine tristesse, en m'apprenant la mort de la
bonne cousine de V... Nous perdons en elle une amie *véritable*;
et cette perte est d'autant plus affligeante, que l'on a moins lieu
d'espérer retrouver ces affections solides, à jamais effon-
drées dans la tombe... jusqu'au revoir des cieux, revoir purement hypothétique, puisque nul ne peut avoir la certitude
d'être du petit nombre des élus...

« Vous avez été frappés comme moi de cette curieuse
rencontre d'une colonie de Trappistes à 3.000 lieues de
France (1). Chose non moins curieuse! Le Père Laurent
s'est ouvert à moi, ces jours-ci, de son dessein de fonder une
Trappe en Annam. Il a fait auprès du général de l'Ordre des
démarches, qui auront certainement un résultat favorable
dans quelques années. Le caractère chinois est, en effet,
propre à la vie religieuse, telle que la comprennent les Trappistes. L'expérience a été faite avec le plus encourageant
succès, dans la Mongolie chinoise; j'ai encore à la mémoire
les paroles enthousiastes du supérieur de cette communauté
franco-chinoise, au chapitre de la Trappe de Mortagne. Dans
un de ses derniers numéros, *le Journal des Voyages* a publié
le récit assez piquant d'un voyageur, qui avait pris à l'hôtellerie de ce monastère quelques jours de repos...

« Ne me parlez plus de P... (2). Avant de quitter Saïgon,
j'avais rompu toutes relations avec lui. C'est un vulgaire dé-
bauché qui a usé sa jeunesse et sa santé dans les tripots du
Quartier latin. Il manque complètement de sens moral. Une
bataille à coups de poings dans la chambrée m'a débarrassé
de lui. Naturellement tout le monde m'a donné tort, puisque
j'avais pour moi le bon droit. Aussi ma vie était-elle devenue
un véritable enfer quand, un peu pour y mettre fin, je crois,
le sergent-major m'a désigné pour l'Annam. Ici, cela va
mieux, et cela ira, à condition de rester coi. Mais quoi qu'on
fasse, le nom, la famille, l'éducation, la dignité du caractère

(1) Voir page 209.
(2) Il s'agit ici du jeune homme « distingué, charmant » dont Jean avait fait
la connaissance à bord du *Chéribon*, en se rendant en Indo-Chine.

et des façons, distinctions humiliantes pour tous ces individus de bas étage, sont autant de causes de malveillance,
d'hostilité sourde. Le peuple est l'ennemi-né de tout ce qui
ne lui ressemble pas, de tout ce qui lui est supérieur. Ah! je
suis bien revenu de la démocratie!... Aujourd'hui je juge
le peuple comme le juge M. Taine dans le second volume de
son admirable ouvrage « Des origines de l'histoire contem-
poraine ». Je partage la théorie chère à M. Renan et à tous
les esprits affinés, la théorie du petit nombre de l'élite.
Toute l'humanité se ramène à quelques cerveaux; le *reste ne
compte pas :* théorie anti-chrétienne dans la pratique mais
vraie en soi.

« Je ne suis pas surpris de l'insistance avec laquelle les
bons Pères de Reims vous ont recommandé la prière. Elle
nous unit à Dieu, et en Dieu nous trouvons toutes les grâces
nécessaires pour soutenir les luttes de la vie. Pourquoi la
prière semble-t-elle à tant de gens si pénible, si ingrate?
Elle suppose l'esprit de foi, vivant et actif. Or aujourd'hui,
que de gens n'ont pas la foi, ou, l'ayant, la laissent dormir
et mourir lentement au plus profond d'eux-mêmes (1)!...

Dans la lettre que nous venons de citer son auteur, on
l'aura remarqué, révèle, pour ainsi dire malgré lui, la cause
principale de son départ de Saïgon pour l'Annam : les vexations odieuses dont il avait continué d'être l'objet ou mieux
la trop patiente victime de la part de ses compagnons d'armes, principalement de celui auquel il semblait avoir accordé plus de confiance, auprès duquel, tout au moins, il
avait multiplié les marques d'une sincère amitié.

Cet état de choses devait se continuer, dans de moindres
proportions, à Tourane, et se renouveler au retour de Jean
à Saïgon, avec un acharnement, une ténacité, qui devaient faire de sa vie une sorte de martyre. Quoi d'étonnant

(1) Reprenant, un autre jour, cet entretien, il écrivait : « *Savoir* prier, apporter à la prière l'intense ferveur que Dieu demande, c'est une grâce. Demandez-
la pour moi avant toute autre ; elle est la plus nécessaire, étant le principe et
comme la condition de toutes les autres. »

que, sous le coup de ces vexations méchantes, haineuses,
ou tout au moins malicieuses, la pauvre victime ait laissé
percer, par moment, sa légitime indignation? Mais qu'il
lui en coûtait d'avoir perdu, dans cet épanchement du trop-
plein de son cœur, une partie du mérite attaché à la souffrance silencieuse et patiente! « Pour cette lettre, comme
pour les autres, écrivait-il à sa mère, à la fin de celle que
nous venons de citer, je tiens à vous le redire, ne l'oubliez pas, souvent la plume trahit la pensée. S'il me fallait
récrire cette lettre à la réflexion, au lieu de l'écrire « à la
bonne franquette », soyez sûre qu'elle sortirait de cette re-
touche singulièrement diminuée. N'attachez donc pas à certaine boutade une importance qui ne saurait être justifiée. »

Bien qu'éloigné de la France, Jean n'en était pas moins
attentif aux événements qui s'y accomplissaient, aux questions qui s'y agitaient. Chaque courrier de la patrie lui
apportait, avec des nouvelles de sa bien-aimée famille, de
nombreux journaux, diverses Revues qui lui permettaient
de se tenir au courant de la politique et des progrès de la
science. Ces lectures fournissaient à son esprit actif des
sujets de réflexions dont ses lettres, soit à ses parents, soit
à ses amis, étaient la reproduction fidèle.

Écrivant au P. Laurent qu'une indisposition l'empêchait
d'aller voir, il lui disait: « Je voudrais entreprendre une
étude *suivie*, historique ou philosophique, afin de m'entretenir l'esprit et de ne pas perdre ainsi tout à fait les
deux années que les circonstances me condamnent à passer
dans un milieu si contraire au développement intellectuel.
Jamais, mieux qu'aujourd'hui, je n'ai senti la nécessité de
la *méthode* et, en même temps, la difficulté de l'appliquer.
Rien ne pourrait m'être plus funeste que d'éparpiller, pour
ainsi dire, mes facultés, au hasard de lectures sans unité
et sans autre utilité que l'attrait passager de la forme littéraire. Il me faut du substantiel, du solide. Où le prendre?
Voilà la question dont la solution me laisse flottant et in-
décis.

« J'ai retrouvé l'article de Jean de Bonnefon (1). Je me
permets de vous l'envoyer, certain que vous serez curieux
d'en prendre connaissance. De telles calomnies, ainsi présentées, ne sont-elles pas véritablement sataniques? Ne
sont-elles pas assez subtiles, assez dangereuses, pour
appeler une réponse, soit dans l'infect journal qui les a
publiées, soit dans une brochure de combat qui ouvrirait
les yeux aux fidèles sur la mauvaise foi et l'ignorance de
leur auteur? Les catholiques ne doivent-ils pas apporter à
la propagation et à la défense de la vérité la même ardeur,
la même constance, la même cohésion surtout, qui distin-
guent ses adversaires? Les progrès de la presse, partant de
la propagande catholique, sont-ils seulement au niveau de
ceux du prosélytisme sectaire? *La Croix*, *l'Univers*, *la Vérité*,
le Peuple Français, *l'Autorité*, et quelques autres, sont-ils
assez accrédités, assez lus, pour contrebalancer l'influence
sur les masses du *Temps*, du *Journal des Débats*, du *Petit
Parisien*, du *Petit Journal*, du *Gaulois*, de *l'Éclair*, de tant
d'autres que l'on trouve entre les mains du premier venu?
Qui oserait le soutenir de bonne foi, en présence surtout des
résultats immédiats : l'indifférence ou la haine religieuse,
la multiplicité des préjugés, l'ignorance des premiers éléments de la religion, avec toutes leurs conséquences?

« En vérité, quand on considère les choses de près, avec
réflexion, on ne peut s'empêcher de trouver justifié le titre
du fameux livre du docteur Sarda y Salvany : *Le libéralisme est-il un péché? Le libéralisme, voilà l'ennemi!*

« Pardonnez-moi cette... explosion, jaillie de mon cœur
plus que de ma tête, c'est trop visible. Je la laisse telle
quelle cependant, au risque de singulièrement diminuer
mon prestige à vos yeux. J'ai l'habitude d'écrire en laissant
aller ma plume « la bride sur le cou ». C'est quelquefois
dangereux, n'en déplaise à Mme de Sévigné. D'ailleurs, à en
croire les mauvaises langues de la critique littéraire, elle

(1) Sur l'accouplement des monastères, à propos des couvents de Bénédictins et de Bénédictines.

était la première à ne pas observer son précepte, et l'on ne
voit pas que ses lettres s'en soient ressenties. »

Dans une lettre à M. de Tugny, la musique de Wagner lui
inspirait les réflexions suivantes : « Vous n'aimez décidément pas le « vacarme » wagnérien, à en juger par les
impressions que vous a laissées l'audition du *Crépuscule des
dieux*. Je ne connais Wagner que par quelques critiques
musicales. Je ne puis donc avoir une impression personnelle. Cependant, *a priori*, je suis tenté de me ranger à la
vôtre, celle du goût classique, le bon. A propos de musique,
j'ai lu avec beaucoup d'intérêt dans *le Gaulois*, l'esquisse de
la vie échevelée du librettiste de *Don Juan*. Elle m'a remis
en mémoire un long et assez ennuyeux article de la lourde
Revue des Deux-Mondes, où l'on faisait la part plus belle au
librettiste en question, dans la composition du célèbre
opéra, qu'à Mozart lui-même. Mozart n'aurait été que le
copiste de génie des inspirations de Lorenzo da Fonta. Le
jugement a-t-il plus de valeur que celui qui fait de Richelieu
l'instrument du Père Joseph, l'Éminence grise? Je serais
curieux de connaître l'opinion de M. Hanotaux (1) sur
ce point controversé de l'histoire du grand cardinal. Ne
faut-il pas autant, et quelquefois plus de génie pour l'exécu-
tion que pour la conception ?

Parlant de l'usine du Val-des-Bois, il s'en exprimait ainsi :
« L'intérêt de Jacques pour le Val-des-Bois est tout naturel.
— C'est l'usine « modèle », probablement à cause du nombre relativement minime des ouvriers qui en composent
le personnel. On ne peut citer en France que quatre ou
cinq usines semblables, ce qui n'est rien proportionnel-
lement au nombre et au personnel plus considérable des
autres usines. D'ailleurs, cette organisation donne lieu à
des discussions passionnées. La question ouvrière est encore loin d'être résolue à la commune satisfaction des patrons et des ouvriers. Le sera-t-elle jamais? »

(1) De l'Académie française, auteur d'une *Histoire du cardinal de Richelieu*.

Les quelques citations que nous venons de faire montrent,
une fois de plus, l'étendue du savoir de ce jeune homme à
l'esprit sérieux, à l'intelligence avide d'apprendre, au goût
sûr et au jugement droit. Toutes ses lettres sont remplies
d'intéressants aperçus sur les questions d'actualité : mas-
sacres des chrétiens d'Arménie, alliance franco-russe, ap-
paritions de Tilly, snobisme, et une foule d'autres, qui
formeraient à eux seuls un recueil des plus variés.

Le climat d'Indo-Chine, si différent de celui de France,
ne fut pas sans éprouver notre soldat. Vers la fin de janvier, il écrivait à ses parents : « Je ne sais si je vous ai dit
que les plaies aux pieds sont un des inconvénients de ce
pays, parmi tant d'autres. Bien connues et redoutées des Européens sous le nom de « plaies annamites », elles prennent,
dès le début, un caractère inflammatoire qui les rend longues et difficiles à guérir. J'en fais aujourd'hui l'expérience.
Je suis à l'hôpital depuis bientôt huit jours, avec un phlegmon au pied gauche. Malgré le repos absolu, les bains,
la poudre d'amidon au tanin, le mal est toujours au même
point et mes pauvres doigts de pied, dont la chair est à
vif, continuent à sécréter une humeur qui semble intaris-
sable. Aussi mes nuits ne se passent-elles pas précisément
entre les bras de Morphée! Je connais maintenant le supplice
de l'insomnie, et ces heures interminables passées à se
tourner, à se retourner fiévreusement sans pouvoir parvenir à trouver le repos. Mes journées sont meilleures, grâce
surtout à la lecture. La bibliothèque possède une collection
presque complète du *Correspondant* pour les années 1889-
1890 ; j'en fais mes délices. Je n'aime guère les romans ;
cependant je n'ai pas su résister à la séduction de « Sur le
seuil », de Léon de Tinseau. C'est tout bonnement délicieux...

« ... Parfois aussi les conversations de la « chambrée »
ont le don de me désopiler la rate ; il faut les avoir entendues
pour se rendre compte de l'incommensurable bêtise que

renferme un cerveau de troupier, surtout anémié par le climat et la maladie. Et quel argot !...

« Sans doute, l'élément civil, dans l'ensemble, ne vaut pas mieux que l'élément militaire. Au moins y trouve-t-on ces formes extérieures, inconnues à la caserne, sans lesquelles les relations deviennent impossibles.

« Je vous renvoie la lettre de la pauvre Mme W. (1). Elle est, en effet, à faire pleurer. Toujours l'éternel désaccord de la nature et de la grâce ! La foi dit : *Beati mortui qui in Domino moriuntur.* La nature regrette la vie présente pour celui qui l'a quittée si tôt, sans avoir le temps de la connaître. Quoi de plus propre à faire ressortir la faiblesse et l'infirmité de la raison humaine, toujours renfermée dans les étroites limites de l'horizon terrestre ! Préférer l'humain, le fini, l'imparfait, à la perfection, à l'infini, à Dieu !... Ce qui est effrayant, ce n'est pas la mort, puisqu'elle nous délivre de tous les maux présents ; c'est le jugement qui fixe à jamais notre sort dans le ciel ou dans l'enfer. La pensée de ce jugement est si terrible, que la raison n'y résisterait pas ; *dies iræ dies illa !...*

« J'entends dire qu'on vient d'enterrer un malheureux qui s'est fait sauter la cervelle avec une cartouche de dynamite, dans un accès de fièvre chaude. On discute ferme sur le suicide. On me demande mon avis (2) ; on ne le trouve pas conforme à celui de Dumas dans ses romans : je crois bien ! Ce matin, c'était l'Inquisition, l'horrible Inquisition ! Et les objections étaient tirées d'un article, très catholique, comme vous pensez, du *Correspondant !...* Je me suis borné à engager les questionneurs à ne pas s'occuper de questions que leur manque d'instruction et de culture les met hors d'état de comprendre. Essayez donc de faire saisir à des cerveaux

(1) Cette dame, belle-sœur du général W. et amie de la famille de Tugny, venait de perdre son fils unique, aspirant à Saint-Cyr et ancien camarade de Jacques et de Jean, à l'École Saint-Joseph de Reims.

(2) Ce passage trouve son explication dans cet autre d'une lettre de Jean : « Personne n'ignore mes convictions, je n'en fais pas mystère ; elles ont droit à la tolérance aussi bien que celles de la libre-pensée (si elle en a). »

aussi frustes la distinction entre le tribunal ecclésiastique
et le tribunal séculier, sans parler des autres éléments de
solution qui relèvent surtout de la critique des documents
historiques de l'époque. D'ailleurs, ceux qui font des objections sont-ils de bonne foi? sont-ils convaincus de ce qu'ils
disent? Le Père L. ne le pense pas, pour ce qui concerne les
hommes intelligents et instruits; mais la majorité ignorante
et bête ne l'est-elle pas, en raison même de sa bêtise et de son
ignorance? Je ne dirai pas, comme Maurice Barrès : « Tas de
« canailles! » mais : tas de brutes !... Tout ce monde daigne,
d'ailleurs, répondre aux prières du matin et du soir. Rien n'est
plus touchant que la simplicité avec laquelle la bonne sœur (1)
se met à genoux au milieu de la salle, et récite le *Pater*,
l'*Ave*, le *Souvenez-vous*. Il y a trois sœurs à l'hôpital... Je
suis révolté des insinuations et des grossièretés qui salis-
sent, par derrière, leur blancheur virginale.

« Tout à l'heure je disais : tas de brutes ! J'ai envie de crier
maintenant avec dégoût : tas de c.....!! Le *réalisme* a parfois
du bon pour exprimer les sentiments violents; vous me par-
donnerez de lui avoir sacrifié, en passant, pour le bon motif.

« Les pansements sont faits par des infirmiers annamites,
sous le contrôle d'un infirmier français. Il y apportent beaucoup de dextérité et de... douceur; mais il faut renoncer à
leur faire comprendre quoi que ce soit : *bouchés à l'émeri!*
Et avec ça des têtes, des *poires!*... »

C'est ainsi que notre troupier prenait son mal en patience
et utilisait en de charmants entretiens épistolaires ses loisirs
d'hôpital. Écrivant à son ancien maître, M. le curé de Pargnan, il lui rendait ainsi compte de ses études : « La fréquentation du Père Missionnaire attaché à Tourane m'offre
des ressources intellectuelles et morales qui m'aident à supporter ma situation. Je travaille l'histoire : c'est une étude
très propre à m'entretenir l'esprit et à utiliser les deux années
que les circonstances m'obligent de passer dans un milieu si

_____

(1) Ce sont les Religieuses de l'Institut de Saint-Paul, de Chartres, qui ont la
direction de l'hôpital de Tourane.

contraire au développement intellectuel. Je sais que votre
pensée me suit avec intérêt. Accordez-moi surtout une place
dans vos prières; j'en ai besoin pour le présent et pour
l'avenir. »

A un jeune ecclésiastique qu'il avait particulièrement
connu au grand séminaire de Montpellier (1), il faisait part
aussi de ses épreuves et rappelait le souvenir des études
théologiques faites ensemble. « Vous ne vous trompez pas,
lui écrivait-il, en pensant que je souffre, et beaucoup, de la
dégradation intellectuelle et morale des individus avec lesquels les circonstances me condamnent à vivre sur le pied
de camaraderie. *Il faut* me résigner, c'est le seul remède
aux maux inévitables, le seul adoucissement aussi.

> Durum! sed levius fit patientia
> Quidquid corrigere est nefas (2).

« Continuez à prier pour moi et demandez à Notre-Seigneur
de m'accorder quelques parcelles de cette résignation dont
il nous a donné, pendant sa vie, de si fortes et si touchantes leçons. *Pater, non mea voluntas, sed tua fiat* (3)!
N'est-ce pas là le résumé de toute la vie chrétienne?...

« Toutes les nouvelles que vous me donnez sur les études
du séminaire me font un véritable plaisir. J'étudierais plus
volontiers que la « théorie militaire », le traité de la grâce,
malgré son aridité métaphysique.

« Que dites-vous de la discussion des thomistes et des
molinistes (4) sur la nature de la grâce actuelle? Avez-vous

(1) M. l'abbé Lauriac, dont il a été parlé plus haut. Jean disait à son sujet :
« J'ai reçu une aimable lettre de l'abbé Lauriac, mon *fidèle* de Montpellier. C'est
un excellent cœur, qui n'oublie pas les services rendus, pour petits qu'ils
aient été. »

(2) « Ce qu'on ne peut pas corriger est dur, mais par la patience, cela devient plus supportable. » (Horace.)

(3) « Père, que votre volonté soit faite et non pas la mienne. » (S. Luc, xxii, 42.)

(4) Discussions célèbres qui s'engagèrent, au xvi⁰ siècle, entre les domi-
nicains et les jésuites relativement à la concorde de la grâce divine et du libre
arbitre; les premiers défendant la doctrine de saint Thomas, les seconds celle
de Louis Molina, illustre théologien de leur Ordre. La cause ayant été portée à

pris parti... contre saint Thomas? Ce serait bien audacieux ; mais c'est une audace qui vous serait commune avec de grands théologiens. Il n'empêche que la théorie du *Docteur Angélique* me paraît plus conforme aux principes de la théologie et de la philosophie, quoique, bien entendu, elle laisse toute son obscurité de mystère au problème de la conciliation de l'action de la grâce avec celle du libre arbitre...

« Mais le *pipeau* de la lettre n'est pas fait pour des sujets si relevés... Parlons un peu de Tourane, si vous le voulez bien. Comme dans tous les pays tropicaux, la végétation y est extrêmement riche : l'œil rencontre de tous côtés des fouillis de verdure où abondent des variétés prodigieuses de plantes connues et inconnues. Mais ce qui caractérise le paysage d'Annam, ce sont les rizières à l'aspect monotone, le long desquelles courent, soit des ruisseaux, soit de véritables cours d'eau... »

Il y avait près d'un mois que Jean était à l'hôpital et le mal qui l'y avait conduit, sans être grave, ne semblait pas près de disparaître. « Je ne puis encore, écrivait-il à ses parents, à la date du 15 février, vous annoncer ma sortie de l'hôpital. Il est difficile d'assigner un terme à ces sortes de maux, toujours plus tenaces que l'on n'est porté à le croire. Cependant les progrès du mieux me permettent d'espérer l'*exeat* avant la fin du mois. Inutile de dire que le phlegmon, malgré son nom, n'a rien qui puisse légitimer la moindre inquiétude. C'est seulement ennuyeux à cause surtout de l'immobilité forcée.

« J'aurais, d'ailleurs, mauvaise grâce à me plaindre. Sans parler de mon voisin dont le ventre est ballonné par la dilatation du foie, la plupart de mes camarades d'hôpital sont plus mal partagés que moi. Fièvre, dysenterie, rhumatismes,

Rome, Clément VIII établit la Congrégation *de Auxiliis* pour l'examiner, et Paul V congédia les deux partis sans se prononcer.

et autres maladies humiliantes autant que douloureuses, voilà leur lot.

« Celui qui excite le plus la pitié, et aussi le dégoût, est un malheureux... dont le corps n'est, pour ainsi dire, qu'une plaie, et quelle plaie! Il faut une certaine dose de charité et de courage pour se dévouer au service d'êtres aussi répugnants. Mais où ce courage et cette charité s'élèvent vraiment jusqu'à l'héroïsme, c'est dans ces léproseries que les missionnaires desservent avec tant d'abnégation, à l'exemple du Père Damien (1). La compassion diminue à mes yeux l'horreur du spectacle, en même temps que le mérite des infirmiers.

« Mais laissons retomber le voile sur ces misères physiques, doublées des misères morales, plus lamentables encore. Passons à des sujets moins... monstrueux.

« Vous plairait-il de connaître le menu de nos repas? Potage, poulet ou bifteck, ou bœuf, ou mouton, légumes, salade, en forment les éléments invariables. Le dessert est réservé au dimanche. La volaille abonde dans ce pays; on y élève de véritables troupeaux de canards; mais, poulets ou canards, elle est de qualité bien inférieure à celle de France. De même pour la viande noire.

« Que voulez-vous trouver de bon dans un pays où l'on se régale de petits chiens rôtis, de cloportes (2), et autres horreurs? Même leurs confitures sont abominables.

« Je fais des économies en ce moment pour l'achat de quelques ouvrages savants. *Laboremus* (3)! Cette devise vaut bien le cynique refrain de Renan : *Gaudeamus igitur* (4)!

---

(1) Ce dévouement héroïque des missionnaires lui inspirait, dans une autre lettre, la réflexion suivante : « Ce que vous me dites sur la vie *pour les autres* des missionnaires est bien juste. Quel contraste entre le bien qu'ils font et le mal qu'on leur fait! Comme tous les vrais serviteurs de Dieu, leur royaume n'est pas de ce monde. »

(2) Sorte de crustacés munis de nombreuses pattes, assez semblable à la blatte (cafard) et vivant dans les lieux humides et sombres.

(3) « Travaillons! »

(4) « Réjouissons-nous », ou, dans un français à la fois plus libre et plus précis : *Amusons-nous!*

Laboremus! Ce mot résume, sinon en totalité, du moins en partie, la nature de Jean de Tugny. Le travail intellectuel, l'étude, non une étude superficielle, ébauchée, incomplète, mais appliquée, approfondie, absorbante, furent toujours la passion de sa noble et haute intelligence. Aussi souffrait-il de ne pouvoir satisfaire à son gré cette passion. Un séjour prolongé à Tourane ne pouvait, selon lui, qu'y mettre obstacle, les exercices matériels de la vie de caserne remplissant toutes les heures de la journée. Un emploi de secrétaire lui eût permis de se livrer dans une plus large mesure à l'étude. On se souvient qu'avant son départ de Saïgon, il avait déjà rêvé cet emploi, l'envisageant comme « un paradis », selon son expression. A Tourane, le désir de voir ce rêve réalisé prit une intensité nouvelle. Sur sa demande, maintes fois exprimée dans ses lettres, M. et Mme de Tugny firent appel à l'obligeance d'amis qui, par leur situation et leur influence, pouvaient faciliter à Jean l'obtention de l'emploi convoité. Diverses démarches furent faites par eux auprès du général Chevallier, commandant la brigade de Saïgon. « A la grâce de Dieu et de Notre-Dame ! écrivait Jean à sa famille ! Celle de Messieurs les généraux et amiraux ne vient qu'après ! »

 En attendant l'heureuse issue de ces démarches et ce changement si désiré pour son fils, Mme de Tugny le soutenait de loin de ses meilleurs encouragements. « Mon bon Jean, lui écrivait-elle, je comprends tes désirs, et je souffre avec toi de tout ce qui te tourmente; aussi voudrais-je contribuer à te calmer, à t'adoucir la longue épreuve dont tu nous parles. Il faut, mon bon enfant, nous fortifier par les hautes pensées de la piété... Je me réconforte, et tu l'éprouveras après moi, en lisant ces pensées que j'ai recueillies à ton intention : « Oui, rude est le chemin, mais bien doux est le « terme ! — Tout ce qui crucifie sanctifie. — L'amour, ô Jésus, « vous a donné la croix; la croix nous donnera l'amour. »

« Mon cher enfant, lui écrivait-elle encore, plane et rappelle-toi que l'honneur s'élève au-dessus de la terre sur deux ailes, la simplicité et la pureté..... La véritable science pour être heureux, c'est d'aimer son devoir et d'y chercher son plaisir. Tu peux souffrir, être tenté, mais tu es armé pour lutter victorieusement contre toi-même et contre les circonstances et contre les tentations. On en trouve, hélas! jusqu'au bout du monde. »

Elle disait vrai, cette mère chrétienne, et la confiance qu'elle avait en son fils ne la trompait pas. Au milieu de l'épreuve de la maladie, du milieu pénible où il lui fallait vivre, de cette attente fiévreuse d'une situation plus libre et plus calme, Jean puisait la force et la confiance nécessaires dans la prière et dans les sacrements. Il avait trouvé dans le Père Laurent un conseiller, un consolateur, un guide et un père auprès duquel son âme retrouvait le calme et la résignation, ces ailes dont lui parlait sa mère et qui lui permettaient de planer dans les régions de la vérité et de la vertu. « Je me suis levé ce matin avec le jour, écrivait-il le dimanche 18 février, car je commence à me lever et à circuler, quoique avec une certaine difficulté. Après quelques instants de promenade dans le jardin de l'hôpital, où je respire avec délices l'air frais et embaumé des massifs, voici paraître au bout de l'avenue le bon Père Laurent, lancé au trot de son petit cheval : il vient dire la messe dans la minuscule chapelle des malades. Je le suis à la sacristie, je me confesse, et je communie, au plaisir visible des trois bonnes sœurs, ordinairement seules à s'approcher de la sainte table. Quelle douce et délicieuse consolation pour mon cœur! C'est la première fois que je puis la goûter depuis mon arrivée à Tourane!... A la brigade, si les négociations réussissent, j'aurai toutes facilités pour profiter des sacrements et des encouragements du Père Delignon. Mais une ombre à cette espérance, c'est le chagrin de quitter le Père Laurent : sa bonté et ses vertus m'ont tant attaché à lui! Il est trop vrai qu'aucune joie ne va sans quelque mélange de tristesse. Il faut toujours sourire au milieu des larmes !...

« Je vais vous parler de mes lectures, puisque c'est l'occu-

pation de mes journées entières, depuis les premiers rayons
du soleil jusqu'aux premières ombres de la nuit. Je m'étais
plongé jusqu'à... l'éblouissement dans l'économie politique,
où Claudio Jannet nous conduit comme par la main à travers le dédale des questions compliquées qu'a fait naître,
de nos jours, le régime de la production en grand et de la
machine. La fatigue cérébrale m'a remis en mémoire le
sage proverbe : « Ne laisse pas l'arc tendu trop longtemps,
« si tu ne veux pas qu'il se brise ». Je me suis donc mis à la
recherche d'un ouvrage moins sévère. Et qu'ai-je trouvé?
« L'histoire d'une grande dame au xviiie siècle », contée
à ravir par une femme distinguée, qui s'est fait une réputa-
tion méritée dans les lettres sous le pseudonyme de Lucien
Perey...

« Je n'aime pas les romans, à part ceux de Tolstoï et de
Bourget, qui sont des études psychologiques beaucoup plus
que des romans. Encore n'en ferais-je pas ma lecture habituelle... Toutes mes préférences vont aux ouvrages de fond,
histoire, philosophie, théologie, droit canon, etc. »

Dans les premiers jours de mars, Jean avait pu sortir de
l'hôpital et reprendre sa vie habituelle de soldat. Bientôt il
lui fallait y revenir soigner de nouvelles plaies qui s'étaient
formées aux pieds. « Je descends de garde, écrivait-il à ses
parents, je suis éreinté, rendu... Depuis ma sortie de l'hôpital je n'ai pas eu un moment à moi. La sœur, toujours
bonne, m'avait, pour ainsi dire, forcé à accepter, en partant, deux paires de chaussettes neuves. Dès le lendemain,
j'en ai fait usage pour aller au tir. C'est un trajet long et
pénible, à travers les sables. Un tremblement nerveux,
occasionné par la fatigue et, je pense aussi, par l'appréhension, a nui à mon premier tir; le second, à genoux, a été
meilleur. Au retour, soleil de feu; mes jambes, raidies par
la longue immobilité de l'hôpital, me font boiter outrageu-
sement. Le soir, je me ranime; avec un *parisien*, un *artiste*,
je vais passer chez le P. Laurent une ou deux heures déli-

cieuses qui me font oublier mes peines. Mais après les journées accablantes de samedi et de dimanche, je me trouve,
ce soir, si fatigué, le pied droit si enflé, que je suis décidé
à me faire porter malade demain matin. »

« Toujours rien de Saïgon ! ajoutait-il. Je m'habitue peu à
peu à l'idée d'une déception. Il me paraît cependant impossible que des recommandations *aussi éminentes* restent sans
aucun effet ! Je veux espérer, et j'espère, malgré les sombres
et décourageantes pensées. Il n'y a que les damnés auxquels toute espérance soit interdite, selon le fameux vers
de Dante : *Voi ch'intrate, lasciate ogni speranza* (1). »

Les événements politiques, plus que les protections personnelles, allaient hâter le retour de Jean à Saïgon. Le 28
mars, il écrivait à ses parents : « Le général Bichot rappelle
à Saïgon la compagnie de Tourane et celle de Hué. D'après
les bruits qui circulent, ces compagnies ne séjourneraient
à Saïgon que quelques jours, le temps de se préparer à
partir pour le Siam. La mort du vieux roi de Cambodge,
Norodom, est imminente ; elle donnera lieu à un conflit
prévu, et c'est justement dans cette prévision, que l'autorité
militaire va renforcer l'effectif des troupes du Siam. Les
journaux vous diront mieux que moi tous les pourquoi qui
m'échappent. Pour ce qui me concerne, je compte presque
rester à la Brigade. Nous prenons, après-demain matin, le
courrier, le même qui emportera ces pages. »

Les prévisions de Jean devaient se réaliser. Grâce aux démarches faites en sa faveur auprès des hautes autorités militaires et civiles, Saïgon allait être l'étape définitive de sa vie
dans l'Extrême-Orient. Étape douloureuse et sanctifiante, où
l'âme, déjà si belle, si magnanime, si héroïque de ce jeune
homme allait réaliser des ascensions nouvelles vers les régions célestes où Dieu, dont les desseins échappent aux
calculs de l'humaine sagesse, allait prématurément la rappeler pour la couronner à jamais !...

______

(1) « Vous qui entrez, laissez toute espérance. »

CHAPITRE XI

(7 AVRIL 1897 — 26 MARS 1898)

Dès son arrivée à Saïgon, Jean pouvait rassurer sa famille au sujet de l'envoi de sa compagnie au Siam. C'était partie remise au mois de juillet et, vers cette époque, il espérait être attaché à la Brigade. Présenté à Mgr Dépierre, l'évêque de Saïgon, il avait été recommandé par lui au général Chevallier, lequel avait promis qu'un emploi de secrétaire à l'État-major serait accordé à Jean, à la première occasion.

En attendant, il consacrait tous les instants de loisir que lui laissaient les exercices journaliers de la vie militaire à se plonger dans ses chères études. Écrivant au R. P. Laurent, son ancien directeur spirituel de Tourane, il lui disait : « Je continue à travailler le plus possible. Le P. Delignon me fait lire en ce moment un très intéressant ouvrage de Mgr Laneau, vicaire apostolique du Siam au dix-septième siècle ; cet ouvrage a pour titre : *De deificatione justorum per Jesum Christum* (1). J'aspire à une liberté plus grande qui me permettra de me livrer tout entier à ces études captivantes. »

Ses lettres à sa famille conservaient toujours le même caractère sérieux, érudit, surnaturel dont les précédentes ont donné une idée au lecteur. Profitant, avec un à-propos remarquable, des lectures faites, des événements en cours, il avait le don de faire partager aux siens ses impressions,

---

(1) *De la déification des justes par Jésus-Christ.*

ses appréciations et de leur faire tirer un réel profit de ces causeries épistolaires.

« Merci de votre réponse au sujet de la captivité volontaire de saint Vincent de Paul. Elle diminue beaucoup mes doutes, mais le fait présente, il me semble, assez d'obscurité pour donner lieu à des recherches spéciales. « Tous les historiens l'affirment », n'est pas un argument infaillible. Il est bien des choses que tous les historiens ont affirmées et que tous nient aujourd'hui, à la suite d'études plus approfondies. »

Les articles sur le « facilisme » (1) m'ont beaucoup intéressé et fait penser. Quelles vues nettes et modérées! Quelle clarté de style! Nous sommes aux antipodes du verbiage prétentieux et vide de certains rédacteurs de « semaines religieuses ». J'ai lu et relu, avec un plaisir croissant, les deux discours du Père L... : l'*Adieu* et l'*Orphelin*. Le premier m'a tout particulièrement intéressé. Il est si bien pensé et si bien dit! Les considérations sur la nécessité de l'épreuve pour épurer les âmes, les élever au-dessus des préoccupations matérielles et préparer leur admission au séjour du bonheur sans fin, sont toujours salutaires, surtout présentées de si éloquente façon. Elles m'ont fait du bien, comme elles en ont fait, je n'en doute pas, à ceux qui ont eu la bonne fortune de les recueillir sur les lèvres mêmes de l'éloquent religieux. »

L'incendie du bazar de la Charité (2), dont les journaux de France avaient fait connaître à Jean les navrants détails, lui suggérait les réflexions suivantes :

« J'ai lu, le cœur serré d'épouvante et d'horreur, le récit de l'incendie du bazar de la Charité. Quel désastre que

---

(1) Allusion à une série d'articles publiés dans la *Semaine religieuse de Rouen* par M. l'Abbé Prudent, dans lesquels *facilisme* était défini « un système de morale courante, d'après lequel toute difficulté, ou à peu près, se transformerait en impossibilité et, par là, ruinerait d'un coup la plupart des obligations ». La prière, la préparation aux sacrements, la pénitence : voilà les points sur lesquels portent plus particulièrement le système du *facilisme*.

(2) A Paris, rue Jean-Goujon, le 4 mai 1897.

cet incendie! Que de familles illustres plongées dans le
deuil! Quel pendant à celui de l'Opéra-Comique! « Glaive du
« Seigneur, quel coup vous venez de faire! toute la terre en
« est étonnée! » Grâce à Dieu, aucun de nos proches ne s'est
trouvé parmi les victimes de ce terrible holocauste féminin.
Un instant, mes craintes ont été vives pour ma tante de
Boislandry (1); elles étaient fondées, puisqu'elle a cru devoir
vous rassurer immédiatement elle-même. Le P. Ollivier a
été bien mal inspiré à cette occasion, s'il faut en croire les
appréciations du journal. Nouvel exemple des inégalités du
plus grand talent!

« La doctrine de ce discours est parfaitement conforme au
dogme catholique de la Providence et du sacrifice; mais
l'exposition en a été un peu trop tranchante. Le discours lui-
même est très élevé, trop élevé, pas assez ému pour la circonstance. De simples considérations terre à terre eussent
été plus opportunes. NN. SS. Richard et Perraud et le
P. Monsabré y ont mis plus d'onction et de délicatesse. La
foi chancelante de notre temps ne permet guère de lui présenter toute nue la face austère de l'Évangile. Ce discours,
après tout, ne lui fera de tort que dans l'esprit des ignorants
et des sots, « gent innombrable », dit l'Écriture. »

Peu de temps après, Jean écrivait, à l'occasion de la mort
du duc d'Aumale : « Après la duchesse d'Alençon, le duc d'Aumale, le glorieux vétéran des campagnes d'Afrique, le ma-
gistral historien des princes de Condé, le plus digne représentant à l'Académie des vieilles traditions qui en sont
l'honneur... »

C'est ainsi que, par delà les Océans, ce noble et généreux
enfant de la France suivait avec un filial intérêt des événement heureux ou malheureux de la mère-patrie. On conçoit
avec quelle joie les lettres de Jean étaient reçues par sa
famille, avec quelle avidité elles étaient lues, avec quel soin
religieux elles étaient conservées. Dans une sorte de pres-

____

(1) Mme la vicomtesse du Bern de Boislandry, née de L'Écuyer de la Papotière, sœur cadette de Mme de Tugny.

sentiment que l'événement devait justifier dans la suite,
Mme de Tugny écrivait, à ce sujet, à son fils : « J'aime ce dos-
sier qui s'enrichit : sa valeur trouvera son emploi à l'heure
providentielle. »

En revenant à Saïgon, Jean de Tugny y avait retrouvé le
jeune parisien dont il a été parlé plus haut, le caporal
Paul G. avec lequel il avait fait, sur le *Chéribon*, la traversée
de Toulon en Cochinchine. Ce jeune homme, une fois loin
de France, avait senti renaître en son âme son ancien attrait
vers le sacerdoce. Profitant des loisirs que lui laissaient ses
fonctions de secrétaire de la Bibliothèque des officiers, il
s'était remis à l'étude du latin, dans l'intention, lorsqu'il
serait revenu en France, son engagement militaire achevé,
d'entrer dans un séminaire. En revoyant de Tugny, le caporal G. renoua avec lui les relations commencées, lors de leur
première rencontre. Au cours de leurs conversations, Paul
entretint Jean de ses aspirations vers le sacerdoce et le pria
de l'aider de ses conseils dans l'étude du latin. Jean se rendit volontiers à ce désir de son ami. Voici ce qu'il écrivait à
ce sujet à sa famille :

« Je suis en excellentes relations avec le caporal chargé
de la bibliothèque des officiers. Tous les jours et tous les
soirs, enfin toutes les fois que je suis libre, je vais travailler
dans sa chambre, soit pour mon compte, soit pour le
sien. »

Vers la même époque, il écrivait au R. P. Laurent, de Tourane : « Quant à l'emploi, j'ai en vue celui de planton à la salle
des écoles. Il me dispenserait du service et me laisserait des
loisirs suffisants pour un travail suivi. En outre, il me rap-
procherait plus encore du caporal secrétaire de la bibliothèque des officiers, un jeune homme charmant, très chrétien
et très pieux, qui se destine au sacerdoce. Je lui donne des
leçons de latin pendant la sieste et le soir. Nous avons
même entrepris la philosophie scolastique. Mais c'est, à mon
avis, bien de la besogne à la fois. Les néophytes sont toujours

les mêmes. Tout feu, tout flamme au début, sauf à se décourager à la longue devant les sécheresses et les difficultés croissantes. Celui-là fera exception, je veux le croire. Il a un but trop arrêté et trop élevé pour ne pas être au-dessus de ces faiblesses. »

« Quant à moi, ajoutait-il, je suis toujours dans une incertitude poignante, qui ne me laisse pas de repos d'esprit.

« Faut-il rejeter toute idée de vie ecclésiastique et religieuse? Dans le cas contraire, de quel côté me tourner? Vers la Trappe, ou vers une Congrégation religieuse, ou vers le séminaire? La première question est la plus importante et la plus difficile à résoudre. Vous connaissez la cause de mon incertitude; vous devez donc vous rendre compte combien elle est grande, et combien pénible. Priez, oh! priez pour moi, surtout au saint sacrifice de la messe. *Domine, quid me vis facere* (1)? *Domine, fac ut videam* (2)!

Ces dernières lignes montrent assez quelles étaient alors les préoccupations de Jean. L'idée du sacerdoce, de la vie religieuse, revenait se présenter à son esprit et exercer sur son cœur un attrait qui, de jour en jour, allait devenir plus impérieux. Elles laissent voir aussi quelle confiance entière Jean avait accordée au R. P. Laurent, durant son séjour à Tourane, et quel appui moral il avait trouvé auprès du vénérable missionnaire.

« Ce qui fait surtout l'objet de mes regrets, mon cher Père, lui écrivait-il, c'est vous-même, c'est votre fidèle et cordiale sympathie, votre amitié dévouée, toutes ces qualités enfin qui m'ont attaché à vous si profondément. Restons unis de cœur et de prières. Qui sait? Un jour viendra peut-être où les circonstances nous réuniront et nous laisseront goûter la joie de revivre ces instants d'intimité, le meilleur des souvenirs (3). »

____

(1) « Seigneur, que voulez-vous que je fasse? » (Act., IX, 6.)

(2) « Seigneur, faites que je voie. » (Luc, XVIII, 42.)

(3) De son côté, le R. P. Laurent écrivait à Mme de Tugny : « Votre cher fils est animé des meilleurs sentiments. J'aime à croire que la rude épreuve qu'il fait de la vie militaire dans ce corps si bigarré de l'infanterie de marine, et si

En dédommagement de la perte de son directeur spirituel de Tourane, la Providence avait fait trouver à Jean, à Saïgon, en la personne du R. P. Delignon, un ami, un conseiller et un confident dont les qualités naturelles et les hautes vertus avaient, du premier coup, conquis littéralement son cœur qu'une certaine timidité, jointe à la prudence, rendait réservé. La similitude des goûts scientifiques avait établi entre eux une sorte de sympathie intellectuelle, aussi douce pour le missionnaire que pour le soldat. Ce leur était un vrai régal de pouvoir causer ensemble de philosophie, de théologie, d'ascétisme. « J'ai à ce sujet, écrivait Jean à sa famille, des conversations *divines* avec le charmant et saint Père Delignon. Nous sympathisons parfaitement. »

Peu après son retour à Saïgon, Jean fit aussi la connaissance d'un autre missionnaire, qui allait exercer sur lui une grande influence en qualité de confesseur et de directeur spirituel. Laissons Jean nous faire lui-même l'éloge de ce missionnaire : « Je suis en relations très cordiales, depuis quelques semaines, avec l'aumônier de l'hôpital, le P. Boutier, un homme remarquablement doué sous tous rapports. Sa conversation est extrêmement intéressante : elle abonde en saillies imprévues où la profondeur s'allie à l'originalité, et en anecdotes toujours vivement piquantes. Je cherche dans mes souvenirs; mais je ne puis y trouver un prêtre aussi universellement doué, aussi simple, aussi bon, aussi large d'esprit.

« Je lis en ce moment les Conférences du P. Ollivier à Notre-Dame. Je suis *empoigné* — c'est le mot — par l'éloquence simple, forte et originale du célèbre orateur. Cette lecture me fait penser tout naturellement au P. Boutier. C'est, dans la conversation, la même étendue de connaissances, la même supériorité *facile*, la même verve pri-

loin de la mère-patrie, lui sera très salutaire... Croyez, madame, que votre fils est de taille à affronter victorieusement les épreuves qui pourraient se rencontrer sur sa route. Il a la bonne volonté. Or la paix est promise aux hommes de bonne volonté. J'ai un vif regret d'être séparé de lui: c'était un ami fidèle et sûr... »

mesautière : toutes qualités si rares et si précieuses ! »

Il ne manquait plus aux désirs de Jean, pour être comblés, que l'emploi désiré et promis, lequel en l'isolant des camarades de chambrée et en lui laissant plus de loisir, lui aurait permis de satisfaire son avidité pour les études si chères à son cœur. « Je vois poindre le moment, écrivait-il, où la place de planton à la salle des écoles et celle de planton à la salle des rapports vont être libres. Je n'aurai presque que l'embarras du choix. »

Le pauvre jeune homme avait compté sans l'esprit de partialité et de favoritisme et sans les préventions mesquines, qu'on rencontre à l'armée comme ailleurs. L'emploi convoité par Jean à la salle des écoles fut attribué à un autre soldat. Comme on objectait que cet emploi avait presque été promis à de Tugny : « Il a besoin de faire du service, » fut-il répondu.

« A quoi bon, écrivait Jean, récriminer sur un fait accompli. Je vais essayer de me rattraper sur la place de planton à la salle des rapports, qui va se trouver vacante vers le 20 août. A moins que je ne réussisse à trouver un emploi extérieur, comme quelques-uns de mes camarades rangés dans la catégorie des « travailleurs en ville ». C'est tout simplement la vie civile. Plus d'uniforme, logement, nourriture en ville ; la caserne n'existe plus qu'à l'état de mauvais souvenir. »

A quelques jours de là, Jean écrivait à ses parents : « Encore une nouvelle preuve de la méchanceté du capitaine ! Le nouveau planton à la bibliothèque est entré à l'hôpital hier pour la dysenterie. Le commandant de Basire m'a proposé pour le remplacer. Le capitaine a émis un avis défavorable, et le colonel, qui est en état d'animosité avec le commandant, n'a pas voulu passer outre. Il a donc fait savoir, par la voie du rapport, qu'on eût à présenter pour l'emploi en question un autre soldat que « le nommé de Tugny » (sic). J'ai eu le désagrément d'entendre la lecture de cette note en présence de toute la compagnie. »

Cette humiliation publique allait bientôt avoir sa compensation. « Le croiriez-vous? écrivait Jean à ses parents : je suis planton à la bibliothèque. Mais comment? car la note parue au rapport à mon sujet ne me laissait plus d'espoir. Voici. Deux jours après cette note, le colonel me fait demander chez lui. « Quelles sont vos intentions? — Mon « colonel, mes intentions sont de travailler. — Mais vos in- « tentions d'avenir? » Et, comme j'hésitais : « Voyons, dites, « vous voulez probablement entrer dans les ordres. — Oui, « mon colonel. — C'est bien, je vous mettrai à la biblio- « thèque. » Tout ce petit dialogue est textuel. »

Les vœux de Jean étaient enfin réalisés. Il allait donc pouvoir se livrer tout à son aise à des occupations plus conformes à ses goûts intellectuels.

A la bibliothèque, Jean se trouva en collaboration et en société habituelle avec son ami le caporal G. Il lui fut donc plus facile de seconder ce dernier dans l'étude du latin. Il put même entreprendre de donner des leçons de philosophie à un camarade, désireux, comme lui et G., « d'entrer dans les ordres ».

« Mes nouvelles fonctions, écrivait-il, me dispensent presque entièrement du service. Je ne parais à la compagnie que pour faire mon lit et pour me coucher. Tout le reste du temps, je suis à la bibliothèque. Aussi latin et philosophie battent leur plein. Je suis sorti des ennuis du début : dressage de l'inventaire, état des livres, etc. La chose n'a pas été aisée; mon prédécesseur a été enlevé si brusquement par la mort, qu'il n'a pas eu le temps de me donner les renseignements nécessaires. Mais enfin, c'est fini! me voilà maintenant tranquille,... je n'ose pas dire pour longtemps. Je laisse aller les choses. Il est certain qu'une place en ville me donnerait liberté complète à l'égard du service et me soustrairait aux désagréments de toute nature inhérents à ma situation présente. Mais aussi j'aurais moins de temps à consacrer à l'étude, et je me trouverais exposé à certains ennuis que vous comprenez. Bref, je suis dans la plus grande et la plus pénible indécision. Le Père Boutier ne veut pas assumer la responsabilité de trancher la question. « Si « je pouvais vous donner un ordre, m'a-t-il dit, ce serait de « ne pas vous tourmenter ainsi pour le présent et pour l'ave- « nir, et de vous confier entièrement à la bonté de Dieu. » Le Père a raison. Dieu est la voie, comme il est la vérité et la vie. Je le prie de me conduire comme par la main là où il me veut. Où que je sois, sa grâce sera toujours mon sou- tien : *gratia Dei mecum* (1). »

« Vous me demandez, écrivait-il encore, des nouvelles de mon *professorat*... Mon élève de *philosophie* montre des dispositions très sérieuses. Il a passé deux ans au grand séminaire d'A... L'expérience du régiment lui remet au cœur ses premières amours; je suis convaincu qu'il rentrera dans *la ligne*, pour n'en plus sortir. Son père est capitaine ins- tructeur à l'école de S... Tous les dimanches, notre *trio* se rend à l'hôpital pour se confesser et communier; ensuite la grand'messe à la cathédrale. C'est comme une oasis pour l'âme. Après une semaine de caserne, quelle joie de se re- trouver unis dans les mêmes sentiments de foi et de charité chrétienne! Cela fait oublier bien des mauvais moments. Car il y en a de mauvais et souvent. La particule *nobiliaire* et mes sentiments religieux me désignent tout naturelle- ment à l'hostilité de la *soldatesque*, voire même de certains officiers, en particulier du capitaine et du lieutenant de ma compagnie. »

Les renseignements fournis, depuis la mort de Jean de Tugny, par son ami et son élève, le caporal G..., vont encore nous permettre de préciser et de compléter ce que les let- tres de Jean ne disent que d'une façon voilée.

« Lorsque de Tugny revint à Saïgon, je venais d'être nommé bibliothécaire et avais une chambre pour moi seul. Je l'engageai à y venir : c'est de ce moment que date l'inti- mité de rapports qui s'établit entre nous deux. Il me fit con-

____

(1) « La grâce de Dieu est avec moi. » (I Cor., XV, 18.)

naître ses antécédents. Ce qu'il me dit me le rendit plus
cher. Le malheureux garçon avait énormément à souffrir à
la chambrée (1) où l'on s'amusait à le torturer en débitant
à ses oreilles toutes sortes d'insanités ordurières contre la
religion et ses ministres. Au lieu d'une centaine de passagers, comme sur le bateau qui l'avait amené de France,
c'était une caserne entière qui prenait un malin plaisir à
l'accabler d'injures. Chose plus pénible et plus révoltante,
les caporaux, les sergents, le sergent-major, les officiers
eux-mêmes, faisaient chorus. Tout le monde s'ingéniait à
faire de son existence un véritable martyre. Et pourtant,
ce jeune homme s'imposait à tous par la distinction de ses
manières et la supériorité de son savoir et de son éducation.
Mais la jalousie étouffait chez plusieurs tout sentiment de
justice et d'humanité. Oh! je n'en puis douter, Jean a fait
son purgatoire sur terre; c'est ce que je lui ai dit souvent à
Saïgon, quand je le voyais si malheureux, malgré ses précautions pour cacher ses souffrances intérieures.

« Quelqu'un, ayant appris de quelle odieuse façon de
Tugny était maltraité, alla trouver le chef de bataillon, qui
était son ami, et l'informa de ce qui se passait. Le chef de
bataillon fit appeler Jean et confidentiellement lui demanda
les noms de ses persécuteurs et des explications sur leur
conduite, l'assurant qu'il y mettrait bon ordre. Comment ne
pas admirer la charité de Jean, en une occasion si favorable
de se venger de ceux dont il avait le plus à souffrir? Il se
contenta de répondre à son chef qu'il n'avait jamais eu à se
plaindre de personne; et que si parfois on le *bousculait* un
peu, c'était à cause de sa gaucherie et de son manque
d'aptitude au service. Nul doute que, s'il eût dit la vérité,
plusieurs de ses chefs eussent été cassés ou, tout au moins,
sévèrement punis. N'est-ce pas héroïque?... »

Le même témoin de la vie de Jean à Saïgon nous fournit

______

(1) A la même époque, Paul G. nous écrivait : « De Tugny est un saint...
Il est malheureux, car à la chambrée il sert... de distraction. Vous compre
nez l'euphémisme. »

d'intéressants détails sur leur communauté de vie d'étude
et de piété.

« Dès son retour à Saïgon, nous travaillions ensemble,
quand le service ne le retenait pas à la compagnie, et il
trouvait le temps d'étudier six heures par jour. Quand,
après mille difficultés, je réussis à le faire nommer secrétaire avec moi, je restai abasourdi — le mot n'est pas trop
fort — de l'extraordinaire somme de travail qu'il fournissait : au moins douze ou treize heures par jour. Il avait une
volonté de fer pour le travail; j'ai rarement vu une semblable ténacité. Il s'est inévitablement fatigué à ce labeur
écrasant, excessif. Bien souvent, vers le soir, il avait de violents maux de tête qui l'empêchaient de dormir des nuits entières. Nous ne nous quittions plus. Que de prières cette
petite chambre entendit! Que d'heures studieuses il y passa
avec moi! Avant de nous quitter, le soir, nous faisions notre
prière ensemble. Je ne saurais dire combien sa ferveur me
faisait du bien! Plusieurs fois, il m'est arrivé d'aller dans
sa chambre où je l'avais laissé souffrant, le soir. Je le trouvais en train de réciter le chapelet dans son lit, le sommeil
refusant de venir; le lendemain, sans s'écouter, il se levait
régulièrement et, à l'heure exacte, il était à son bureau,
et se replongeait dans ses chères études... Bien des missionnaires qui nous connaissaient m'ont dit avoir rarement
trouvé, chez un si jeune homme surtout, une instruction
aussi étendue et aussi solide, un jugement aussi prompt et
aussi sûr, même dans des questions très complexes et très
ardues.

« Lorsque, durant son travail personnel, la fatigue, l'impatience, un certain dégoût le gagnaient, il s'arrêtait pour
se promener un instant dans la bibliothèque; puis il se re-
mettait à la tâche; et s'il lui arrivait, ayant l'esprit en fièvre
et les nerfs surexcités, de ne pouvoir rien faire, il venait
vers moi et me parlait de l'étude en cours, avec une voix
très douce, cherchant à m'intéresser le plus possible. Bien
des fois, il m'est arrivé de lui dire : « Voyons, Jean, reposez-

« vous, vous êtes fatigué. » — « Oh ! disait-il, s'il fallait s'é-
« couter, on le serait toujours. » Ces jours-là, il restait à sa
table de travail beaucoup plus tard et, avant de monter se
coucher, sans se douter que je m'en rendais compte, il récitait
son chapelet, comme pour combattre son besoin de repos. »

« Pour lui, il n'y avait que deux moyens de tenir son
âme dégagée des influences malsaines du monde extérieur,
des passions : la prière et le travail; *ora, labora!* c'était,
pour ainsi dire, sa devise.

« Plusieurs fois, après sa communion du dimanche, dans
la chapelle de l'hôpital, où nous étions seuls, je le vis san-
gloter... Un jour, que nous causions sur les sentiments très
doux que procure parfois la réception des sacrements, il
m'avoua que, depuis plus de six mois, il n'avait pas éprouvé
le moindre mouvement de dévotion sensible; au contraire,
même après avoir communié, il devait se forcer pour prier ;
et il ajoutait : « La foi seule me fait accomplir mes devoirs
« de chrétien, car non seulement je n'éprouve aucun soula-
« gement en les remplissant, mais je suis effrayé d'être si
« froid, si peu fervent, et c'est pour moi une grande souf-
« france. »

« A n'importe quel moment du jour, au travail, au repos,
je n'ai jamais pu le trouver que profondément absorbé dans
la prière ou l'étude, et sursautant à mon appel. Son corps
était bien là, mais son âme était loin, vivant en communion
constante avec Dieu, non par attrait sensible, mais par
volonté, car bien rarement, je crois, il y goûtait une joie,
une consolation. Il n'en avait pas besoin, du reste. La foi
lui suffisait, et souvent, très souvent même, il m'entretenait
du danger qu'il y a pour un chrétien à s'attacher à la piété
sensible. « Quand on croit, me disait-il, on n'a pas besoin
« de sentir la grâce; car, pour beaucoup, c'est une occasion
« de secret orgueil. »

Tel était, dans tout l'héroïsme de sa mâle vertu, ce jeune
homme que ses allures timides, sa parole discrète, réservée,

faisaient prendre pour un incapable ou, tout au moins, pour un insignifiant troupier.

Quelques notes intimes trouvées après sa mort parmi ses papiers personnels, en nous permettant d'entrer dans les secrets de son âme, achèvent de nous révéler l'intensité du travail intérieur de perfection auquel il s'appliqua sans relâche sous ce ciel ardent et ce climat débilitant de l'Indo-Chine.

Nous lisons sous le titre d'« *Aspirations dans la tentation* » la belle prière suivante : « Mon Dieu, je vous offre les souffrances physiques et morales de la tentation ; c'est pour mon bien que vous la permettez ; c'est pour vous que je veux la supporter et la vaincre. Pour moi, ô mon Sauveur, vous avez supporté les plus cruels tourments : et je ne supporterais point pour vous ces petites épines de la tentation ! Mais, vous le savez, sans le secours de votre grâce, les moindres sacrifices me sont impossibles. Soutenez-moi donc contre moi-même, ô mon Dieu ! faites que je me tienne sans cesse uni à vous par la prière, afin de l'être par la sainteté de la vie. O Marie, mère de Dieu et notre mère, voyez la force de la tentation, l'entraînement de l'occasion, la séduction de l'habitude, et voyez la faiblesse de ma volonté. Venez à mon aide, prêtez-moi le secours de votre maternelle bonté. Vierge du Rosaire, soyez mon appui toujours ; ne permettez pas que je me laisse aller aux suggestions de la chair ; élevez mon cœur vers vous, vers le calvaire où vous avez tant souffert avec Jésus-Christ pour moi. Non, le fils de tant de larmes ne saurait périr ! »

Les épreuves qu'il endurait si héroïquement lui avaient inspiré les lignes suivantes sur *l'esprit de sacrifice* : « Point de conversion possible sans l'esprit de sacrifice. L'esprit de sacrifice, c'est l'essor continuel de tout l'être vers la pratique assidue du devoir ; c'est la mortification habituelle des mauvais penchants ; c'est, en un mot, la générosité de l'amour qui s'oublie pour celui qu'il aime. Cette générosité, il faut la demander surtout à la prière, à l'usage des sacrements, aux bonnes lectures, et à l'*exercice quotidien*. Je n'ai pas de générosité au début; ce n'est qu'à force de m'y exercer, ce n'est qu'à force de m'y contraindre, de lutter contre moi-même, qu'à force de la demander à Dieu, que j'arriverai à en faire une *disposition habituelle*, et c'est là qu'il me faut absolument en arriver, avec la grâce de Dieu! »

Détachons encore les pensées suivantes, écrites au jour le jour sur un carnet de poche, dont il avait fait son *vademecum* : « *Résolutions*. — 1° Ne jamais se laisser aller au découragement quand on y a manqué. C'est un piège du démon, qui veut nous persuader que nous ne nous corrigerons jamais, pour nous induire à de nouvelles fautes. Hésiter, douter, c'est être déjà vaincu. — 2° Les renouveler tous les jours; elles en deviendront plus fortes et plus constantes. »

« Dans les tentations, dans les peines, disons-nous : Courage! Tout ceci passera bientôt, et une joie éternelle en sera le fruit. Si je me laisse aller au péché, que m'en restera-t-il après? Tout périt au tombeau, excepté la vertu. »

« *Respect humain*. — Quand il s'agit de ce que je dois à Dieu, je me mettrai au-dessus du monde, et le monde n'aura nul empire sur moi. Je suis chrétien et je me conduirai en chrétien, parce que je suis libre et indépendant du monde. — Je suis chrétien : je veux avoir le saint orgueil de ma religion à la face même de l'irréligion : *Non erubesco evangelium*. — Fussé-je le seul à obéir à Dieu, je me glorifierais d'obéir et je mépriserais les mépris des hommes. »

Cependant le milieu dans lequel il vivait n'était pas, tant s'en fallait, des plus sains au point de vue climatérique. « L'air lourd et vicié de Saïgon, écrivait-il, me fait parfois regretter la bonne brise de Tourane. Mais où sont les neiges d'antan? »

« On vous a parlé de l'air pur de Saïgon, écrivait-il en-

____

(1) « Je ne rougis point de l'Évangile. » (Rom., I, 16.)

core ; c'est exagéré. L'air étant si pur, pourquoi quatre
tirailleurs et trois civils viennent-ils de mourir du choléra,
dans l'espace de huit jours? Pourquoi les fièvres qui parfois terrassent en un jour les tempéraments les plus robus-
tes (j'en ai eu dernièrement un exemple sous les yeux)?
Pourquoi la dysenterie? Mon voisin de lit en a été pris subitement la semaine dernière ; on a dû le transporter d'ur-
gence à l'hôpital, et le bruit court qu'il est en danger.

« Hier, l'aumônier m'a appris la mort d'un lieutenant de
l'armée, piqué le matin par une mauvaise mouche. Entré à
l'hôpital à 10 heures du matin, il est mort à 2 heures de
l'après-midi. « Les morts vont vite. » On est terrassé en
quelques heures par ces maladies coloniales. Il n'est pas de
semaine où l'aumônier n'ait à me raconter un de ces cas
foudroyants. Ne vous inquiétez pas d'ailleurs : le bon Dieu
me garde, et ce qu'il garde est bien gardé ! »

Au surplus, la perspective de la mort n'effrayait en aucune
façon ce généreux chrétien dont la vie était, en somme, une
continuelle préparation à cette mort dont la plupart ont si
grand'peur.

« La mort, écrivait-il, m'apparaît de plus en plus comme
une *libératrice* et une *initiatrice*. Et je me trouve justement
en parfaite santé, inaccessible à la fièvre, à la dysenterie !
Qu'il soit fait selon la volonté de Dieu ! S'il me laisse la
vie, la foi m'oblige à croire que c'est pour le bien de mon
âme.

« Vous me demandez si le supérieur du séminaire est
guéri? Oh! oui, bien guéri, le pauvre homme. Il est mort.
La mort est la guérison suprême de tous les maux, de ceux
de l'âme aussi bien que de ceux du corps, sauf, bien entendu,
pour les malheureux qui ont des comptes à régler avec le
feu. »

On n'a pas de peine à concevoir ce que des réflexions si
graves, exprimées avec le plus grand calme, ce que ces nouvelles inquiétantes surtout causaient d'alarmes à sa famille,
dont il était séparé par une si grande distance ! « Quelle

horrible appréhension, lui écrivait Mme de Tugny, me causent ces mots affreux : choléra, fièvre, dysenterie!... Mon cher enfant, ta sauvegarde vient d'en-haut! Il faut te mettre tout à fait entre les mains du bon Dieu, avec la confiance de l'enfant entre les bras de son père. Inutile de dire combien je prie pour toi sans cesse... »

Jean savait bien rendre aux siens, à sa tendre mère surtout, de la façon la plus chrétienne, l'affection pleine de sollicitude dont leurs cœurs ne cessaient de lui faire parvenir, à travers les continents et les mers, de touchants témoignages. Il écrivait à Mme de Tugny : « Rien ne me repose l'esprit et le cœur comme vos exquises pages maternelles, toutes parfumées de tendresse, de piété et de bon sens. C'est un véritable pain de l'âme, une manne spirituelle, que je savoure avec délices, sans l'épuiser jamais. Je me réjouis à la pensée de recevoir prochainement de nouvelles lettres de France mais surtout celles qui me viennent de vous.

« Je serai uni avec vous, de prières et de souvenirs, le 2 novembre, comme je l'ai été le 29 septembre. Oui, j'en ai avec vous la confiance, ceux qui nous ont aimés sur la terre continuent à nous aimer dans le ciel, et nous leur devons, sans doute, bien des grâces de préservation et de salut. L'Église triomphante et l'Église souffrante ne forment, avec l'Église militante, qu'une seule et même Église, unie dans la charité du Christ. Rien de consolant comme cette pensée de la communion des saints. Rappelons-la souvent à notre esprit, surtout dans les moments de tristesse et de découragement. Pensez à moi très particulièrement à la messe et dans vos communions ; demandez pour moi la lumière qui éclaire et la grâce qui fortifie. Les prières d'une mère doivent avoir grand crédit auprès de Dieu, surtout si elles lui sont présentées par sa mère, qui est aussi la nôtre, par N.-D. du Très Saint Rosaire. L'Encyclique de Léon XIII fait ressortir, de la manière la plus admirable et la plus attachante, l'utilité de cette dévotion. Unissons-nous donc en N.-D. du Rosaire ! Puisque vous avez le bonheur de pouvoir réciter le Rosaire,

« le Psautier de la Vierge », faites de cette prière un nouveau
moyen d'union entre nous. »

Les morts se multipliaient dans la famille de Tugny. L'annonce de ces morts, en faisant couler les larmes de Jean,
lui inspirait pour les siens les réflexions les plus surnatu-
rellement encourageantes.

« Je prends part aux regrets que vous cause la mort de
ma tante de Coüasnon, leur écrivait-il. Son souvenir ne se
sépare pas dans mon cœur de celui de ses sœurs, ma tante
de Bray, ma tante de la Rocheponcié, et ma vénérée grand'-
mère de l'Écuyer. Saintes et admirables figures, dont le
charme restera éternellement jeune dans l'esprit et dans le
cœur de ceux qui ont eu le bonheur de les connaître et de
les aimer! Les belles âmes laissent toujours derrière elles
des souvenirs et des regrets que le temps n'efface point.
Il semble que la vertu prélude, dès ici-bas, à la glorieuse
immortalité qui l'attend dans le sein de Dieu. *Fulgebunt
quasi stellæ in perpetuas æternitates* (1)... »

Évoquant dans une de ses lettres le souvenir de sa sœur,
la douce Micheline, à l'occasion de la mort d'une amie d'enfance prématurément ravie à l'affection des siens, il disait,
en rapprochant leur destinée : « Les deux chères âmes s'en
sont allées toutes deux à l'entrée de la vie, toutes deux
bonnes, simples et pieuses, devenues en quelques mois les
victimes d'un mal foudroyant et inexorable; quelle matière
à de tristes retours sur le passé. Mais ne soyons point comme
les païens, qui n'ont point d'espérance. Levons vers le ciel
et nos yeux et nos cœurs : nous y retrouverons un jour tous
ceux que nous avons aimés ici-bas. »

La santé de Jean, jusque-là épargnée par le climat de
Cochinchine, commença, vers le mois de septembre 1897, à
éprouver les effets malfaisants de ce climat de feu. « J'ai
ressenti cette semaine , écrivait-il à ses parents, les pre-

(1) « Ils brilleront comme des étoiles dans les perpétuelles éternités. » (Da-
niel, XII, 3.)

mières atteintes du climat sous la forme d'un peu de
diarrhée. Pas d'appétit, bouche constamment mauvaise. Le
P. Dumas me disait que l'on ne commence à s'acclimater qu'a-
près cinq ou six ans de séjour. Jusque-là, on est sans cesse
exposé à payer tribut soit à la fièvre, soit à la dysenterie ou
aux abcès du foie. Cette dernière affection est fort commune.
Allons, courage! Encore dix-huit mois, et puis la France! »

A quelques jours de là, il écrivait encore : « Toujours
manque d'appétit, bouche mauvaise. Le manque d'exercice
doit y contribuer beaucoup, à mon avis. Une bonne moitié
de la compagnie est à l'infirmerie ou à l'hôpital. Hier, à
l'exercice, il y avait *cinq* hommes disponibles. C'est le résultat de la mauvaise saison et aussi du service exagéré qui
nous a été imposé, ces temps derniers, sans égard aux
précautions nécessitées par le climat. »

Ces nouvelles alarmantes étaient d'autant plus pénibles au
cœur de Mme de Tugny qu'elle s'exagérait, à distance, la
gravité du mal de son fils et que M. de Tugny était, à la
même époque, très souffrant d'un eczéma dont il était affligé
depuis plusieurs années. « Quel casse-tête, écrivait-elle, ou
plutôt quel casse-cœur! Ces craintes de maladie gâtent tout,
malgré la confiance que nous donne ton excellent tempérament... Comme je vais être malheureuse jusqu'à l'entière
certitude que tu as repris ta parfaite santé! La santé de ton
père est là aussi qui me préoccupe douloureusement. Enfin,
il faut se résigner à ses misères physiques et morales, qui
sont légion sur cette triste terre. »

La santé de Jean ne s'améliorait pas. Les vexations dont
nous avons parlé plus haut et dont continuaient à l'accabler
ses compagnons et même ses chefs, en l'affectant moralement,
contribuaient à l'entretien du malaise physique qui
s'était emparé de lui. Dans une lettre datée du 1er octobre,
le caporal G... nous écrivait : « Le pauvre de Tugny est bien
souffrant de la dysenterie, et il a la vie dure avec ses camarades et ses chefs. Nous nous encourageons mutuellement
et essayons de faire quelque bien autour de nous. »

Quelques jours après, Jean écrivait à sa famille : « Je traverse en ce moment une crise morale pénible. D'autre part, la diarrhée continue... Ne vous inquiétez pas ; j'ai toujours bonne mine, quoique maigri. D'ailleurs, si je tombe sérieusement malade je ne vous le cacherai pas ; ce sera alors le moment d'user des influences disponibles pour me faire rapatrier. Mais, je le répète, pour le moment, rien de sérieux, partant, rien d'inquiétant. Que d'autres sont plus à plaindre !... Un de mes amis, excellent garçon, franc comme l'or sinon peut-être aussi pur, est mort de la fièvre, il y a quelques jours ; le troisième jour de son entrée à l'hôpital, j'ai été prévenu de sa maladie ; j'ai couru le voir ; il était déjà méconnaissable. Le Père Boutier l'avait confessé, il était prêt à partir. Le surlendemain, je retourne le voir, il m'a reconnu, quoiqu'il fût à l'extrémité. Quand je me fus retiré, au bout d'un instant, il m'a dit adieu d'une voix presque indistincte ; une heure après, il mourait. Cette mort m'a impressionné profondément, mais c'est une impression à laquelle on s'habitue vite ici. « *Estote parati* (1) ! » Il ne s'agit que d'être prêt, afin de n'être point surpris par le passage de cette grande voleuse qu'est la mort. »

Ici encore, nous devons suppléer, à l'aide des notes et souvenirs du caporal G., au silence d'humilité gardé par Jean de Tugny sur ses sentiments de charité envers le prochain et les actes d'admirable dévouement qu'ils lui inspirèrent en diverses circonstances.

« Ces traits de charité, observe le témoin de la vie de Jean, sont peu de chose à côté de ceux qui ne seront jamais connus ; je suis persuadé que si j'étais encore en Cochinchine, et que je pusse rechercher, questionner, j'en découvrirais d'autres à l'infini. Ceux que j'ai cités suffisent à démontrer ce qu'il était capable de faire.

« Ce qui ressort le plus de ses deux dernières années d'existence, ses vertus mises à part, c'est certainement

____

(1) « Soyez prêts. » (Luc, XII, 40.)

l'œuvre morale qu'il accomplit à Saïgon. Son but évident
était le travail sur les âmes qui l'entouraient. Ce travail n'a
pas été infructueux ni cette œuvre inefficace. Ceux qui ont
approché Jean et l'ont compris quelque peu, ont ouvert leur
âme aux influences de la grâce. Plusieurs sont rentrés en
France où ils finissent leur service avec moi. Souvent nous
causons du passé. Le nom de Jean vient sur nos lèvres, et
c'est avec une joie profonde que je m'aperçois que les
exemples, les encouragements de mon saint ami ont produit sur eux un effet durable.

« Bien souvent, le dimanche, Jean allait à l'hôpital, faire
visite à des hommes de sa compagnie; il profitait de ces
visites pour arriver à leur faire entendre ce que bien por-
tants ils n'eussent pas voulu écouter. Combien de fois n'ai-
je pas entendu des soldats dire entre eux : « C'est égal, ce
« de Tugny est un saint. Il n'y en a pas deux comme lui dans
« le régiment ! » Beaucoup d'entre eux, j'en ai la certitude, se
rappelleront longtemps ce qu'ils lui doivent de reconnaissance pour le bien qu'il leur a fait.

« Je pourrais citer de sa charité qui, avec l'humilité, était
sa vertu principale, des traits admirables qui vous révéle-
raient l'extraordinaire beauté de son âme. Durant son séjour
à la bibliothèque, il convertit trois ou quatre soldats dont
l'un mourait, deux mois après, dans de remarquables sentiments de foi et de piété (1). »

Vers la fin d'octobre, le mal s'aggravant, Jean fut contraint d'entrer à l'hôpital. Le caporal G. nous écrivait à
son sujet : « De Tugny va être forcé d'entrer à l'hôpital,
pris de dysenterie depuis hier : il est méconnaissable de-

---

(1) Parlant de ce dernier dans une lettre à sa famille, il disait : « J'ai tenu
à accompagner lundi au cimetière le pauvre planton de la salle des rapports,
dont l'entrée à l'hôpital a donné lieu à la première vacance de l'emploi. Ce
malheureux est mort huit jours après, dans les plus beaux sentiments de foi
et de résignation; l'aumônier en était dans l'admiration. »

Faisons observer au lecteur que, dans son esprit d'humilité, Jean avait pris
soin de taire la part qui revenait à son zèle dans cette mort de prédestiné.

puis vingt-quatre heures. Nous traversons une période bien funeste pour les Européens. »

La maladie obligea également le caporal G. à entrer à l'hôpital, d'où il nous écrivait encore : « De Tugny va mieux. Quant à moi, je suis de plus en plus fatigué. Je me demande comment les choses vont tourner. J'attends, je prie, j'espère et je suis préparé à tout. »

Nos deux amis envisageaient, sans trouble, la perspective d'une mort prochaine. Du moins, était-elle possible dans un climat si défavorable, au milieu d'une mortalité pour ainsi dire journalière qui, en quelques heures, frappait sans merci les plus solides constitutions. « En novembre 1897, dit Paul G., nous avions convenu, sur sa demande, que si l'un de nous mourait loin de France, l'autre se chargerait de consoler la famille. Nous étions malades et souffrants l'un et l'autre à ce moment; autour de nous, la mort faisait de tels ravages, nous voyions disparaître si subitement des camarades, que cette pensée nous était venue à l'un et à l'autre. »

Sachant quelle inconsolable douleur causerait à ses parents sa mort dans ce pays meurtrier, Jean songea à leur demander de recourir aux diverses influences dont ils pouvaient disposer en vue de son rapatriement.

« Ma fatigue intestinale persiste, avait-il écrit précédemment, ce qui finit par m'épuiser à la longue. A cela il n'y a qu'un remède vraiment efficace : le retour en France. C'est ce que me répétaient à l'envi quelques malades auxquels j'ai été rendre visite hier à l'hôpital. La France! c'est le mot magique, la baguette enchantée qui transforme tout ce qu'elle touche. »

« J'ignore, écrivait-il encore, si, quand cette lettre vous parviendra, vous aurez fait des démarches pour obtenir mon rapatriement. Si non, n'hésitez pas et ne tardez pas à les faire. Mon entrée à l'hôpital va me faire perdre ma place définitivement, cette fois. Si je ne rentre pas en France, je retomberai donc dans les anciennes difficultés de la vie de caserne. »

M. et Mme de Tugny n'avaient pas attendu l'expression de ce désir pour tenter des démarches en vue du retour de leur fils. Tout leur faisait espérer l'heureux résultat de ces démarches. En attendant, Mme de Tugny ne cessait d'exhorter son cher exilé à patienter et à prendre courage : « Toutes nos pensées, lui écrivait-elle, vont vers toi, avec un plus vif intérêt, en ce mois de janvier toujours plus triste pour les éloignés du foyer familial, où l'on regarde tristement la chère place vide de l'absent, en comptant les mois, les jours qui séparent encore !... Je vis de tes courriers !... Ah ! si je pouvais, à force de désirs, t'enlever les épines de chaque jour ! Au moins, puis-je te les adoucir, puisque ma constante pensée te fait du bien, me dis-tu... Laissons agir la Providence... Fermeté, patience, espoir ! »

Le séjour de Jean de Tugny à l'hôpital lui fournit l'occasion d'exercer d'une façon encore plus étendue et plus efficace sa charité envers ceux de ses camarades dont l'état physique et plus encore l'état moral inspiraient plus de pitié. « Pendant son séjour à l'hôpital de Saïgon, rapporte le caporal G., il allait, pendant la nuit, vers les agonisants et s'offrait à remplacer les sœurs souvent exténuées, quand les agonies se prolongeaient. Une sœur m'a raconté qu'une nuit, il avait voulu veiller un soldat frappé de paralysie et qui allait mourir. Depuis l'atteinte de son mal, il n'avait pas eu de connaissance, ni articulé un son. Vers le matin, après avoir passé la nuit près du moribond, Jean remarque une certaine expression de vie et d'intelligence dans le regard. Malgré sa propre faiblesse, il court chercher l'aumônier qui fut assez heureux pour confesser par signes l'infortuné soldat, et lui administrer les derniers sacrements. Il mourait peu d'heures après. »

Au milieu de cet exercice d'un zèle qui montre les admirables ressources de son âme, parmi les préoccupations que le déplorable état de sa santé ne laissait pas de lui inspirer, son regard interrogeait l'avenir, et, se rattachant à l'espérance de vivre, de surmonter le mal qui le minait sourdement, de revoir « la doulce France », il se reprenait à espérer ce sacerdoce, cet état religieux qui avaient été le rêve incessant de sa vie. Toutefois la question de sa vocation rencontrait dans son esprit, que les scrupules rendaient hésitant, un continuel obstacle à sa solution.

« Depuis que je vis entièrement avec de Tugny, nous écrivait son ami G., tout marche pour moi à souhait... Je l'admire toujours... mais il est peu expansif, et moi je déborde... Il est méticuleux, *scrupuleux au dernier point*, et, par ce fait, vit dans un tourment de tous les instants... Nous vivons comme deux frères...; mais il y a trop de politesse, de réserve de son côté... Quant à sa vie, elle est belle, calme, pieuse, résignée. »

Jean lui-même nous écrivait, à la même époque : « S'il est difficile de se connaître soi-même, il ne l'est pas moins d'en parler. Je me trouve dans l'impossibilité de vous rien dire de raisonnable au sujet de mes dispositions intimes et de mes idées d'avenir. La chose est tellement complexe ! Elle comporte tant de considérations diverses ! Qui démêlera cet embrouillement? Priez pour moi, mon Père, et ayez la charité de m'envoyer quelques bons conseils. J'ai, *avant tout*, besoin d'une direction, mais d'une direction douce et encourageante, quoique ferme; et je sais que je trouverai en vous ces qualités. »

Notre avis, fondé sur les ouvertures que Jean nous avait faites à son sujet par lettres, était que s'il recouvrait la santé et revenait en France, il devrait d'abord entrer dans un séminaire pour y être ordonné prêtre; après quoi, il pourrait faire un nouvel essai de vie religieuse, mais dans un Institut mieux adapté à son tempérament, à ses aptitudes et à ses goûts.

C'est sans doute sous l'influence de cet avis, qui n'était alors qu'une simple indication, que Jean écrivait à Mme de Tugny : « J'ai mis jusqu'ici, je l'avoue, une sorte d'obstination à éluder vos questions sur mes projets d'avenir. Je réfléchis-

sais, et il me semblait toujours ne pouvoir réfléchir trop ni
trop longtemps sur un sujet de cette gravité. Mais je ne crois
plus devoir tarder davantage à vous faire connaître le résultat de mes longues méditations. Je suis décidé à rentrer au
séminaire après ma libération. Aujourd'hui, fort de l'expérience acquise à mes dépens, je me sens prêt à reprendre
ma voie première. Faites-moi part de vos propres réflexions ;
parlez-moi en toute franchise, ce sera me rendre service.
Échangeons nos idées, concertons-nous sur le choix du séminaire, sur les mesures à prendre pour préparer ma rentrée
dans de bonnes conditions.

« Si je suivais le cours des élèves-caporaux, et si j'arri-
vais au grade de caporal et même de sergent, je n'aurais
pas à ma disposition le temps que j'ai présentement. Je profite de mes loisirs pour faire de la philosophie et de l'histoire. Je m'entretiens ainsi l'esprit d'une manière utile et
intéressante, au lieu de m'abrutir (c'est le mot et c'est la
chose) sur les manuels et règlements militaires. »

Le lecteur n'a pas oublié l'acte d'autorité rigoureuse dont
M. de Tugny avait fait preuve en exigeant que son fils con-
tractât un engagement de trois ans dans la marine militaire,
et en prenant sur lui la responsabilité de cet engagement.
Jean avait gardé de cet acte de son père une impression des
plus pénibles. Selon lui, ce dernier n'avait pas confiance
dans la droiture de ses intentions et, subissant, à son insu,
l'influence d'esprits prévenus et peu judicieux, avait jugé
son fils d'après les seules apparences, et n'avait voulu tenir
aucun compte des causes réelles et des motifs légitimes de
ses hésitations. Dans ses entretiens intimes avec le caporal
G., plus d'une fois, Jean dit la peine qu'il avait ressentie de
la conduite de son père.

En réalité, M. de Tugny n'avait pas eu à l'égard de son
fils les sentiments de défiance que celui-ci lui avait attri-
bués. Il n'avait fait, comme nous l'avons dit, que suivre les
conseils d'une amitié indiscrète. En tout cas, il sut, après

le départ de Jean pour l'Indo-Chine, lui prouver que la
mesure prise à son endroit, si sévère fût-elle, n'avait eu
qu'un but : l'aider à mûrir sa vocation et à trouver sa voie.

« Ta lettre de ce matin, lui écrivait-il, me fait espérer
que tes idées se sont mûries et que les conversations sérieuses que tu as avec les bons religieux de là-bas, te démontrent jusqu'à l'évidence que tu ne peux mieux faire
que de reprendre ton ancienne voie, où tu avais si bien dé-
buté, mais avec la ferme résolution, invinciblement pour-
suivie, d'atteindre le but auquel je te regarde comme
appelé... Tu sais que chacun a ses heures de défaillance,
dont il se relève à la réflexion... Redoute les scrupules
excessifs qui font osciller toute la vie et finissent par faire
perdre l'équilibre. — Pour moi, rien ne me rendrait plus
heureux et plus fier que d'avoir un fils prêtre, et j'espère
avoir cette consolation, durant les derniers jours qui me
restent à vivre. »

Le désir de revoir la France, activé par celui de donner une
satisfaction définitive à son attrait vers le sacerdoce, prenait
chez notre soldat un caractère intense et presque maladif. Un
soir que nous causions tranquillement ensemble, rapporte le
caporal G., subitement il changea de conversation et me dit :
« Si je ne me presse pas de rentrer en France, je ne rever-
« rai pas ma famille. Quelque chose me dit au dedans de moi
« que je dois me préparer à mourir. » « Si je meurs, ajouta-
« t-il, vous penserez à moi, cher ami. » J'essayai de le distraire de cette idée. Mais il y revint et, longtemps, il me parla
sur les effets de la prière en faveur des âmes du Purgatoire.

« Je n'oublierai jamais non plus ces paroles réconfor-
tantes qu'il m'adressa dans un moment de crise pénible :
« Prenez courage ; il faut arriver à dédaigner entièrement
nos maux, aller même jusqu'à les aimer, car ils nous méritent le ciel. Et puis, cher ami, à bien réfléchir, la vie est si
courte ! »

Vers le milieu de février 1898, le *Yarra* emportait en

France le caporal G..., muni d'un congé de convalescence. « Il m'en coûte, en partant, nous écrivait-il, de laisser de Tugny. Mon départ va aussi lui faire un vide... Mais il espère partir lui-même dans quelque temps. »

De son côté, Jean nous écrivait : « Le courrier qui emportera cette lettre, emportera aussi G..., tout rayonnant de joie, à la pensée de revoir « France la douce » et ceux qui lui tiennent au cœur... Dix mois à passer encore sous le ciel de Cochinchine m'apparaissent affreusement longs et tristes... Je préférerais, je vous l'avoue, réserver la patience pour les maux inévitables. Enfin il en sera comme il plaira à la sainte volonté de Dieu... *Fiat!* C'est beau, c'est divin ce *fiat!* mais combien il est dur à la faiblesse humaine! »

Quoique non entièrement rétabli du mal qui l'avait obligé à entrer à l'hôpital de Saïgon, Jean en était sorti, dans le courant du mois de février. Il avait repris ses fonctions de secrétaire de la bibliothèque et s'était replongé dans ses études de prédilection : philosophie, théologie, histoire, droit canonique, questions sociales. Nous avons parcouru, avec une admiration mêlée d'émotion, les nombreux cahiers de notes ou plutôt les traités rédigés par lui avec un soin, une précision, un esprit de méthode qui permettent de juger quels fruits abondants il eût retirés de ces divers travaux (1).

Au mois de mars, Jean revenait à l'hôpital, ramené par la dyspepsie et une anémie inquiétante. La nostalgie s'était littéralement emparée de lui et c'est, sans doute, pour traduire l'état de son âme que sa main traçait ce vers célèbre dans un des recueils dont nous parlions tout à l'heure :

« Plus je vis l'étranger, plus j'aimais ma patrie. »

(1) Chacun de ces cahiers porte, en tête, une épigraphe qui montre dans quel esprit ce vertueux jeune homme avait entrepris et poursuivait ces travaux. Sur l'un d'eux, on lit ces paroles de l'apôtre saint Pierre : « Soyez prêts à satisfaire ceux qui vous demanderont la raison de votre espérance » (Épît., III, 15); — sur un autre, ces paroles de Montaigne : « Il faut accompeigner notre foy de toute la raison qui est en nous, avecques cette réservation de n'estimer que ce soit de nous seuls que despende une si supernaturelle science. »

Dans son désir grandissant et, comme il l'écrivait, « étreignant » de revoir cette patrie rendue plus chère encore par l'éloignement, il se décida à écrire à Mgr Dépierre, évêque de Saïgon, dont l'obligeante intervention, à son arrivée dans cette ville, lui avait été efficace auprès du général Chevallier. Encouragé par la bonté bien connue du vénéré prélat (1), il sollicita son appui auprès du médecin principal de l'hôpital militaire afin d'obtenir son prompt rapatriement.

D'ailleurs, le pauvre enfant était à bout de forces. « Le médecin, écrivait-il, m'a ordonné ce matin du quinquina. Cela me refera un peu l'estomac, les digestions sont extrêmement pénibles, et j'éprouve des nausées continuelles. J'ai besoin de respirer l'air de France. Voilà le remède souverain ! »

L'appui de Mgr Dépierre ne fut pas inutile. Dès le 16 mars, Jean pouvait écrire à ses parents : « *Deo gratias!* Mgr Dépierre m'a fait savoir qu'il avait plaidé ma cause auprès du médecin principal, et, à la suite de sa démarche, le médecin de ma salle m'a, en effet, proposé pour le conseil de santé. Ce conseil aura lieu jeudi. Il est hors de doute pour moi que je serai accepté... Inutile de vous dire ma joie. Elle est calme, mais profonde. Je me vois déjà auprès de vous, et cette pensée me fait trouver bien long le temps qui devra s'écouler entre le rêve et la réalité.

« La lettre de papa me fait un très grand plaisir ; mais je ne puis m'empêcher de m'attrister, à la pensée de l'indisposition cardiaque survenue si brusquement. Il faut voir là comme un avertissement providentiel, et les réflexions de papa à ce sujet montrent qu'il l'envisage en chrétien. « *Estote parati.* » Mais il faut aussi avoir confiance en Dieu, qui est le maître de nos jours, et qui peut les prolonger, s'il le veut, bien au delà du terme ordinaire ! Quant à maman

---

(1) Mgr Dépierre donna une dernière preuve de cette bonté, après la mort de Jean, en écrivant à Mme de Tugny une touchante lettre de condoléance. Lorsque cette lettre arriva en France, le vénéré prélat, miné lui-même par la maladie, avait rendu son âme à Dieu.

oui, qu'elle soit ma *Monique,* c'est-à-dire, qu'après m'avoir
obtenu par ses prières le retour à des idées que je n'aurais
jamais dû abandonner, elle me soutienne et m'encourage par
ses conseils et ses exhortations à leur rester désormais iné-
branlablement fidèle. Je veux vous donner la joie de voir
ma persévérance couronnée de succès, et quel succès! l'honneur le plus relevé auquel puisse être appelée une créature
humaine, l'honneur de représenter Dieu sur la terre et d'être
son intermédiaire auprès des hommes. *Onus ipsis angeli-
cis humeris formidandum* (1). Quelle grandeur dans cette
bassesse! *O altitudo!* (2)... »

Le 21 mars, Jean adressait à ses parents ces simples lignes, les dernières, envoyées de cette Cochinchine qui avait
été comme le creuset où son âme s'était épurée au feu de la
tribulation et de la souffrance, pour être plus digne de la récompense et de la gloire éternelles dont il allait bientôt être
mis en possession : « Bien chers parents, je m'embarque samedi, 26 mars, sur le *Cholon.* Étant très pressé, il m'est impossible de vous donner des détails sur mon admission par
le conseil de santé. L'essentiel, d'ailleurs, est que ce soit
chose faite. Vive la France! Quelle joie de la revoir enfin! »

(1) « Fardeau redoutable pour des épaules angéliques! »
(2) « O sublimité d'une telle vocation! »

CHAPITRE XII

Ce que fut pour Jean cette seconde traversée, en sens in-
verse, des Océans; ce que fut ce retour vers la terre de
France, on le peut aisément deviner, si l'on songe à l'état de
souffrances et d'épuisement auquel l'avait réduit son long
séjour à l'hôpital, souffrances et épuisement considérablement accrus par son départ précipité avant la convalescence.

Mais si l'espoir donne des ailes pour courir, l'espoir aussi
donne des forces pour attendre. En somme, c'était vers la
mère-patrie que voguait le *Cholon;* et revoir la patrie n'é-
tait-ce pas renaître à une vie nouvelle? Ce fut, sans doute,
cette perspective consolante qui permit au pauvre soldat délabré de supporter sans défaillance notable les fatigues de
ce long voyage.

Le samedi, 23 avril, le *Cholon* entrait en rade de Toulon.
Ne pouvant se rendre au devant de son fils, Mme de Tugny
voulut, du moins, lui souhaiter la bienvenue par ces lignes
touchantes : « Enfin, mon bien cher enfant, tu as pris terre
sur la France, la chère France ! Que ces quelques lignes te
disent tout ce que nos cœurs t'envoient de tendre bienvenue. Quel sacrifice de n'avoir pu être là pour te recevoir
dans nos bras ! Dieu y a pourvu en t'envoyant un *visage*

ami (1) pour nous remplacer... *Deo gratias !* Nous espérons qu'auprès de nous tu retrouveras vite la santé. »

L'un des premiers actes de Jean, en mettant le pied sur le sol de France, fut exactement le même qu'à son départ pour Saïgon. On se souvient qu'il s'était approché des sacrements, et qu'en emportant dans son cœur le souvenir et l'amour de la France, il y avait aussi emporté, après une communion fervente, le Christ qui aime les Francs. Malgré l'extrême fatigue de la traversée, il n'eut qu'une idée, avant de songer au repos : faire une communion d'action de grâces, pour avoir revu la patrie toujours chère à son cœur. Laissons-le plutôt raconter lui-même ce *haut fait* de sa piété : « Ma santé est bonne, bien que je sois écrasé de fatigue. Je ne tiens guère debout, après cette traversée si longue et si pénible sous tant de rapports. Aussi vais-je aller me coucher de bonne heure, ce soir, laissant mes camarades (!) aller se livrer, pendant la nuit, à toutes les dissolutions... sous prétexte de *fêter* leur retour. Quelle fête, mon Dieu ! Pour moi, demain, j'aurai le bonheur de communier et de remercier Dieu des grâces de prédilection qu'il m'a accordées pendant ce voyage. » Ce jour-là même, il erra d'église en église, à la recherche d'un prêtre pour se confesser. Tout était comble partout; les confessionnaux étaient assiégés, car on était en plein temps pascal. Enfin, il parvint à son but et se trouva ranimé par le pain eucharistique, l'aliment de toute force, de toute consolation.

Jean se mit aussitôt en route pour Beaurieux avec l'intention de s'arrêter à Paris. Les rapports d'amitié qu'il avait eus à Saïgon avec le caporal Paul G., l'avaient amené à entrer en relation avec l'auteur de cet écrit. Plus d'une fois, Jean nous avait ouvert son cœur dans ses lettres, qui en laissaient voir le fond agité et les préoccupations inquiètes. Désireux de nous faire un exposé encore plus détaillé ou, du moins,

______

(1) Le colonel Boyer, ami de la famille de Tugny, qui fit preuve à l'égard de Jean, surtout pendant son séjour à Toulon, d'une bienveillance, d'un dévouement au-dessus de tout éloge.

plus précis, de sa situation, d'avoir surtout une décision catégorique relativement à son avenir, il nous avait annoncé
son intention de nous venir voir dans ce but à Paris. Prévenu de l'heure de son arrivée, nous allâmes, en compagnie
de son ami G., revenu lui-même à Paris pour un congé de
convalescence, l'attendre à sa descente du train qui le ramenait de Toulon. Nous n'essayerons pas de décrire ici l'impression de douloureuse surprise que nous éprouvâmes en nous
trouvant en présence de ce jeune homme aux traits amaigris,
livides, presque cadavériques. Le voyage de Toulon à Paris,
effectué tout d'un trait, l'avait littéralement épuisé. Il nous
avoua qu'il avait enduré, durant ce trajet, de véritables tortures. L'inflammation des intestins, dont il souffrait à Saïgon, n'avait fait que se développer dans des proportions
telles, que le pauvre enfant avait plusieurs fois perdu connaissance dans le train qui l'avait amené à Paris.

Nous nous empressâmes autour de lui pour lui procurer
quelque soulagement. A peine put-il absorber un peu de
laitage, une légère infusion calmante; les douleurs dont il
souffrait étaient si violentes, qu'il lui fut impossible de nous
entretenir du sujet qui l'amenait auprès de nous. Du reste,
l'heure était avancée; il consentit, sur nos instances, à aller
prendre un peu de repos.

Le lendemain, nous le revîmes dans la matinée. Il souffrait
moins que la veille, sans toutefois avoir pu prendre aucune
nourriture. Malgré son état d'extrême faiblesse, il tint à nous
exposer ses préoccupations, ses désirs, et à nous demander
de lui tracer une ligne de conduite.

Notre réponse fut celle-ci : « Avant tout, songez à rétablir
votre santé; c'est de première nécessité. Le reste viendra
ensuite. Pour le moment, n'en ayez aucun souci. »

Nous connaissions d'une façon détaillée ce que nous avons
appelé plus haut « l'odyssée de sa vocation ». Pour nous, il
nous paraissait impossible que le désir, en somme, persistant
du sacerdoce que Jean avait eu depuis son enfance, ou, tout
au moins, depuis sa quatorzième ou sa quinzième année;

que ses aspirations, non moins persistantes, vers la vie religieuse, fussent une pure illusion et ne vinssent pas de Dieu. Malgré ses hésitations, ses fluctuations en sens divers, il y avait toujours dans cette âme un attrait souverain, dominateur, indestructible, vers Dieu, un véritable besoin de lui consacrer tout son être; attrait et besoin garantis par le caractère invariablement surnaturel de ses pensées, de son langage, de ses affections, de toute sa conduite. S'il y avait eu faute à osciller sans cesse, à ne se point fixer dans une voie, à l'exclusion de toute autre, cette faute, en définitive, était moins la sienne que celle des directeurs qui auraient dû exercer avec plus de précision et, disons le mot, avec plus de rondeur, leur office de guides des âmes, au lieu de se cantonner dans une trop prudente et peut-être trop humaine réserve. Ce pauvre jeune homme de vingt-cinq ans, brisé, renversé, ruine précoce et lamentable, sur le chemin de la vie, nous apparaissait comme une victime de cet esprit théorique et routinier qui, malheureusement, remplace, en bon nombre de directeurs spirituels, cet esprit essentiellement « pratique » dont ils devraient être animés.

Ne voulant donc pas laisser plus longtemps notre malheureux ami dans une incertitude qui n'avait pas été sa moindre souffrance, nous lui dîmes encore : « Avant tout, Dieu vous veut prêtre. Par conséquent, ce qu'il faudra, dès que vous serez revenu à la santé, ce sera de vous préparer au sacerdoce. Vous irez dans votre Grand Séminaire diocésain. Vous y achèverez vos études théologiques. Vous y recevrez les ordres jusqu'au sacerdoce. Après, on verra... Commençons par là. Nous saurons mieux ensuite ce qu'il conviendra de faire. »

Le cher enfant nous quitta, le cœur dilaté par la joie qu'y avait produite cette claire orientation de sa vie. A peine arrivé à Beaurieux, il nous en exprimait sa reconnaissance et nous demandait de lui tracer un règlement de vie « afin, disait-il, de s'entretenir dans un courant d'idées et de sentiment conformes à ses projets d'avenir ».

« L'étude, ajoutait-il, est, sans doute, une excellente chose, et je vais lui consacrer le meilleur de mon temps. Mais il faut y joindre la prière et les pieux exercices de la vie intérieure. »

De son côté, Mme de Tugny nous écrivait : « A notre tour, nous vous supplions d'aider encore notre cher enfant de vos prières, de vos conseils, dans ce *renouveau* de sa précieuse vocation. Elle nous paraît bien affermie maintenant, et nous comblerait d'une joie sans mélange, si la santé du pauvre enfant n'était pas si sérieusement altérée. »

En effet, le mal dont souffrait Jean avait profondément atteint et compromis en lui les ressources vitales. Malgré les soins aussi intelligents qu'empressés des siens, malgré la science pratique et le traitement rationnel du médecin habile auquel on l'avait confié, les intestins ne reprenaient pas leur force normale et ne parvenaient pas à supporter une alimentation plus solide.

Le mois d'avril s'acheva et celui de mai s'écoula dans des alternatives douloureuses d'amélioration légère et de prostrations inquiétantes. « Mon pauvre Jean, nous écrivait Mme de Tugny, est presque toujours alité, d'une faiblesse croissante, et les médecins unanimes à ne pas nous donner l'espoir de le voir entièrement guéri avant deux ans ! Il souhaite tant, cependant, entrer au séminaire, en octobre 1899, n'étant libéré de son engagement militaire qu'en avril prochain ! »

Sur ces entrefaites, une catastrophe soudaine, absolument imprévue, vint jeter dans une douleur sans pareille la famille de Tugny et aggrava encore, par son contre-coup, l'état du jeune malade. Son père, M. Adrien de Tugny, était frappé, le 13 juin, d'une attaque foudroyante ; en parfaite santé la veille, il était trouvé mort, le lendemain, dans son lit.

Laissons Mme de Tugny retracer elle-même les douloureux détails de cette catastrophe.

« Mon mari, d'une constitution robuste, était atteint depuis plusieurs années d'un eczéma qui revenait impitoya-

blement à l'automne. Cet eczéma s'était même aggravé au
commencement de l'année 1898, d'une atteinte au cœur, la
première de sa vie; mais il se remit vite et complètement à
la suite d'un traitement énergique. Mon fils Jacques, venu à
Laon, pour ses 28 jours, en février, l'avait trouvé très bien,
et plus tard, quand notre pauvre Jean nous arriva, il fut
frappé de la bonne mine et de l'entrain de son père. Le
pauvre homme dissimulait son chagrin et son inquiétude
de l'état de Jean. Cette contrainte a dû lui être funeste.

« Le 12 juin, dimanche de la Fête-Dieu, il se rendit à
Pontavert, chez des parents et amis, à l'occasion d'un fes-
tival organisé dans le pays par des musiciens de Reims.
Jean, trop faible, n'eut même pas l'idée d'accompagner son
père, et nous allâmes ensemble recevoir la bénédiction du
Saint-Sacrement dans la cour du château de son oncle où,
chaque année, s'élève un superbe reposoir.

« Quand, vers sept heures, mon mari revint, il était ravi
de sa journée, nullement fatigué, et, le lendemain, lundi, 13,
par un temps admirable, il repartit, vers dix heures du
matin, pour aller déjeuner dans l'intimité, chez nos aimables voisins de Hédouville. Il avait un entrain de rajeunis-
sement extraordinaire. Il faisait si beau, que j'avais mené
Jean faire une petite promenade dans les champs; je tenais
son pliant dont il se servait tous les trois ou quatre pas, ce
qui me fendait le cœur. Il en eut vite assez. Nous rentrâ-
mes. Ce fut sa dernière promenade...

« Vers cinq heures, son père revint enchanté d'avoir ramené jusqu'à mi-chemin M. le curé de Pargnan qu'il avait
rencontré à Pontavert... Jean et moi, nous n'en revenions
pas de le voir si gai, si alerte... Au dîner, il mangea peu,
comme à son ordinaire. M'entendant parler d'une pauvre
vieille qui aimait les asperges, il s'empressa avec bonté de
lui en envoyer une assiettée, et je le vois encore versant
dessus de la sauce blanche, avec un soin particulier, et
les faisant porter de suite par le domestique, afin que la
bonne femme pût les savourer encore chaudes. Il lui fit

même annoncer sa visite pour le lendemain. Qui eût pu se douter qu'il venait d'accomplir son dernier acte de charité?

« Après dîner, il nous quitta pour faire une course dans le village, avant de monter au presbytère faire sa petite visite quotidienne à M. le curé et à ses bons parents... Il revint par chez son frère, le président, où il resta à causer dehors, puis il vint nous rejoindre au salon. Vers neuf heures, Jean se leva de son lit de repos pour aller se coucher tout à fait, et il s'avança vers son père pour lui souhaiter bonne nuit en l'embrassant... Je l'accompagnai dans sa chambre; puis je vins rejoindre M. de Tugny dans la sienne qui faisait face à la mienne et à celle de Jean... Je le quittai dans la persuasion qu'il passerait une bonne nuit. Le lendemain matin, je fus étonnée qu'il n'eût pas encore sonné, à l'heure habituelle, pour avoir son petit déjeuner; mais je ne m'en inquiétai pas, sachant qu'après une fatigue, rien n'est plus naturel que de dormir tard. Cependant le temps passait, et ce silence m'oppressait malgré moi. Je me décidai à entrer, me faisant précéder du domestique auquel j'avais dit d'aller ouvrir rideaux et volets. Rien ne peut rendre mon affreux saisissement à la vue de mon pauvre mari immobile, glacé, roide. Mes cris attirèrent Jean et d'autres. J'espérais encore que ce n'était qu'un évanouissement; nous le frictionnâmes avec du vinaigre, pendant qu'arrivait M. le curé et nos docteurs. La mort remontait, paraît-il, à plus de dix heures... Il n'avait pas bougé. Sa joue reposait sur sa main, sans aucune contraction!...

« Quand il fallut se rendre à la cruelle évidence, Jean, avec une fermeté saisissante, arrêta mes cris en me prenant dans ses bras et disant : « Maman, ne pleurez pas! « pensez à son âme; des messes! vite des messes! »

« Puis, malgré sa faiblesse, Jean courut au télégraphe prévenir son frère Jacques, ses sœurs et les autres membres de la famille. Il revint brisé, ayant rédigé et fait partir quatorze dépêches.

« Le mercredi, 15, vit arriver mon pauvre Jacques, décomposé de saisissement et de chagrin. La vue de Jean le terrifia ; il était bien éloigné de le croire si malade ! Sœur Claire arriva aussi de Soissons avec sa supérieure (1)... Elle fit promettre à Jean de ne plus retourner près du cercueil de son pauvre père. Il tint parole, pour réserver ses forces, car il voulait aller le conduire au moins jusqu'à l'église. « Jacques me soutiendra, » répétait-il sans cesse... Le médecin s'opposa absolument même à son lever, pendant toute cette journée, et il dût se résigner... »

Nous avons déjà fait plus haut l'éloge des sentiments religieux de M. de Tugny et parlé des beaux exemples de vie chrétienne qu'il donna toujours à sa famille et à la population de Beaurieux où son nom était synonyme d'obligeance et de dévouement simple et cordial. La mort foudroyante de cet homme de bien, en provoquant d'unanimes regrets, n'était pas de celles qui inspirent des craintes. « Notre douleur, nous écrivait Mme de Tugny, serait sans consolation, si nous n'avions le ferme espoir que Dieu a trouvé prêt son fidèle serviteur, puisqu'il l'a privé des derniers sacrements qu'il se souhaitait tant à lui-même et aux autres. Je puis dire que c'était sa préoccupation dominante. Ma foi me dit que le Dieu de justice et de miséricorde lui en a tenu compte et qu'il le récompensera vite de sa vie droite et chrétienne (2) ».

____

(1) Quant à sœur Jeanne, retenue à Troyes par les exigences de son emploi et ignorant les circonstances de cette mort, elle écrivait à sa famille éplorée : « Prions beaucoup pour ce cher père ; espérons qu'il était prêt et que le bon Dieu, dans sa grande miséricorde, lui a donné un instant pour tourner son regard vers lui dans ce moment suprême... Soyons bien unis par la prière, en ces moments de grande peine : il n'y a que cela qui console. »

(2) « Je n'ose m'arrêter, écrivait, de son côté, sœur Claire, à la pensée horrible que la mort l'a pris sans qu'il ne fût prêt. J'aime mieux, m'appuyant sur la foi dont tous ses actes étaient animés, espérer dans le salut d'une âme si chère... Vivons dans la confiance de retrouver au ciel le chef de la famille qui nous laisse de si bons exemples et emporte l'affection et les regrets de tous sans exception. Marchons sur ses traces et soyons fiers de porter un nom sans tache et respecté de tous. » — Joignons à ce témoignage filial, celui de

La mort inopinée de M. de Tugny fut pour son fils un coup terrible, qui acheva de le briser. On fit divers essais de traitement conseillés; entre autres, celui de l'inoculation des sérums salés et les piqûres de caféine qui amenèrent un mieux sensible, mais, hélas! de courte durée. Un médecin célèbre de Paris, le Dr Landouzy, en suivait les effets, grâce aux bulletins envoyés, toutes les 24 heures, par le médecin de la famille et mentionnant les variations de la fièvre. Déjà on avait soumis le malade à un traitement dont on espérait merveille et qui avait été prescrit par M. Treille, sénateur de Constantine, ancien médecin des maladies contractées aux colonies. En somme, aucun de ces essais ne produisait de sérieux résultats. Jean ne marchait plus. A peine faisait-il quelques pas de sa chambre au salon où il se reposait sur un lit de camp. Souvent même son frère (1) l'y transportait à bras. Parfois on l'asseyait sur un fauteuil environné de coussins et de couvertures, soit sur la terrasse, soit sur le balcon près de sa chambre. Mais bientôt l'air du dehors fut trop vif pour lui; il dut renoncer au plaisir de considérer la belle nature et sacrifier cette distraction si douce pour un malade.

La diarrhée et la fièvre augmentaient; les sérums l'énervaient horriblement. Il fallut en modifier et même en suspendre presque complètement l'usage.

« Mon pauvre enfant, écrit Mme de Tugny, parlait de moins en moins; mais il serrait nos mains avec une énergie

M. le curé de Pargnan, confesseur de M. de Tugny. Après la mort de ce dernier, il adressa à Mme de Tugny les consolantes lignes qui suivent : « Je suis heureux de rassurer la famille sur les excellentes dispositions dans lesquelles a dû mourir ce chrétien si ferme et si convaincu. Non seulement il s'approchait des sacrements aux grandes fêtes de l'année, mais chaque fois qu'il jugeait en avoir besoin, et en cela, il était d'une conscience bien formée et très droite. Au tribunal de la Pénitence il apportait une candeur d'enfant et une rondeur toute militaire. On pourrait bien lui appliquer le mot de saint Paul : *Hilarem datorem diligit Deus.* »

(1) M. Jacques de Tugny, après la mort de son père, était resté quelque temps à Beaurieux, où sa femme vint le rejoindre. « Jacques, écrivait Mme de Tugny, est plein de soins et d'attention pour son frère malade; il se multiplie comme un habile infirmier, et avec une douceur, une tendresse, dont mon pauvre Jean est attendri. »

d'affection désespérée, qui donnait l'impression d'un naufragé s'attachant à son sauveur.

« Pendant tout le mois de Marie, il avait dit son chapelet avec moi; puis il lisait un peu dans ses « livres de fond » comme il disait. Il prenait quelques notes. J'espérais le voir reprendre peu à peu. Mais, après le coup épouvantable de la mort de son père, ce fut fini; il se désintéressa de tout, s'affaiblissant, maigrissant jusqu'aux os... »

Mme de Tugny assistait à ce dépérissement progressif et, dans la magnanimité surhumaine de son âme, elle endurait ce supplice, ce martyre, sans le montrer, surmontant sa douleur, étouffant ses sanglots, refoulant ses larmes, s'efforçant même de sourire à son « pauvre chéri », comme affectueusement elle l'appelait. « Une seule fois, dit-elle, je manquai de force. Mon pauvre Jean parut découragé. Il fondit en larmes, et nos larmes coulèrent ensemble, désespérément!.. Mais lui se ressaisit promptement et, depuis, je n'ai plus su ce qu'il pensait. »

Cependant un médecin éminent de Soissons, le Dr Marchand, envoyé à Beaurieux par la sœur Claire, déclara, après une consultation avec les deux médecins de la famille (1), que l'état du malade n'était pas désespéré. On se rattacha, avec une énergie qui s'explique, à cette espérance illusoire et l'on redoubla de zèle pour arracher à la mort cet enfant bien-aimé.

Mais ce fut surtout dans la prière qu'on chercha le moyen d'obtenir la guérison si désirée. Les neuvaines se succédaient sans interruption, à Beaurieux, à Soissons, à Troyes et ailleurs. Deux de ces neuvaines furent adressées au saint Enfant Jésus de Prague, dont la statue, envoyée par Sœur Jeanne, avait été placée au milieu des fleurs sur une étagère en face du lit du malade. Celui-ci, de tout cœur, s'asso-

---

(1) L'un, le Docteur Fené, très distingué praticien, donne depuis plus de soixante ans ses soins médicaux à la famille de Tugny avec un dévouement d'ami. L'autre, son gendre, le Dr Henri Lécuyer, se montre de tous points digne de son éminent doyen.

ciait aux prières faites pour lui. Souvent il recevait la sainte Communion, que lui apportait, aussitôt après minuit, M. le curé de Beaurieux. Le digne pasteur multipliait ses visites encourageantes à son cher paroissien et entretenait en son âme la paix et la confiance, si nécessaires à ceux qui souffrent. Bien que Jean montrât beaucoup de patience, en sa maladie, et que jamais aucun murmure ne sortît de ses lèvres, il s'attristait parfois et, avec une expression d'angoisse et de regret indicible, il lui échappait de dire : « Comment se peut-il que je sois si faible, moi qui étais si fort! »

Un instant, il manifesta le désir d'être inscrit comme malade pour aller à N.-D. de Lourdes, au mois d'août, avec le Pèlerinage du Salut. Comme on cherchait à l'en dissuader, alléguant qu'il était trop faible pour supporter la fatigue d'un tel voyage, il s'écria avec force : « Mais vous n'avez donc pas la foi? C'est justement parce que je suis malade qu'il faut que j'aille à Lourdes. »

« Hélas! observe Mme de Tugny, il en a été de cette espérance comme de toutes les autres. J'avais écrit à la rue François-Ier pour l'inscription. La réponse ne venait pas... L'état de Jean empirait. Il ne parlait plus de Lourdes,... de rien;... il s'éteignait! »

Pourtant, de temps à autre, la pensée, le désir du sacerdoce ranimaient la flamme vacillante de cette vie prête à s'éteindre. La perspective de la vie religieuse illuminait son regard et mettait un sourire d'espoir et de résignation sur ses lèvres... Mais le Seigneur lui réservait une réalité plus glorieuse encore. C'est de la vie béatifique, couronnement de ses vertus, de ses souffrances et de ses mérites, qu'il allait gratifier à jamais son fidèle serviteur.

« Les douces visites du bon Dieu, écrit encore Mme de Tugny, nous soutenaient, lui et nous, dans cette rude montée du Calvaire... Une nuit, il me vint du ciel la pensée que je devais préparer Jean à recevoir l'extrême-onction sans aucun retard; et que, par elle, nous obtiendrions peut-être cette guérison si dési rée, si demandée ! C'était le jeudi , 28 juillet. Je m'en ouvris à mon fils aîné et à sa femme, ainsi qu'à la sœur garde-malade : ils furent tous trois de mon avis. Je m'approchai alors de Jean et, serrant sa pauvre main, je lui dis avec un calme surprenant : « Mon petit Jean, comment, « pendant cette longue maladie, n'avons-nous pas encore « songé à l'huile sainte des malades? Toi, si croyant, si pieux, « tu n'es pas de ceux qui la redoutent? — Oh ! non ! non ! — « Tu sais qu'elle donne souvent la guérison du corps, en fai- « sandu b ie n à l'âme? —Ah ! certainement ! — Eh bien, mon « bon Jean, verrais-tu sans peine M. le Curé venir te l'appor- « ter? — Mais oui, quand vous voudrez ; parlez-lui-en. » Jacques courut chercher M. le Curé qui, comprenant mon inspiration, bien que ne jugeant pas l'état du malade plus grave, apporta à Jean la sainte Communion en viatique et l'extrême-onction, qu'il reçut avec une grande piété et un calme profond. »

Vers le soir, une syncope survint qui fit croire à Mme de Tugny et à ses enfants que l'heure du triste dénouement allait sonner. Ce ne fut qu'une fausse alerte. De temps à autre, se produisaient chez le malade des défaillances de mémoire; mais le calme le plus parfait régnait dans ses idées. Auprès de lui on avait placé de l'eau bénite ; lorsqu'on la lui présentait, il faisait avec la plus douce piété le signe de la croix ; ses mains étaient constamment jointes sur sa poitrine. Un léger mouvement des lèvres indiquait qu'il s'u-nissait aux prières faites par Mme de Tugny et la sœur garde-malade, ainsi qu'aux invocations adressées à la sainte Vierge, aux saints anges, à saint Joseph.

Cependant le malade s'affaiblissait de plus en plus. Son estomac ne pouvait plus rien garder. « Le samedi matin, 30, écrit Mme de Tugny, me voyant assise sur une chaise en face de son lit, il me montra un fauteuil à côté, et me dit : « Maman, mettez-vous donc là. » Le « pauvre chéri » me vou-lait à la meilleure place ; puis il me tendit sa pauvre main décharnée sans parler, ni moi non plus. Au bout d'un instant, il me demanda une glace et, après s'y être regardé, il me dit avec un demi-sourire : « Allons, je n'ai pas encore la « figure d'un moribond. » A ce moment, Jacques entre, tenant à la main le journal *la Croix*, et nous apprend que les pauvres Espagnols se soumettent (1). « Comment, m'écriai-je, ce « peuple si chevaleresque, si courageux ! — Mais, maman. « dit Jean, d'une voix distincte, quoique sa respiration fût « très oppressée, on a bien le droit de cesser une lutte impos- « sible. »

« Il me reprend longuement la main, pour la dernière fois ; puis, l'abandonnant, les siennes se joignent ; sa respiration devient plus courte, plus oppressée. Notre vieux docteur entre et croit bien faire en conseillant de le soulever sur des oreillers plus hauts ; mais cela provoque une syncope. Ses yeux me fixent, sans voir ; sa tête se renverse sur les oreillers ; sa main que je prends reste inerte dans la mienne. Le pauvre enfant respirait encore, ses yeux étaient à moitié fermés ; ses prunelles roulaient dans leurs orbites... Je me sentais mourir avec lui. Cependant, je voulus encore essayer de reprendre mon pauvre cher enfant à l'impitoyable mort. Je saisis l'huile de la sainte Face, du saint homme de Tours. Je refais des onctions, je redis les formules de prières, comme je l'avais fait tant de fois durant sa maladie !.. Illusion, vaine espérance ! Dieu n'a pas voulu ! »

Peu à peu la respiration diminuait, s'arrêtait par moment, comme si tout fût fini. Autour du lit, parents et amis récitaient les dernières prières. M. le Curé donnait au moribond la bénédiction *in articulo mortis*... Enfin, après quelques souffles à peine perceptibles, on n'entendit plus rien. L'âme de Jean venait de briser ses liens terrestres et de s'envoler, purifiée, transfigurée par la souffrance et par l'épreuve du temps, dans les splendeurs et la béatitude de l'éternité.

Nous n'essayerons pas de décrire la scène déchirante qui

(1) Il s'agissait de la guerre entre l'Espagne et les États-Unis. Les dépêches d'alors avaient exagéré les succès des Américains. On ne pouvait pas encore prévoir d'une façon précise quelle serait l'issue de cette lutte inégale.

eut lieu, lorsqu'on eut acquis la douloureuse certitude que tout était fini... Qui n'en a été le témoin ou n'en a fait soi-même la navrante expérience?...

A la douleur de la famille se joignirent bientôt d'universels regrets. Tous ceux qui avaient connu Jean ne tarissaient pas en éloges sur sa mémoire. Longue serait l'énumération des témoignages rendus, après sa mort, à ses qualités d'esprit et de cœur, et surtout à ses vertus. De l'Indo-Chine, le R. P. Delignon écrivait à Mme de Tugny, en lui exprimant ses condoléances : « Votre cher enfant était une si belle âme, un si bon cœur! J'avais eu le bonheur de le connaître peu de temps après son arrivée en Cochinchine... Il me mit vite au courant de sa situation, de ses idées, de ses sentiments, de ses peines, de ses projets. C'était un véritable plaisir de converser avec lui. Nos idées étaient communes, et ses études quotidiennes, surtout en matière de philosophie et de théologie, nous amenaient toujours sur un terrain commun où il était déjà très fort. Avec lui point de sujet banal. Par goût, il s'élevait de suite aux questions du domaine des idées.

« Il a souffert beaucoup pour ses convictions religieuses, durant son séjour à la caserne. Grâce à Dieu, il les avait gardées intactes, je dirai même qu'il les avait affermies par la lutte contre les idées opposées. Il était trop droit pour pactiser aucunement avec l'impiété ou même avec l'indifférence. Il était résolument et entièrement avec Jésus-Christ. Quelle peine et quelle indignation en entendant mal parler de notre sainte religion! Bien des fois, si la prudence ne lui eût fermé la bouche, il aurait, d'un mot juste et sévère, fait taire ceux qui l'attaquaient.

« Aussi combien il aspirait à retourner... dans l'atmosphère qui lui convenait, et quel saint avenir il se promettait!... Le bon Dieu lui a tenu compte de ses bons desseins et l'en a récompensé avant qu'il ait pu les réaliser. »

De son côté, le R. P. Boutier écrivait de Saïgon à Mme de Tugny : « Que serait devenu, s'il avait vécu, votre cher fils?

Vous savez ses luttes, ses tergiversations, ses incertitudes,
ses inquiétudes… Dieu lui a demandé la bonne volonté.
Cette bonne volonté, il l'a eue. Dieu ne lui a demandé rien
de plus et l'a mis à l'abri de ses indécisions qui le rendaient
malheureux et faisaient de sa vie un ennui perpétuel. Ne
faut-il pas voir là une attention providentielle du ciel pour
votre cher enfant, et n'y a-t-il pas sujet d'en remercier Dieu?
Voilà un langage que le monde trouverait barbare; mais je
parle à une chrétienne et je serai compris. Ce sera une des
joies du ciel d'avoir à remercier Dieu du soin qu'il a pris à assurer notre salut par des événements dont nos courtes vues
nous porteraient quelquefois à nous plaindre… »

Dans une lettre venue de Tourane, le R. P. Laurent tenait
le même langage : « Votre cher fils souffrait tellement en ce
monde, à cause de ses aspirations vers une vie plus parfaite; il avait une si belle âme, et il a dû faire une si belle
mort, que vraiment il est permis de croire et de dire que le
bon Dieu l'a pris pour le récompenser et le rendre plus
heureux… Le meilleur souvenir que je garde de votre fils
est l'image imprimée dans mon esprit de sa douce figure,
vrai miroir de sa belle âme d'apôtre, et de sa noble intelligence… J'espère que ce cher enfant, en possession du bonheur des élus, se souviendra de ceux qu'il a si noblement
aimés, et que de fils et d'ami il changera le rôle en celui de
protecteur et de soutien. »

Enfin l'un de ceux qui ont le mieux connu Jean en Indo-
Chine, son ami G., dont les souvenirs nous ont été si souvent
précieux au cours de cette biographie, ajoutait le témoignage
suivant à son témoignage personnel : « Je n'ai pas à vous
dire, Madame, mon estime, mon admiration, ma fraternelle
affection pour l'enfant que vous avez perdu… Les notes que
je vous envoie vous en seront un gage sensible… Je ne veux
ajouter ici qu'un mot, que la mort de mon Jean bien-aimé
m'a remis en mémoire. Le R. P. Dumas, supérieur du séminaire de Saïgon, aimait beaucoup votre fils, et, bien qu'il
ne fût pas son directeur, il savait combien il était éprouvé.

Souvent il essaya de le faire causer pour le soulager ; mais Jean gardait tout pour lui, comme pour ne rien diminuer de ses maux et des mérites qui y étaient attachés. Quand je voyais en particulier le P. Dumas, il me disait combien mon pauvre ami était édifiant et m'assurait qu'avant long-temps la Providence lui montrerait sa *route*. Elle lui a montré la meilleure, la seule désirable, celle du ciel... Et pourtant, en songeant au bien que Jean aurait pu faire en vivant davantage, on ne peut se défendre de regretter profondément sa mort prématurée !... »

Les funérailles de Jean se firent au milieu d'un concours énorme de parents et d'amis accourus à Beaurieux pour donner au défunt un dernier gage d'affectueuse vénération et à sa mère affligée un témoignage de sympathique con-doléance. Les jeunes gens du village, se substituant aux porteurs ordinaires, tinrent à honneur de conduire la dé-pouille de cet admirable jeune homme, une des plus pures gloires de leur pays, au lieu de son dernier repos. Ils se cotisèrent pour placer sur son cercueil, puis sur sa tombe, une magnifique couronne en perles portant les noms de leur regretté compatriote et ornée de beaux rubans blancs moirés.

Ses sœurs aînées, réunies à leur famille en cette doulou-reuse circonstance, se joignirent à Mme de Tugny pour la dernière nuit de veille autour de ce blanc cercueil couvert des plus jolies fleurs et illuminé comme un autel.

Après la cérémonie funèbre, le corps de Jean de Tugny fut déposé dans le cimetière de Beaurieux ; c'est là qu'il repose, au chevet de l'église paroissiale, auprès de celui de son père et de son angélique sœur Micheline, à côté des tombes de parents et d'amis qui l'ont précédé dans la mort ou plutôt dans la vie véritable ; là qu'il attend la résurrection, tandis que son âme veille du haut du ciel sur ceux qu'elle aima et qui pleurent et souffrent encore dans la terrestre vallée des larmes.

En terminant ce chapitre qui termine lui-même la vie que
nous avons entrepris de retracer, nous croyons ne pouvoir
mieux faire que de reproduire les lignes suivantes adressées par Jean de Tugny à un de ses amis qui venait de
perdre son frère, à peine âgé de quinze ans : « Oh! cher
ami, n'est-ce pas une grâce de mourir jeune, et une grâce
bien précieuse en ces temps de corruption universelle, où
le salut de l'âme est exposé de tous côtés? Heureuse mort
que celle qui nous assure, fût-ce prématurément, la possession de l'éternelle vie! Qu'est la somme de bonheur d'une
longue existence, mise en regard de l'éternité! Regardez,
cher ami, ces beaux et consolants horizons que nous ouvrent les pensées de la foi; et si votre cœur souffre encore
du vide laissé par l'absent, cette souffrance disparaîtra
devant la perspective du bonheur infini dont il est allé jouir
en vous attendant. »

APPENDICE

I

GÉNÉALOGIE DE LA MAISON DE GONDALLIER
DE TUGNY (1)

<table>
<tr><td>FILIATION</td><td>MARIAGES ET ENFANTS</td></tr>
</table>

FILIATION

I. De Gondailler (*sic*) Abraham (vers 1660), écuyer, sieur d'Affleville, habitant de la paroisse de Bouffignereux (Aisne). — Avait servi à Dublin comme colonel de cavalerie. Sa femme, Élisabeth de Choisy, étant morte, il épousa en deuxièmes noces D^lle Gilles Élisabeth d'Espicq de la Guiche, qui le laissa veuf en 1694.

Il mourut lui-même le 27 janvier 1697.

MARIAGES ET ENFANTS

Du premier mariage, sept enfants :

Anne-Madeleine ;

Élisabeth, mariée à Messire Nicolas de Guérin, écuyer, sieur de Sauville ;

Marie-Madeleine, mariée, en premières noces, à Messire François de Prévost, écuyer, seigneur de Sevricourt ; en deuxièmes noces à Messire François le Dieu de la Fosse, écuyer, sieur de la Fosse ;

David ;

Abraham, lieutenant-colonel au régiment de la Feronay, en 1724 ;

César, capitaine de cavalerie, en 1715, chevalier de Saint-Louis ;

Marie, mariée à Messire Pierre de Verrières, écuyer, sieur d'Affleville et seigneur d'Agnilcourt.

II. David, chevalier, seigneur de Bouffignereux, sieur de Tugny, major de cavalerie au régiment du Roi, chevalier

Marié à D^lle Louise-Madeleine-Charlotte de Novion ou Nouvion.

---

(1) V. page 1. Blason des armes de cette maison : *d'azur au lion passant d'or au chef d'argent, chargé de trois roses de gueules, posées en fasce.*

FILIATION	MARIAGES ET ENFANTS

de l'ordre royal et militaire de Saint-Louis.

Il mourut le 2 novembre 1735.

De ce mariage trois enfants :

François-David,

César, écuyer, sieur d'Eguisy, capitaine d'infanterie au bataillon de Mazarin, marié à D^{lle} Marie Torcher de la Chapelle, et, en deuxièmes noces, à D^{lle} Marie-Agathe Villot ;

Charlotte.

III. François-David, écuyer, sieur de Tugny, né à Bouffignereux, le 26 février 1710, Chevalier de St-Louis ; seigneur du fief des Mazures ; l'un des 200 chevau-légers de la Garde du Roi, en 1740 et en 1746 ; aide-major dans la même Compagnie : mourut à Bouffignereux, le 20 août 1783.

Marié, en 1739, à D^{lle} Anne-Thérèse Torcher de la Chapelle. De ce mariage trois enfants :

César-François,

Louise - Thérèse - Henriette - Reine, mariée, le 28 octobre 1765, à Messire Jean-Baptiste de Belly de Bussy, mousquetaire du Roi ;

Anne-Thérèse, décédée en bas âge.

IV. César-François, écuyer, sieur de Tugny, l'un des 200 chevau-légers de la Garde du Roi.

Marié à D^{lle} Marie-Anne-Antoinette l'Evesque de Courmont.

De ce mariage cinq enfants :

Nicolas-François,

David-François,

Louis - Henri - Benjamin - Parfait,

Michelle - Victoire - Marie, décédée en bas âge ;

Sophie-Henriette, mariée, le 4 mars 1793, à Antoine-François de Belly de Bussy.

Nicolas-François, Baron de Tugny, son fils aîné, fut général d'artillerie, ministre de la guerre et de la marine du Roi Murat. Il épousa D^{lle} de Labretèche et fonda la branche de Tugny *Bourguignon,* près Laon.

David-François, fils cadet de César-François, né le 7 février 1765, servit comme capitaine d'artillerie, se maria et fonda la branche de Tugny de *Jouaignes,* près Braisne.

FILIATION	MARIAGES ET ENFANTS
V. Louis-Henri-Benjamin Parfait, né à Bouffignereux, le 13 avril 1771, exerça les fonctions de Juge de paix de Craonne; fonda la branche de Tugny d'Eguisy (Beaurieux).	Marié à Madeleine-Reine-Branche de Flavigny. De ce mariage deux fils : *Michel; François-Gustave,* mort en bas âge.
VI. Michel, fut maire de Beaurieux et Conseiller général de l'Aisne jusqu'à sa mort, en 1864. (V. page 2, note.)	Marié à sa cousine germaine, D^{lle} Victorine de Belly de Bussy. De ce mariage trois fils : *Henri, David-Louis-Charles, Adrien.*
Charles, né à Beaurieux, en 1824, élève à Saint-Cyr, capitaine d'infanterie, a quitté le service pour se consacrer à l'éducation de ses cinq enfants, après la mort de sa femme, Thérèse-Louise-Brigitte de Fermon; colonel des mobiles de l'Ouest, en 1870, mort en son château d'Œuilly, le 5 septembre 1885.	
Adrien, né à Beaurieux, le 5 mars 1828, sorti de Saint-Cyr en 1853, prit part à la campagne de Crimée et d'Italie, fut décoré après la prise de Malakoff; Commandant révoqué sous le ministère Farre; marié, en 1res noces, à D^{lle} Anna de Sapicourt; de ce mariage deux filles : Antoinette et Jeanne, Filles de la Charité; en 2mes noces, à D^{lle} Suzanne de l'Écuyer de la Papotière; de ce mariage trois enfants : Micheline, décédée en 1890; JEAN, décédé en 1898, et Jacques, marié, en 1895, à D^{lle} Georgette de Rostu de la Bajonnière. Adrien mourut en 1898.	
VII. Henri, magistrat révoqué, victime des décrets, fut président à Montdidier (Somme); vit, actuellement, retiré à Beaurieux dans le château de son grand-père maternel.	Marié à D^{lle} Marie Gamot de Fermont. De ce mariage cinq enfants : *Georges,* décédé célibataire : *Paul. Joseph. Thérèse. Louise.*
VIII. Paul, lieutenant de chasseurs.	Marié à D^{lle} Pauline Desmarest. De ce mariage deux filles : *Marie* et *Thérèse.*

II

GÉNÉALOGIE DE LA FAMILLE DE L'ÉCUYER
DE LA PAPOTIÈRE (1)

FILIATION

MARIAGES DES AINÉS ET ENFANTS ISSUS DE CES MARIAGES

I. Lécuyer (2) **Raoul**, surnommé le Flaman ou le Flameng, maréchal de France (3), en l'an 1302; Chevalier des ordres du Roi (4), aimé de son prince et de tout le peuple. Sa famille était déjà en Normandie lorsque les Danois la conquirent. Philippe le Bel l'envoya en ambassade à Rome; il y fut empoisonné par ses ennemis. Raoul était seigneur de la Goulassière, baron du Mesnil-Bernard, seigneur de Saint-Lorand des Grais, etc.

Marié à Marie de Flauban. De ce mariage 3 enfants :
Lancelot,
Anne, mariée au baron de Jansay, en Normandie;
Marie, mariée au seigneur de Maupou.

II. Lécuyer **Lancelot**, dit le Flaman. La Chronique ne donne aucun détail particulier sur lui.

Marié, en 1400, à Anne Bardou.
De ce mariage un fils :
Robert.

III. Lécuyer **Robert**, dit le Flaman. Il eut les mêmes seigneuries et baronnies et résida dans son château de la Goulassière.

Marié à Catherine de Grigni (5).
De ce mariage un fils :
Colin.

(1) V. page 5. Blason des armes de cette famille : *d'argent à la fasce d'azur chargée de trois coquilles d'argent, accompagnées de six merlettes de sable, trois en chef posées en fasce, trois en pointe posées deux et un.*

(2) La vieille chronique commence à Raoul Lécuyer la généalogie de la famille. Pour être ainsi dénommé, Raoul devait appartenir déjà à une maison considérable. Son surnom paraît le faire originaire de la Normandie ou de la Flandre.

(3) Son nom est inscrit dans la galerie des maréchaux à Versailles.

(4) L'ordre de l'Étoile ou de la Noble Maison, institué, en 1022, par Robert, fils d'Hugues Capet. Cet ordre fut supprimé, en 1469, par Louis XI, lorsqu'il fonda l'ordre de Saint-Michel.

(5) La généalogie qui existe à la Bibliothèque nationale donne pour femme à Robert une D^lle Catherine du Bueil, de Touraine. Comme le prénom est le même, il est probable que son père était seigneur du Bueil, de Grigni, etc.

FILIATION	MARIAGES ET ENFANTS
IV. Lécuyer Colin, seigneur des susdites terres. Il fut fait gouverneur de Louviers, commandant cent hommes d'armes, commandant pour le Roi toutes les places et les châteaux le long de la rivière d'Eure. Il fut assiégé dans Louviers par les Anglais et tué sur la brèche.	Marié à Gervaise de Chaulieu. De ce mariage quatre enfants : *Jean*, *Cador*, gouverneur de Granville sous les ordres du comte d'Harcourt. Il y fut pris par les Anglais, ce qui l'obligea à passer au service du duc de Mantoue qui possédait alors les duchés de Mézières et de Charleville ; *Henri :* aucun détail ; *François*, se maria en Normandie.
V. Lécuyer Jean. — Les Anglais qui, à cette époque, conquirent presque toute la Normandie, chassèrent les Lécuyer de tous leurs biens. En 1430, Jean Lécuyer obtint du roi Charles VII, qui avait repris la Normandie, des lettres patentes données au château de Compiègne, « par ledit Roi, son maître, en considération des services qu'il lui avait rendus ». Par ces lettres patentes le Roi remit Jean Lécuyer en possession de tous les biens que les Anglais lui avaient enlevés. Jean Lécuyer fut tué à la bataille d'Argenouse en voulant secourir Troam alors assiégé par Maximilien, roi des Romains (1).	Marié à Pauline Minard. De ce mariage deux enfants : *Pierre* et *Michel* (voir plus bas des détails le concernant).
VI. Lécuyer Pierre, 1ᵉʳ seigneur de la Papotière. Il fut blessé à la bataille de Condnoure, où il commandait cent lances sous les ordres de Jacques de Coligni, seigneur de Châtillon. Il fut porté à Asti, où se trouvait aussi son frère Michel, blessé à la même bataille. Michel mourut des suites de ses blessures.	Marié à Blanche de Montdoucet, qui lui apporta la belle seigneurie de la Papotière, qui lui venait de sa mère, une Montmorency. De ce mariage deux enfants : *René* et *Pierre*, seigneur de la Framboisière.

(1) Ces détails ne sont pas d'une exactitude historique irréprochable.

FILIATION

MARIAGES ET ENFANTS

VII. Lécuyer René (1). — Rien de saillant à dire sur lui :

Sa fille aînée *Marie* fut mariée à Guy de Boisgnion, seigneur de Scelon (2).

La deuxième, *Renée*, fut mariée au marquis de la Serière, seigneur de Balon et de Rabestan.

Marié, en 1517, à Marie Huchet.

De ce mariage trois enfants :

René,

Marie,

Renée.

VIII. L'Écuyer de la Papotière René ; fut gentilhomme de la Chambre du Roi.

Sa fille *Yvonne* fut mariée à Claude de Massy et n'eut pas d'enfants.

Marié, en 1517, à Claude de Mony, fille du Comte de Serigny.

De ce mariage deux enfants :

Nicolas

et *Yvonne*.

IX L'Écuyer de la Papotière Nicolas ; fut un des cent gentilshommes de la maison du Roi.

Sa femme lui apporta les terres de Thuré et du Grand Breuil.

L'aînée des filles fut religieuse à l'abbaye des Clérets ; la deuxième fut mariée à Pierre de Beaulieu ; la troisième à Benjamin de Certieux ; la quatrième à Jacques de Gaudin, seigneur de la Pommeraie ; la cinquième mourut sans s'être mariée.

Claude, son deuxième fils, épousa Marguerite Lécuyer, fille de Jean Lécuyer, baron des Portes, en Normandie, lequel descendait de François Lécuyer, quatrième fille de Colin Lécuyer (IVe du nom).

Lancelot posséda le prieuré de Saint-Pèlerin au Maine et fut prieur de l'abbaye de la Couture. Il fut empoisonné par un de ses religieux. Claude-François de Mony, archevêque de Bordeaux, oncle de Lancelot Lécuyer, fit pendre ce religieux à la porte du couvent de la Couture.

Marié à Philippe de Couette.

De ce mariage huit enfants :

Cinq filles (dont les noms font défaut) ;

René,

Claude, marié à Marguerite Lécuyer ;

Lancelot, religieux bénédictin.

1) A partir de René, on rencontre le nom de famille indifféremment écrit avec ou sans apostrophe. L'Écuyer a prévalu et semble, d'ailleurs, plus logique.

2) La descendance est éteinte depuis peu d'années.

X. L'Écuyer de la Papotière René ; fut gentilhomme de la Chambre du Roi.

Sur *Françoise*, voir, page 5 de ce volume, les détails qui se rattachent à elle.

Louise fut mariée à Louis de Marguerie, seigneur de St-Côme.

Anne fut mariée à Louis de Louchais, seigneur des Giraudiers. Son mari fut tué, étant capitaine de cavalerie, devant Collioure. Anne se fit religieuse au Prieuré de Couville, dont elle devint prieure (1).

Edmonde fut mariée à Charles de Beaulieu, seigneur de Rochefort.

Marié à Edmonde de Beaulieu. De ce mariage cinq enfants :
Louis,
Françoise,
Louise,
Anne,
Edmonde.

XI. L'Écuyer de la Papotière Louis : rien de saillant sur sa vie qui fut courte. Il mourut à 48 ans.

Madeleine, d'une rare beauté, se fit religieuse à l'abbaye royale du Lys. Plusieurs années après, elle se démit de la charge d'abbesse en faveur de Mlle de Colbert, fille du célèbre ministre (2), et mourut simple religieuse.

Louise mourut à l'abbaye du Lys avant d'avoir fait sa profession religieuse.

Pierre, fils aîné, fut lieutenant-colonel au Régiment de Lorraine, major de place à Perpignan ; il y mourut sans enfants (3).

François, 3e fils de Louis, après avoir été lieutenant au Régiment de Lorraine, se fit prêtre. Il mourut, en odeur de sainteté, chanoine de St-Brieuc, où il avait un prieuré.

Louis servit dans la marine ; il mou-

Marié, en 1630, à Madeleine de Bagneux.
De ce mariage sept enfants :
Pierre,
René,
François
Louis,
Madeleine, religieuse :
Louise, religieuse ;
Charlotte, mariée à Jean de Burat.

(1) Ce prieuré avait été fondé par son père, à condition que toutes les filles de sa maison qui seraient religieuses de cet Ordre, seraient préférées aux autres pour les charges et dignités.

(2) Elle s'en démit par dévouement pour sa famille, afin d'avoir la protection du ministre en faveur de ses frères.

(3) Il avait épousé en 1res noces Marie de Beaulieu, fille de Charles de Beaulieu et de Louise de St-Pol : en 2mes noces, il avait épousé Jeanne de Courton.

rut à Brest, capitaine de vaisseau (1).

XII. L'Écuyer de la Papotière René, par la mort sans descendance de son frère aîné Pierre, servit cinquante ans dans les chevau-légers et dans l'artillerie où il fut lieutenant-général avec les départements de Dunkerque et de Flandre. Ses services furent brillants comme il appert de ses certificats. Il fut pensionné par le Roi.

Marié à Madeleine Miolais. De ce mariage trois enfants : *Denis*, *Madeleine*, mariée au seigneur de St-Pol de Masle (2) ; *Marie*, mariée au seigneur de Louchais, seigneur de Tartre.

XIII. L'Écuyer de la Papotière Denis : fut nommé tout jeune enseigne de *la Colonel* dans le Régiment de Picardie.

Il en fut retiré pour achever son éducation dans la maison de Mᵍʳ le Duc du Maine où il fut page. Il en sortit pour servir dans l'artillerie et y devint commissaire ordinaire.

Françoise-Charlotte épousa Jacques de Bouhan.

Françoise fut élevée dans la maison de Saint-Cyr où elle fit profession.

Marguerite fut également Demoiselle de Saint-Cyr.

Denis fut capitaine au régiment de Piémont et tué à Rosbach, à l'âge de 32 ans.

Michel fut prêtre, chanoine à Nogent-le-Rotrou et à Chartres. Déporté à Rochefort, il mourut à bord d'un vaisseau.

Marié en 1ʳᵉˢ noces à Adrienne de Grenier. De ce mariage deux enfants : *Michel-Jacques* et *Françoise-Charlotte*.

Marié en 2ᵐᵉˢ noces à Geneviève Lecontet ; de ce mariage neuf enfants : *Denis*, *Michel*, prêtre, chanoine ; *Pierre*, *René*, *Henry*, *Geneviève*, *Françoise*, Dᴸᴸᵉ de St-Cyr ; *Marguerite*, Dᴸᴸᵉ de St-Cyr ; *Jacqueline*.

XIV. L'Écuyer de la Papotière Michel-Jacques, capitaine au régiment de Piémont : Chevalier de Saint-Louis et pensionnaire du Roi.

Jeanne-Geneviève mourut à 18 ans.

Françoise-Michelle, Dᴸᴸᵉ de St-Cyr, fut religieuse de la Visitation à Chartres.

Marié à Jeanne Lecointre. De ce mariage quatre enfants : *Denis-Michel*, *Michel-Paul*, *Jeanne-Geneviève*, *Françoise-Michelle*.

(1) Il avait épousé Louise Hubac de Larmorique, dont il eut trois enfants : un fils périt en mer, lieutenant de vaisseau ; une fille, mariée au seigneur de Chartrie, mourut à Brest sans postérité ; la dernière fille se fit religieuse dans l'Ordre du Calvaire. Elle mourut à Paris, supérieure de la maison du Luxembourg et adjudante de la Générale de l'Ordre, le 28 mai 1754.

(2) Un des derniers descendants de cette famille, général à 42 ans, fut tué au siège de Sébastopol.

FILIATION	MARIAGES ET ENFANTS

Michel-Paul fut capitaine au régiment de Piémont et Chevalier de St-Louis.

XV. L'Écuyer, comte de la Papotière (Denis-Michel de) (1). Voir, pages 5 et 6 de ce volume, les détails biographiques le concernant. Il mourut en 1834 ou 1835.

Marié, en 1775, à Victoire du Boucher de la Tour du Roc.
De ce mariage sept enfants :
Hubert-Stanislas,
Louis,
Joseph,
Maximilien,
Suzanne,
Hélène,
Marie-Edmonde.

Suzanne épousa le marquis de la Tullaye dont elle eut six enfants. Elle mourut en 1872.

Hélène resta fille.

Edmonde fut mariée au comte de la Tullaye, frère du précédent, dont elle eut quatre enfants. Elle mourut en 1871.

Louis resta en France pendant la Terreur et s'engagea. Il fit très brillamment les dernières guerres de la République et les premières de l'Empire ; mais, criblé de blessures incurables, il dut prendre prématurément sa retraite. Chevalier de la Légion d'honneur, il fut nommé, sous la Restauration, chevalier de Saint-Louis. Il mourut en 1848.

Joseph se retira en Périgord, où il se maria et mourut sans enfants, en 1853.

Maximilien émigra en Angleterre, où il se fit professeur. Rentré en France et remis en possession de ses biens, il dota la ville de Nogent-le-Rotrou de douze lits à l'hôpital. Il resta garçon et mourut à Versailles en 1858.

XVI. L'Écuyer, comte de la Papotière (Stanislas-Hubert-Denis de) ; émigra avec son père. Rentré en France, il se maria, le 8 octobre 1809, et mourut à Paris le 22 février 1845.

Marié, en 1809, à Anne Le Royer de la Rochemondière.
De ce mariage un enfant :
Léon-Denis.

(1) Ce fut à partir de Denis-Michel que les membres de la famille mirent la particule devant le nom de L'Écuyer, probablement par euphonie. Ce fut avec la particule que furent inscrits les membres de la famille qui prirent part aux assemblées de la noblesse pour l'élection des députés aux États Généraux. — Quant au titre de comte, sous la Royauté, la donation verbale d'un titre suffisait pour donner le droit de le porter ; un enregistrement régulier ne venait souvent que bien plus tard. En l'espèce, les événements de la Révolution empêchèrent l'inscription légale du titre aux Archives.

<table>
<tr><td>

FILIATION

—

XVII. L'Écuyer, comte de la Papotière (Léon-Denis). Voir à la page 6, les détails le concernant.

Suzanne, mariée, en 1868, à Adrien de Tugny : elle en eut trois enfants : Micheline, Jacques et JEAN.

Marie fut mariée, en 1862, à Charles-Philippe de Tessières, capitaine d'artillerie (1), et en secondes noces, au vicomte du Bern de Boislandry.

XVIII. L'Écuyer, comte de la Papotière (Louis-Maximilien-Espérance de), a fait la campagne de 1870 comme adjudant-major au 26ᵉ régiment de marche provisoire (Garde mobile d'Ille-et-Vilaine); sous-préfet sous le gouvernement conservateur du maréchal Mac-Mahon, il fut destitué à l'arrivée au pouvoir du parti républicain avancé.

Louise a épousé, en 1889, Étienne de Tugny (2).

Madeleine a épousé, en 1896, Raymond de Beauchêne, attaché au ministère des Affaires Étrangères (3).

Marie a épousé, en 1898, le comte Charles de Kernavanois du Boisdavid.

Le comte Louis est donc le dernier du nom de cette famille qui, depuis tant de siècles, a servi la France dans les plus hauts emplois.

</td><td>

MARIAGES ET ENFANTS

—

Marié, en 1835, à Louise-Albertine des Acres de L'Aigle.

De ce mariage trois enfants :
Louis,
Suzanne,
Marie.

Marié, en 1866, à Lucie du Fos de Méry.

De ce mariage cinq enfants :
Gaston, mort en bas âge :
Louise,
Madeleine,
Marie,
Anne.

</td></tr>
</table>

(1) Décoré de la main de l'Empereur sur le champ de bataille de Magenta, en 1859, il fut tué au siège de Paris, en 1871. De ce mariage sont issus deux enfants. Le fils, le comte *Aymar* de Tessières, a épousé, en 1897, Isabelle de Dorlodot. La fille, *Renée*, a épousé, en 1886, le comte Raymond de Villeneuve-Esclapon.

(2) De ce mariage deux fils : Louis et Maurice.

(3) De ce mariage deux enfants : Robert et Anne.

III

QUELQUES POÉSIES DE Mme LA COMTESSE DE L'ÉCUYER DE LA PAPOTIÈRE.

I

MICHELINE

Chère petite fille! Elle est morte, elle est morte!...
Comme une tendre fleur qu'un vent de bise emporte
Avant que le soleil l'ait fait épanouir.
Peut-être de la vie elle allait s'éblouir,
Et du printemps déjà pressentant les caresses,
Sa jeune âme s'ouvrait à toutes les tendresses.
Mais Dieu ne voulait pas que par un bien-aimé
Qui ne fût pas divin elle eût l'esprit charmé.
Il l'appelait tout bas, la marquait de son signe,
Et d'être aimée au ciel elle eut l'honneur insigne.
Elle est allée à Dieu! Mais de combien de pleurs
Nous payons ici-bas ses célestes honneurs!
Sous quel poids de regrets la nature succombe
Quand de l'enfant ne reste aux parents qu'une tombe!

Foi divine! c'est toi qui relèves nos yeux
Et leur laisse entrevoir notre ange radieux!
Et nous nous écrions dans une ardeur pieuse :
Elle est heureuse, elle est heureuse, elle est heureuse!
Nous devons oublier, dans nos pieux transports,
Qu'elle nous enchantait de terrestres accords,
Qu'elle avait des talents et des dons pour la terre,
Qu'elle faisait la joie et l'orgueil de sa mère!
De rien nous ne devons, hélas! nous souvenir,
Que de sa paix céleste à son dernier soupir.
Seigneur! vous avez pris cette innocente vie.
Elle est dans votre sein, en extase ravie!
Nous pleurerons toujours; mais nos pleurs seront doux,
Quand nous les verserons, Seigneur, à vos genoux.

Vendredi saint, 4 avril 1891.

Dans une lettre à son petit-fils Jean, la comtesse de L'Écuyer disait, en parlant de cette poésie : « C'est à toi que j'envoie ces vers... Ils reproduisent tes si fréquentes et si touchantes répétitions dans tes consolantes lettres : Elle est heureuse!... Je veux te faire remarquer que ce mot : Elle est heureuse! est répété trois fois dans la mesure d'un vers, comme on se permet de les écrire aujourd'hui, et j'y suis autorisée par un de nos meilleurs auteurs modernes, Émile Augier, qui a formé un de ses vers les plus applaudis, dans une de ses pièces, de la même façon,... en parlant d'une jeune personne qui était demandée en mariage :

Elle est charmante, elle est charmante, elle est charmante!

Ce vers, qui a été la coqueluche des salons du temps, m'est revenu en mémoire en parlant du mariage mystique du Seigneur avec notre chérie, et j'ai cru pouvoir l'imiter, en célébrant, comme toi, son bonheur.

II

Réponse à une lettre désolée de ma chère Suzanne, écrite quelques jours avant les vers qui sont datés du vendredi saint.

En effet, c'est horrible, et c'est épouvantable,
Ce jamais! ce plus rien! ce vide inexprimable!
Tu dis que je le sens, le comprends comme toi,
Tu veux que je le dise en vers, hélas! pourquoi?...

Naguère je chantais les fraiches violettes,
Dont sa main blanche et douce avait fait des cueillettes
Tant de fois! et formé de si jolis bouquets.
Pour grand'mère, là-bas! oh! les mignons paquets,
Que j'ouvrais en tremblant, tout émue et ravie,
De ces tendres parfums de jeunesse et de vie!

Aujourd'hui, que chanter? Le *saint homme* Dupont
Chante un *Magnificat* (1) et le ciel y répond.
Imitons-le de loin; du fond de notre abime
Que le psaume divin soit notre chant sublime!
Silence à nos regrets, à l'humain désespoir.
Elle voit Dieu! Tâchons aussi de l'entrevoir.
Bientôt Elle viendra nous soulever de terre,
Elle commencera par sa vieille grand'mère...

Et toi, fille chérie, oubliant l'univers,
Tu chanteras le ciel en relisant ces vers,
Et tu n'aspireras, chère enfant, qu'à me suivre
Au seul séjour où l'âme en liberté peut vivre.

. . . .

Ces vers, que tu voulais, c'est ta prose rimée;
Écrits en relisant ton écriture aimée.
Il fallait, pour te plaire, unir nos deux douleurs,
Et j'ai trempé ma plume aux larmes de nos cœurs.

(1) Allusion à l'acte de foi et de soumission chrétienne du saint homme de Tours, chantant le *Magnificat* à la mort de sa fille.

IV

NOTES GÉNÉALOGIQUES SUR LES FAMILLES LÉVESQUE DU ROSTU ET RANFRAY DE LA BAJONNIÈRE (1).

I. — *Famille Lévesque du Rostu.*

La famille Lévesque date de 1550 et est originaire de la Roche-Bernard (Morbihan).

En 1628, la famille se partageait en dix branches, dont trois ont disparu. L'une d'elles a des représentants en Auvergne. La branche du Rostu possédait le fief du même nom dans la commune de Saint-Dolley. Ses titres, oubliés depuis 1793, lui ont été reconnus par un jugement rendu à Nantes, le 10 novembre 1894.

Les armoiries de la famille du Rostu sont : *de sable au chef d'argent chargé de trois fleurs de lys de gueules.*

En 1793, plusieurs membres de la famille Lévesque du Rostu payèrent de leur tête leur attachement à l'Église et à la Monarchie.

En 1827, Maurice Lévesque du Rostu épousa Sidonie de la Brosse, acheta la belle propriété de Pont-Forêt (Loire-Inférieure) où il se fixa. Il eut trois enfants ;

Maurice, qui se distingua dans la marine ;

Louise, qui épousa M. Le Gouais ;

et Georges, qui entra, à 19 ans, à Saint-Cyr, en 1854 ; fut reçu à l'École de l'état-major, en 1857 ; fit la campagne d'Italie comme lieutenant d'état-major et s'y distingua. En 1860, il coopéra à la formation de la Légion d'Antibes pour la défense du Saint-Siège. Il opéra, en 1867, la célèbre retraite de Monte-Rotondo, à la suite de laquelle il fut mis à l'ordre du jour et décoré de la Croix de la Légion d'honneur. En 1870, il vint reprendre son rang dans l'armée française, fit le siège de Paris et fut nommé commandant d'état-major. Lors de la dislocation du corps d'état-major, il fut versé au 9e régiment d'infanterie comme lieutenant-colonel et mourut, en 1884, à l'âge de 49 ans.

Il avait épousé, en 1868, Marie-Marthe de la Bajonnière dont il eut sept enfants :

Marthe, qui a épousé, en 1893, Christian de Vallois, au 23me Dragons ;

Stanislas, qui a épousé, en 1895, Mlle Sourdeau de Beauregard ;

Georgette, qui a épousé, en 1895, M. Jacques de Tugny ;

Anne-Marie, morte à onze ans et demi ;

et trois autres, qui ne sont pas mariés.

(1) V. page 191.

II. — *Famille Ranfray de la Bajonnière.*

Cette noble famille est établie et répandue, de temps immémorial, au pays d'Olonne, de Talmont et de Luçon. Ses titres, plusieurs fois reconnus, l'ont été en dernier lieu, avec établissement de la généalogie suivie à partir de 1500, par arrêt du Conseil d'État du 16 août 1732.

Les armoiries de la famille, d'après les vérifications successives dont la dernière a été faite par M. d'Hozier, le 16 septembre 1743, sont : *d'argent à deux clefs de sable passés en sautoir, les pannetons en dedans, posés en bas, et une fleur de lys d'azur posée en chef. Timbre : casque d'écuyer.*

Filiation suivie à partir de la fin du XVe siècle.

1° Pierre   Ranfray, écuyer, seigneur de la Ramée.
2° Christophe   —   · ·   —   —
3 Abel   · ·   · ·   — —   —
4° Pierre   —   ·—   ——   ·—   et de Beauchamps.
5° Pierre   —   écuyer, seigneur de la Brunière et de la Bajonnière, en pays d'Olonne.
6° Jean   —   écuyer, seigneur de la Bajonnière et des Combes.
7° Louis   —   écuyer, seigneur de la Bajonnière.
8° Louis   · ·   —   —   du Fief et de la Bajonnière.
9° Armand-Marie-Louis, écuyer, seigneur de la Bajonnière, servit dans la marine royale et mourut le 18 août 1806.
10° Joseph-Edmond Ranfray de la Bajonnière, né le 2 mars 1804, décédé le 8 décembre 1853 ; officier de la Garde Royale jusqu'en 1830 ; marié, le 16 mai 1838, à Mathilde-Eugénie Lévesque de Puiberneau.

De ce mariage sont nés cinq enfants :

Marie-Armande-Édith, mariée, le 24 septembre 1861, à Pierre-Émile Merveilleux du Vignaux, expulsé, en 1883, du siège de 1er Président de la Cour de Poitiers, chevalier de la Légion d'honneur ;

Marie-Marthe-Agathe, mariée, en juin 1868, à *Georges Lévesque du Rostu*, décédé le 16 juillet 1884, lieutenant-colonel d'infanterie, officier de la Légion d'honneur ;

Marie-Eugénie, décédée le 19 août 1875, religieuse du Sacré-Cœur ;

Marie-Radegonde-Gabrielle, mariée, en janvier 1872, à Charles Le Roux de Bretagne ;

et Maurice, mort enfant.

11° Marie-Joseph-Gaston Ranfray de la Bajonnière, né le 7 avril 1843, mort au service pendant la guerre, le 29 décembre 1870, capitaine aux Mobiles de la Vendée.

Avec lui s'est éteinte la descendance mâle des Ranfray de la Bajonnière.

TABLE DES MATIÈRES

CHAPITRE PREMIER

PREMIÈRES ANNÉES. — LA FAMILLE. — LES ANCÊTRES. ENFANCE DE JEAN

(1871-1882)

CHAPITRE II

L'ÉCOLE SAINT-JOSEPH DE REIMS

(1882-1888)

CHAPITRE III

L'ÉCOLE SAINT-JOSEPH (*suite*)

(OCTOBRE 1888-AOUT 1889)

CHAPITRE IV

LA VOCATION

(AOUT-OCTOBRE 1889)

CHAPITRE V

LA GRANDE-TRAPPE

(1889-1890)

CHAPITRE VI

LA GRANDE-TRAPPE (*suite*)

(1890-1891)

CHAPITRE VII

LA GRANDE-TRAPPE (*suite*)

(1891-1892)

CHAPITRE VIII

SORTIE DE LA GRANDE-TRAPPE. — L'ANNÉE DE SERVICE MILITAIRE

(1892-1894)

CHAPITRE IX

LE GRAND SÉMINAIRE. — LE PROFESSORAT.
L'ENGAGEMENT MILITAIRE

(1895-1896)

CHAPITRE X

DÉPART POUR L'INDO-CHINE. — NAVIGATION. — SAÏGON ET TOURANE

(1er SEPTEMBRE 1896 - 30 MARS 1897)

CHAPITRE XI

SAÏGON

(7 AVRIL 1897-26 MARS 1898)

CHAPITRE XII

RETOUR EN FRANCE. — DERNIERS JOURS. — SAINTE MORT

(23 AVRIL - 30 JUILLET 1898)

APPENDICE

FIN.